KB269692

미운 남편과
행복하게 사는 법

This book was first published in the United States by Northfield Publishing,
820 N. LaSalle Blvd., Chicago, IL 60610 with the title *Desperate Marriages*,
copyright © 2008 by Gary Chapman.
This is the revised edition of the book previously published as *Loving Solutions*
(winner of the 1999 Gold Medallion Book Award).
Translated by permission of Moody Publishers through arrangement of
rMaeng2, Seoul, Republic of Korea.

All rights reserved.

This Korean Edition Copyright © 2010 by Sallim Publishing Co., Paju, Republic of Korea

본 저작물의 한국어판 저작권은 알맹2 에이전시를 통하여 Moody Publishers와 독점 계약한
㈜살림출판사에 있습니다. 신저작권법에 의하여 한국 내에서 보호받는 저작물이므로
무단전재와 무단복제를 금합니다.

미운 남편과
행복하게 사는 법

게리 채프먼의 **10**가지 사랑 처방전

게리 채프먼 지음 | **박미낭** 옮김

살림

자신들이 겪은
결혼 생활의 어려움에 대해
솔직한 이야기를 들려준 이들에게,
그리고 마침내 참된 삶으로 가는 길을 찾아
내게 엄청난 기쁨을 안겨 준
수많은 부부들에게

차례

어느 쌀쌀한 토요일 아침 시카고 교외에서 '결혼 생활의 성숙'이
란 주제로 세미나를 이끌고 있을 때 마리아를 처음 만났다. 그 전
에 나는 참석자들에게 나의 책『별거 중인 부부를 위한 희망: 상처
받은 결혼도 치유될 수 있다(Hope for the Separated: Wounded
Marriages Can Be Healed)』의 개요를 일러 주면서 주변에 별거하
고 있는 친구들이 있다면 그 책을 사서 보기를 권했다. 나를 찾아
왔을 때 마리아의 손에도 그 책이 한 권 들려 있었다.

마리아는 그때 내게 이렇게 물었다.

"채프먼 박사님, 나 같은 경우에 관한 책은 언제 쓰실 건가요?"

"무슨 뜻인가요?"

"이 책이 이미 별거하고 있는 사람들에게 큰 도움이 될 거라는 건
알겠어요. 하지만 저 같은 사람은 어떻게 하죠? 남편과 나는 함께

살고 있긴 해요. 우린 17년이나 함께 살았고, 둘 중 누구도 이혼은 원치 않아요. 하지만 우리 관계는 그야말로 갈 데까지 갔어요. 우리 부부에게는 우리 힘으로는 도저히 풀 수 없는 크나큰 문제들이 있거든요. 이제까지는 그것 때문에 싸웠다가도 다시 화해하고, 또 몇 주 동안은 그럭저럭 넘어가는 시간들이 이어지곤 했어요. 그렇지만 얼마 안 가 다시 전쟁이 시작되곤 했죠. 우린 도움이 필요해요. 벌써 몇 차례 상담을 받기도 했어요. 하지만 도움이 된다는 생각이 들지 않더군요. 결혼에 관한 책을 읽어 보기도 했지만 우리 문제를 다루고 있진 않았어요. 세상에는 우리 같은 부부들도 틀림없이 있을 거예요. 어떻게든 결혼 생활을 유지해 보려고 하지만 해답을 찾을 수 없는 그런 결혼 말이에요."

나중에 가서야 나는 마리아가 알코올 중독자인 남편과 함께 살고 있다는 사실을 알게 되었다. 그녀의 남편은 이런저런 이유를 대면서 직장 생활을 제대로 하고 있지 않았다. 그 결과 그 결혼은 심각한 경제적 문제까지 안고 있었다.

마리아와 대화한 뒤 나는 다른 주제로 세 권의 책을 더 썼다. 하지만 "저 같은 사람들을 위한 책은 언제 쓰실 건가요?"라고 묻던 마리아의 질문을 잊어버린 적은 없었다. 그 뒤로 마리아를 만난 적도 없었고, 마리아의 결혼 생활이 어떻게 되었는지도 듣지 못했다. 하지만 마리아를 다시 만날 기회가 생긴다면 이렇게 말하고 싶다. "마리아, 이 책은 당신을 위한 책입니다." 그렇다. 이건 마리아, 즉 결혼 생활을 회복시켜 보겠다고 무던히도 애를 썼던 수많은 마리아와 같은 사람들을 위한 책이다.

이 책을 쓴 데는 세 가지 동기가 있었다. 먼저, 마리아와 같은 많은 사람들이 내 세미나에 참석하여 내게 부부간의 결속을 방해하는 주된 장애물들—짧은 시간에 진행되는 주말 세미나에서는 다루기 어려운 문제들—을 이야기하고 실제적인 도움을 요청한 것이었다. 대부분은 몇 년을 끌어 왔지만 그 뿌리가 너무 깊어서 쉽사리 해결되지 않는, 하지만 해결되지 않는다면 결혼을 파국으로 몰고 갈 수도 있는 문제들을 안고 있는 사람들이었다.

이 책을 쓰게 된 두 번째 동기는 결혼 초기에 겪었던 내 경험이다. 결혼 초기 몇 달 동안 나는 내 결혼을 정상궤도에 올려놓기 위해 옳다고 여기는 별별 방법을 다 써 보았지만 아무 소용도 없었다. 그때의 고통이 아직까지도 머릿속에 생생하다. 그때 나는 절망감에 압도되었을 뿐 아니라 결코 가까워질 것 같지 않은 사람과 결혼했다는 생각을 고통스럽게 되풀이했다. 문제는 대단히 심각했고, 아는 건 너무 없어서 '다른 방법'을 써 봐야겠다는 생각조차도 못했다. 하지만 해답은 있었고, 마침내 우리는 그걸 찾아냈다. 캐롤린과 나는 지금까지 45년간 결혼 생활을 해 왔으며, 그때는 꿈도 꾸지 못했던 부부간의 친밀함을 경험하기에 이르렀다. 그때의 고통은 지금은 기억 속에만 있다. 하지만 그때의 일은 내게 우리 부부만큼이나 부부간의 문제로 힘들게 씨름하고 있는 다른 사람들을 도와야 한다는 의무감 같은 걸 느끼게 해 준다.

이 책을 쓰도록 나를 몰아붙인 세 번째 동기는 지난 35년간 꾸준히 내 상담실 문을 두드렸던 많은 사람들이다. 주로 낮은 자존감으로 힘들어 하거나 일벌레와 결혼해 외로움을 호소하던 사람들, 고통스런 과거에 대한 기억을 가진 이들, 배우자의 독선적인 성격이나 외도 문제 등에 직면한 사람들이었다. 상담자로서 내가 받는 보상 중 하나는 이런 사람들이 책임 있는 행동을 취하고, 그런 행동을 노력을 통해 뒷받침하며, 결국은 개선된 관계라는 열매를 맺는 것을 볼 수 있다는 점이다. 그들의 성공은 더 많은 사람들에게 알려질 필요가 있으며, 그들이 취한 단계들은 같은 문제로 씨름하는 다른 사람들에게 좋은 지침이 되어 줄 것이라는 생각에서 이 책을 쓰게 되었다.

등장하는 사람들의 사생활을 보호하기 위해 이름이나 세부 사항을 바꾸긴 했지만 이 책의 사례들은 실제로 문제가 있었고 힘든 결혼 생활을 극복하고 의미 있는 해결책을 찾았던 사람들의 삶을 그대로 그려 낸 것이다.

각 장마다 그 장에서 다루어질 특정한 문제들의 특성을 먼저 기술하고, 사회적, 심리적 연구를 인용하기도 했다. 도덕성의 문제에서는 내가 나고 자란 배경인 유대 기독교적 유산을 가이드라인으로 삼았다. 이 책은 당신의 결혼 생활을 보다 희망적으로 만들려면 어떻게 해야 하는가에 관해 실제적 제안을 하려는 목적에서 씌어졌다. 물론 이 책을 읽는다고 해서 당신의 결혼 생활이 한순간에 바뀔 거라고 보장할 수는 없다. 하지만 최소한 당신은 당신의 결혼 생활에서 최선의 노력을 기울였다는 사실에 만족할 수 있을 것이다.

그래요, 마리아. 이 책은 당신을 위한 책이에요.

모든 결혼 생활은
행복을 꿈꿀 권리가 있다

셀 수 없이 많은 부부들이 힘든 결혼 생활 속에서 발버둥치고 있다. 당신도 어쩌면 그런 부부들 중 하나일지 모른다. 어쩌면 『만족스럽지 않은 결혼 생활 하는 법』이라는 책을 너끈히 쓸 수 있을 만큼 결혼 생활은 누구나 만족하지 못한다고 자포자기한 사람도 있을 것이다. 그렇게 5년을 산 사람도 있고 20년을 산 사람도 있을 것이다. 하지만 그런 부부들도 처음에는 다 "검은 머리가 파뿌리가 될 때까지 사랑하겠습니다."라는 말로 결혼서약을 하면서 잔뜩 희망에 부풀어 있었을 게 틀림없다. 그 당시에 결혼이 이렇게 만족스럽지 않은 상황에 이르리라고 생각한 사람이 누가 있었겠는가? 결혼식을 올릴 당시 그들은 엄청나게 행복한 결혼 생활을 꿈꾸었을 것이다. 결혼 전에도 행복했으니 결혼까지 하고 나면 한층 더 행복해질 거라고 기대했던 사람들도 있었을 것이고, 반대로 심각한 문제를 안고

서 결혼 생활을 시작한 이들도 있었을 것이다. 하지만 어떤 상태로 시작했든 간에 그들 모두는 결혼 생활을 통해 삶의 의미와 행복을 찾고자 하는 소망을 품었을 것이다.

어떤 경우든 한 남자와 한 여자는 결혼이 오르막길이 될 거라는 기대를 품는다. 당시에 어떤 삶을 살고 있을지라도 결혼 후에는 더 나아질 거라는 희망을 갖는 것이다. 하지만 어떤 결혼은 결혼식이라는 정점을 지나고 난 뒤에 내리막길로 치닫는다.

언뜻언뜻 최고로 행복했던 순간들이나 희망을 품게 해 주었던 봉우리를 지나지 않았다고 하면 거짓말일 것이다. 하지만 시간이 지나면서 그런 낙관적인 전망들은 한낱 신기루로 판명되고, 결혼 생활은 다시 내리막길로 접어든다. 오랫동안 당신은 결혼 생활 속에서 고통과 공허감, 실망의 골짜기를 헤매고 다녔다. 그리고 이제 당신의 결혼은 막다른 골목에 접어들었다고 느낄 만큼 힘들게 느껴지기도 할 것이다.

그렇다고 해서 딱히 이혼해 버릴 수도 없다. 그런 사람들 중에는 신앙 때문에 이런 출구를 선택하지 않는 이들도 상당수 있을 것이고, 사랑의 불씨를 되살리기에 충분한 행복의 순간이 다시 찾아오거나 도움의 손길이 오길 여전히 기다리는 이들도 있을 것이다.

그들은 진심으로 상황이 나아지기를 바란다. 이런 부부들 대다수는 부부간의 결속을 방해했던 문제들을 해결하기 위해 나름대로 최선을 다했다고 생각한다. 하지만 대다수는 그 결과에 실망을 금치 못한다. 그 문제 때문에 상담을 받은 사람들은 그 결과가 생산적이었다는 느낌을 받지 못한다. 책을 읽어서 도움을 받으려고 한 사람들도 있을 것이다. 그들은 혼자서 책을 읽으면서 내심 자기 배우자가 멀리 있는 저자가 하는 말을 듣고 변화될 수 있기를 바라는 잘못을 범한다. 개중에는 조용하고 침착하면서도 부드럽게 배우자에게 문제를 꺼내는 직접적인 방법을 쓴 사람들도 물론 있을 것이다. 하지만 배우자는 침묵으로 일관한다. 반면에 자포자기의 심정으로 배우자에게 고래고래 악을 쓰면서 따진 사람들도 있었을 것이다. 그

럴 때면 자신의 고통이 너무 심해서 자기 심정을 제대로 표현해 낼 수 없다는 문제에 봉착한다. 큰소리로 울부짖는 방법이 오히려 배우자에게 반격의 빌미를 주는 경우도 있고, 그것이 오히려 배우자로 하여금 더욱더 자기 안으로 움츠러들게 만드는 경우도 있다.

결혼한 부부들이 붙잡고 씨름하는 문제들은 보통 거실에 앉아 조용히 대화로 풀 수 있는 것들이 아니다. 또 그런 문제들은 품위 있는 상투어구로 얼마간 신나게 떠든다 해서 녹여 낼 수 있는 것들도 아니다. 마치 암세포와도 같이, 그런 문제들은 결혼 생활의 생명력을 조금씩 조금씩 먹어치워 버린다. 부부들마다 안고 있는 문제는 같을 수가 없다. 하지만 그로 인해 겪게 되는 고통은 어느 부부에게나 치명적이다.

이 책을 통해 나는 당신을 내 상담실의 밀실로 데리고 가서 결혼 생활에 만족하지 못하고 있는 아내들과 남편들의 고통스런 상황을 들려줄 작정이다. 그뿐 아니다. 전국 각지를 다니면서 내가 이끌었던

결혼 세미나에서 사람들이 내게 말한 내용들도 이야기할 생각이다. (물론 사생활 보호를 위해 그들의 이름과 세부 사항은 바꾸었다.) 그들의 이야기를 들으면서 당신은 당신 자신의 결혼 생활에도 희망이 있다는 사실을 믿게 될 것이다.

사랑의 해법 찾기

이 책에서 나는 무책임하고 일밖에 모르는 배우자, 독선적인 배우자, 대화를 거부하는 배우자, 폭력을 행사하는 배우자, 바람을 피우거나 우울증에 빠진 배우자, 그리고 알코올 중독이나 약물 중독에 걸린 배우자들을 어떻게 다루어야 할지에 관해 이야기하려고 한다. 여기서 언급한 상황뿐 아니라 그 밖의 다른 상황에서도 우리는 결혼 생활을 유지하고, 우리 자신과 배우자에게 만족할 수 있도록 하는 사랑의 해법을 찾을 수 있을 것이다.

이 책이 모든 결혼 생활을 치유할 수 있는 비밀의 묘약 같은 걸 제공할 수 있다는 헛된 망상에 사로잡혀 있는 건 아니다. 하지만 결혼 상담에 관한 한 내 오랜 경험과 이 분야에 대한 깊은 연구, 그리고 도덕에 관한 건전한 원칙들을 토대로 나는 어떠한 결혼에도 늘 희망은 있다는 사실을 믿고 있을 뿐이다.

어떤 결혼이든 배우자 둘 다, 혹은 그중 한 사람은 결혼의 냉랭한 감정적 기후를 따뜻하게 변화시킬 수 있는 힘을 지닌 조처를 취할 수 있다. 그러다 일정한 때가 되면 자기들이 봉착한 문제에 대한 답을 찾게 될 것이다. 대부분의 부부들이 해결책을 찾을 수 있는가 없는가의 여부는 그들 자신의 행동뿐 아니라 그들이 살고 있는 지역 사회의 신앙 공동체나 지원 그룹의 도움에 달려 있다. 어쨌든 여기서 나는 이 사실을 다시 한 번 강조하고자 한다. 그 어떤 결혼 생활에도 해결책을 찾을 수 있는 희망은 있다.

결혼에 관한 4가지 거짓말

당신의 결혼 생활이 만족스럽지 않다면 지금이 참된 삶을 연습할 시간이다. 참된 삶은 우리를 포로로 붙들고 있던 통념을 알아내는 데서 시작된다. 그것이 사실이 아니라 거짓말에 불과함을 인식하고, 통념이 아닌 사실에 바탕을 두고 행동할 때 비로소 당신은 거짓의 속박에서 벗어날 수 있다.

참된 삶이란 당신이 당신 자신의 생각이나 느낌, 행동에 책임을 지는 삶을 의미한다. 그러려면 결국 당신은 자신의 삶의 상태를 정직하게 인정하고 당신의 상황에 대한 책임을 다른 사람에게 떠넘기지 않는 태도를 견지하는 것이 필요하다.

다음 네 문장을 잘 살펴보고, 참인지 거짓인지 솔직하게 대답해 보도록 하자.

1. 내가 처한 환경이 내 마음 상태를 결정한다.

2. 사람은 결코 변화되지 않는다.

3. 불만에 가득한 결혼 생활의 해결책은 불행 아니면 이혼, 두 가지뿐이다.

4. 도저히 가망이 없는 관계들이 있다. 그리고 내 경우도 거기에 속한다.

당신이 이 네 가지 진술 중 어느 하나에라도 '참'이라고 대답했다면 계속해서 책을 읽어 나가기를 바란다. 실제로 이 4가지 진술은 전부 거짓이다. 불행히도 절망적인 결혼 생활을 해 나가고 있는 많은 사람들이 일반적으로 회자되는 이런 통념에 의지해서 살아간다.

이런 통념을 사실로 받아들인 사람들은 당연히 그에 걸맞은 행동을 하게 되고, 결과적으로 그들의 행동은 문제의 해결책이 되기보다는 문제의 일부가 된다. 이쯤에서 이러한 거짓말 하나하나를 받아들이고 거기에 따라 행동하게 되면 어떤 결과가 나오게 될지 살펴보는 것도 좋겠다.

거짓말 1 내가 처한 환경이 내 마음 상태를 결정한다.

삶에 대한 이러한 일반적인 견해는 인간은 모두가 환경의 지배를 받는다는 뜻을 담고 있다. 다음과 같은 말 속에 이 통념에 대한 믿음이 잘 표현되어 있다.

"서로 아끼고 서로 돕는 가정에서 자란다면 나도 사랑이 많고 남을 잘 돕는 사람이 될 텐데."

"엉망진창인 가정에서 자란다면 나도 틀림없이 제대로 된 관계를 맺는 데 실패하고 말 거야."

"알코올 중독인 사람과 결혼한다면 비참한 삶을 살게 될 게 틀림없어."

"내 감정 상태는 아내의 행동에 따라 달라져."

이런 식의 태도로 삶에 접근하는 사람은 누구든 적대적인 환경에 놓이게 되면 당황해서 어쩔 줄을 모른다. 이것이 사람을 낙심하게 하고, 종내에는 우울증으로까지 악화된다. 그렇잖아도 결혼 생활에 불만이 많은 마당에 이런 식의 피해의식까지 가진다면 결국 다음과 같은 결론에 다다를 수밖에 없다. "내 삶은 불행하기 짝이 없어. 내 아내가 죽거나 이혼하는 것 외엔 아무 희망도 없어." 많은 이들이 실제로 이 두 가지를 꿈꾸며 살고 있다.

환경이 우리의 사람됨에 영향을 미치는 것은 부인할 수 없는 사실이다. 하지만 그것이 우리를 좌지우지할 수는 없다. 사람은 무기력한 환경의 희생자라기보다는 장애물로 가득 찬 환경을 극복할 수 있는 능력이 있는 존재다. 그런 환경의 예로는 앞을 볼 수 없거나(헬렌 켈러) 소아마비에 걸렸거나(루즈벨트 대통령) 알코올 중독 부모를 가진 경우 등을 들 수 있을 것이다. 부모의 행동이 결혼 생활에 대한 자녀의 태도에 영향을 미친다는 건 틀림없는 사실이며, 당신의 환경이 당신에게 영향을 줄 수는 있다. 하지만 그 환경이 당신의 삶과 결혼 생활을 지배하고 망가뜨리도록 내버려 둬서는 안 된다.

거짓말 2 사람은 결코 변화되지 않는다.

이 거짓말은 일단 성인이 되면 사람은 개인의 기질이나 행동 유형이 단단히 굳어져 변하지 않는다고 주장한다. 따라서 이 거짓말을 믿는 사람은 자기 배우자가 오랫동안 일정한 행동 유형을 보였다면 앞으로도 계속 그런 식으로 행동할 거라고 생각한다.

혼전에 여러 여자와 활발한 성관계를 가졌고, 결혼 후에도 성적으로 자유분방한 생활을 해 온 남자의 아내는 자기 남편이 그런 행동에서 벗어나지 못할 것이고 결코 변하지 않을 거라고 생각하기 마련이다. 결혼 생활 15년 동안 경제관념이 없는 아내를 봐 온 남편이라면 자기 아내가 앞으로도 경제적으로 무책임할 거라고 생각할 것이다.

이 거짓말을 사실로 받아들이면 당신 역시 무의미함과 절망감을 경험하지 않을 수 없을 것이다. 어느 도서관이든 찾아가서 행동 유형에 급진적인 변화가 있었던 성인들의 전기를 한번 읽어 보는 게 좋겠다. 성 아우구스티누스는 한때는 쾌락을 추구하면서 사람은 자신의 욕망을 벗어날 수 없다고 생각했던 사람이었다. 워터게이트 사건(1972년 미 대통령 닉슨이 이끄는 공화당 행정부가 민주당 전국위원회가 있던 워터게이트 건물에 불법적으로 침입하고, 도청한 권력남용 사건. 이 사건으로 닉슨 대통령이 사임하고 많은 참모들이 기소되었다—옮긴이)의 주범이었던 찰스 콜슨은 참회한 뒤 죄수들의 선교를 위해 교도소 선교회를 시작했다.

사람은 변화할 수 있고, 변화한다. 그리고 그 변화는 종종 아주 극적으로 일어난다.

 불만스런 결혼 생활의 해결책은 불행 아니면 이혼, 두 가지뿐이다.

이 거짓말을 믿고 사는 사람은 자신들을 하나같이 파괴적인 두 가지 대안 속에 한정해 버린다. 그와 동시에 그 사람은 그러한 선택의 포로가 된다. 수많은 사람들이 한계가 분명한 이런 거짓말을 믿음으로써 스스로를 자기가 만든 감옥에 가두는 우를 범한다.

섀넌과 데이비드 역시 이런 거짓말을 믿은 사람들 가운데 하나였다. 이 부부는 15년 동안이나 불행한 결혼 생활에 시달리다 이혼을 생각하기에 이르렀다. 하지만 6개월간의 상담을 받은 뒤에 내 사무실을 나가면서 데이비드는 이런 말을 했다. "전에는 섀넌에 대한 분노가 가득한 채 이 사무실을 나가곤 했어요. 그런데 오늘 섀넌이 얼마나 훌륭한 아내인가를 깨달으면서 떠납니다. 이런 날이 왔다는 게 도저히 믿어지지가 않아요."

섀넌 역시 얼굴에 번지는 미소를 감추지 못한 채 이렇게 말했다. "채프먼 박사님, 제가 남편을 다시 사랑하게 되리라고는, 그리고 지금과 같은 결혼 생활을 해 나가게 되리라고는 꿈에도 생각지 못했어요."

섀넌과 데이비드는 이 거짓말에 대한 믿음을 버린 사람들이다. 그리고 당신도 똑같은 일을 할 수 있다. 불만스런 결혼 생활에는 오직 두 가지 대안밖에 없다는 거짓말을 믿어선 안 된다. 불행이냐 아니면 이혼이냐의 두 가지 대안밖에 없다고 주저앉지 마라.

거짓말 4 **도저히 가망이 없는 관계들이 있다. 그리고 내 경우도 거기에 속한다.**

이런 통념을 믿는 사람들은 이렇게 생각한다. '다른 사람들에게는 희망이 있는지 모르겠지만 내 결혼 생활은 절망적이야. 상처가 너무 깊어. 그리고 그 피해는 회복될 수 없어. 희망은 어디에도 없어.' 이런 식의 사고방식은 우울증의 원인이 되며, 때로는 자살로까지 몰고 가는 경우도 있다.

어릴 때 아버지가 엄마를 죽이고 난 뒤 이번에는 총을 자신에게 겨누던 것을 지켜봐야 했던 리사의 이야기를 들으면서 눈물을 흘린 기억이 있다. 이 비극적인 상황을 겪던 당시 리사는 열 살이었다. 리사의 아버지는 부부관계에 희망이라곤 눈곱만큼도 없다고 생각하고 그런 짓을 저질렀을 것이다.

당신 역시 수년 동안 결혼 생활 가운데서 안간힘을 써 온 사람일 수 있다. 그동안 별별 방법을 다 써 보았지만 아무 소용이 없었다고 느끼고 있을지도 모른다. 다른 이들에게 당신의 결혼 생활이 가망 없다고 털어놨을 수도 있다. 하지만 스스로 그 말을 믿어선 안 된다. 당신의 결혼 생활은 희망이라는 영역에서 벗어나 있지 않다.

내가 이 책을 쓴 것은 결혼 생활에 나타난 문제점들의 특성을 찾고, 뒤틀린 결혼 생활 때문에 낙심한 이들로 하여금 그 거짓말에 대한 믿음을 버리고, 그런 관계의 재앙 속으로 더 깊이 빠져드는 대신 관계를 치유해 나가라고 격려하기 위해서다. 그러기에 앞서 일반적

통념을 버리자

이러한 흔한 네 가지 통념을 버리고 다음과 같이 스스로에게 진실을 말함으로써 결혼 생활을 튼튼하게 하라.
▶ 환경이 내 마음상태를 결정짓는 일 따위는 없다.
▶ 사람은 변화할 수 있다.
▶ 불만스런 결혼의 대안은 고통스런 삶을 지속하거나 이혼이라는 출구로 나가 버리거나 하는 두 가지만 있는 건 아니다.
▶ 내 상황은 절망적이지 않다.

으로 결혼에 치명적인 문제가 있을 때 사람들이 보통 취하는 해결책, 즉 이혼이라는 출구에 관해 살펴보자.

솔직한 눈으로 이혼 바라보기

오늘날 우리 사회는 '내다 버리는 사회'다. 멋진 용기에 담긴 음식을 사고는 내다 버린다. 자동차나 가전제품도 순식간에 못쓰게 된다. 잘 쓰던 가구도 중고 가게에 줘 버린다. 기능이 불편해서가 아니라 스타일이 구식이어서 그렇다. 심지어는 원치 않는 임신을 '내동댕이쳐' 버리기까지 한다. 사업상 맺은 관계는 당신에게 이윤이 보장되는 한도 내에서 유지된다. 이렇게 볼 때 우리 사회가 '내다 버리는 결혼'의 개념을 받아들이기에 이르렀다는 게 그리 충격적인 일도 아니다. 자기 배우자와 사는 삶이 더 이상 행복하지 않다면, 그리고 관계가 어려움에 직면할 경우 그 관계를 끝내 버리고 새롭게 시작하는 것보다 더 손쉬운 방법은 없을 것이다.

나도 이혼이 한 가지 대안이라고 말할 수 있었으면 좋겠다. 내 상담실에서나 세미나에서 깊이 상처 받은 사람들의 이야기를 들을 때 이렇게 외치고 싶은 것이 솔직한 심정이다. "나가시오, 나가시오, 이혼하란 말이오! 그 패배자는 이제 그만 버리고 당신 삶을 계속 살아 나가란 말이오!" 만약에 내가 계속해서 떨어지기만 하는 주식을 샀다면 그런 식의 태도를 취하는 게 당연할 것이다. 즉, 주식이 더 떨어지기 전에 팔아 치웠을 것이란 말이다. 하지만 배우자는 주식이 아니다. 배우자는 사람이다. 그것도 감정, 개성, 욕망을 가진, 그리고 실망도 할 줄 아는 그런 사람이다. 당신의 생애 어느 한 지점에 강하게 끌렸던, 그 한 순간에 따뜻한 감정을 느꼈던, 깊이 사랑했던 사람이다. 당신들 두 사람은 서로에게 끌려서 '검은 머리가 파뿌리 되도록' 서로에게 자신들의 삶을 헌신하겠다는 공적인 서약을 하기에 이르렀다. 이제 당신들은 공동운명체이다. 그리고 그 사이에는 자녀들까지 있다.

누구도 나쁜 주식을 팔아 치우는 것처럼 배우자에게서 쉽사리 도망쳐 버릴 수는 없다. 사실상 이혼을 대안으로 선택했던 대부분의 사람들과 이야기를 나누다 보면 이혼 전에 그들은 수개월 동안의 강렬한 내면의 싸움을 겪었고, 그들이 겪었던 시련은 아직까지도 고통스런 경험으로 여겨진다는 사실을 알게 될 것이다.

빌과 이혼한 지 2년이 지난 뒤에 에블린은 내 사무실에 앉아 있었다. "우리의 결혼 생활은 한마디로 엉망진창이었어요. 하지만 이혼은 상태를 더 악화시켰죠. 결혼했을 때 내가 떠맡았던 짐들을 아직도 떠맡고 있는걸요. 게다가 지금은 돈도 시간도 더 없어요. 결혼 생활을 유지하고 있을 땐 파트타임으로 일하면서 살림하는 걸 조금 거들면 됐는데, 지금은 풀타임으로 일해야 하거든요. 그래서 딸들을 돌볼 시간이 거의 없고, 집에 있을 때면 이혼 전보다 더 짜증을 내게 돼요. 시키는 일을 빨리 하지 않으면 나도 모르게 딸들한테 벌컥벌컥 화를 내거든요."

수많은 이혼한 엄마들이 에블린의 말에 맞장구를 칠 것이다. 이혼은 결코 여자들에게 공평하다고 말할 수 없다. 그래서 이혼한 엄마들이 자녀들의 물질적·정서적 필요를 채워 줘야 한다는 스트레스에 짓눌리는 것처럼 보일 때도 있다.

이혼의 과정을 거친 사람들 모두가 그런 어려움을 겪는 건 아니다. 하지만 모두들 적응의 과정은 고통스럽다고 느낀다. 심지어는 그들이 재혼을 할 경우에도 상황은 마찬가지다.

웨인은 싱글벙글 웃음을 감추지 못한 채 이렇게 말했다. "마침내 내 인생의 반려자를 만났어요, 선생님! 우린 6월에 결혼할 겁니다. 이렇게 행복해 본 적이 있었나 싶네요. 베벌리한테 딸이 둘 있는데, 얼마나 예쁜지 모릅니다. 힘든 이혼의 과정을 거칠 땐 내가 다시 행복해질 거라고 상상도 못했는데, 지금은 내 삶이 다시 제 궤도에 올라가리라는 걸 믿게 되는군요."

우리가 대화를 나눌 당시 웨인은 이혼한 지 3년 된 홀아비였다. 그런데 베벌리와 결혼한 지 6개월 만에 그는 내 사무실을 다시 찾아왔고, 베벌리와 그녀의 아이들과 잘 지내기가 너무 힘들다고 털어놓았다.

"제가 이방인처럼 느껴져요. 베벌리에겐 늘 아이들이 우선이거든요. 내가 아이들을 좀 나무라기라도 하면 베벌리가 얼른 아이들 편을 들어서 내 말을 반박하고 나서요. 게다가 베벌리의 허락 없이는 땡전 한 푼도 쓸 수 없어요. 제 인생에서 이렇게 불행했던 때가 있었나 싶네요. 어떻게 이런 난장판에 발을 내디뎠는지 모르겠어요." 웨인은 '혼합가족'을 이루는 데 따르는 일반적인 어려움을 경험하고 있었던 셈이다.

그러면 부모의 이혼을 지켜본 아이들은 또 어떨까?『Ex 세대(Generation Ex)』라는 책의 저자이자 부모가 여러 번 이혼하는 걸 지켜본 뒤 성인이 된 젠 에바스는 그런 자녀의 심정을 이런 말로 솔직하게 토로하고 있다.

어렵사리 얻은 자유를 고대하며 성인의 나이에 접어들었을 때, 나는 시간이 지날수록 부모들의 이혼이 내게 더 큰 영향을 미친다는 사실에 놀랐다. 학문적으로나 직업적으로나 성공했는데도 나는 감정적인 면에서 해마다 점점 더 안정을 잃어 가고 있었다. 내 친구들이 하나둘 결혼하기 시작하자 나는 내가 과연 친밀한 관계를 맺을 수 있을지, 미래의 일이긴 하지만 내 자신의 결혼 생활을 시작하고 또 유지해 나갈 수 있을지에 관해 의문이 들지 않을 수 없었다. 그때에야 비로소 나는 내 부모님이 여러 번 결혼과 이혼을 겪은 것이 내가 사람들과 맺는 다양한 관계에 얼마나 많은 영향을 주었는지를 알게 되었다. 특별히 신뢰의 문제에서 말이다. 그리고 사랑의 문제에 이르면, 내가 그렇게 간절히 원하는 결혼이 내가 가장 두려워하는 일이 될지도 모른다는 사실 때문에 온몸이 얼어붙었던 기억이 있다.[1]

수년 동안 나는 상담을 통해 이혼이 덜어 줄 수 있는 짐이 있는가 하면 이혼을 하고 나면 새로이 떠맡게 되는 짐도 만만치 않다는 사실을 사람들에게 알려 주곤 했다. 나는 이혼이 인간의 삶 속에서 사라질 수 있다고 믿을 만큼 순진한 사람은 아니다. 단지 이혼은 최후의 수단이 되어야 한다고 말하고 있을 뿐이다. 이혼에 앞서 부부간에 서로의 차이를 조화시키고, 논란이 되는 문제들을 다루고 해결하는 등 할 수 있는 노력이란 노력을 다 해 봐야 한다는 뜻이다. 우리 사회에서 너무나 많은 부부들이 홧김에 이혼 서류에 도장을 찍고 나서 엄청나게 큰 대가를 지불하고 있다. 나는 이혼한 많은 부부들이 적절한 도움을 받을 수 있는 길을 찾았다면 화해했을 수도 있다고 믿는다. 따라서 이 책은 만족스럽지 않은 결혼 생활에 대해서 다루면서도 이혼이 아니라 희망을 준다고 믿는 다른 대안에 초점을 맞추고 있다. 그 대안이 바로 내가 '참된 삶'이라고 부르는 것이다.

참된 삶이란 거짓말을 인식하는 데서 시작되고, 그런 거짓말을 거부함으로써 유지되며, 관계 속에 건설적인 변화를 가져오기 위해 부부 가운데 한쪽이라도 긍정적인 행동을 끌어안는 결과를 가져온다. 다음 장에서 나는 이런 식의 접근 방법의 기본 원리들을 설명하려고 한다. 그리고 그다음 장들에서는 그런 원리들을 다양한 형태의 불행한 결혼 생활에 어떤 식으로 적용해야 하는지를 보여 주려고 한다.

참된 삶을 향하여

참된 삶이란 내가 앞장에서 언급했던 4가지 거짓말을 거부하고, 좀 더 긍정적인 정신으로 삶과 대면하는 삶을 말한다. 당신은 이런 거짓말을 버리고 자신에게 다음과 같은 진실을 말함으로써 결혼 생활을 튼튼하게 유지해 갈 수 있다.

1. 환경이 내 마음상태를 결정하지 않는다.
2. 사람은 변할 수 있다.
3. 불만스런 결혼의 해결책에는 계속 불행한 삶을 살거나 이혼하는 두 가지 대안만 있는 건 아니다.
4. 내 상황은 절망적이지 않다.

결혼에 관한 6가지 진실

어떤 경우가 됐건 불만스런 결혼 생활에 방향을 제시할 수 있는 6가지 진실을 말해 보겠다.

진실 1 나 자신의 태도는 내 책임이다.

참된 삶은 우리의 마음 상태에 대한 책임은 바로 우리 자신에게 있다는 가정 하에서 삶에 다가간다. 문제를 피할 수는 없다. 하지만 불행은 선택사항이다. 태도는 사람들이 선택하는 사고방식과 관계가 있다. 그것은 결국 어디에 초점을 두느냐의 문제이다.

부정적인 생각은 부정적인 생각을 낳는다. 상황이 얼마나 끔찍한가에 초점을 맞추면 그 상황은 점점 더 심각하게 보인다. 하지만 어떤 상황에서 긍정적인 것에 초점을 맞추면 다른 대안이 등장하는 법이다. 아무리 칠흑같이 어두운 결혼이라도 그 안에 늘 깜빡거리는 불빛 하나쯤은 있기 마련이다. 그 불빛에 초점을 맞추면 그 불빛이 결국은 방 전체를 환히 비추게 될 날이 올 것이다.

웬디가 이렇게 말한 적이 있다. "남편이 풀타임 직장을 갖지 못한 게 벌써 3년이나 됐어요. 그런데 그런 중에도 한 가지 좋은 점은 케이블 티브이 수신료를 낼 돈이 없어서 텔레비전 시청을 하지 못한다는 거예요. 그래서 월요일 밤마다 우리는 전보다 훨씬 더 많은 대화를 나눌 수 있게 됐지 뭐예요."

웬디의 말은 계속 이어졌다. "이 3년이 제겐 너무나 힘든 시간이었어요. 그런데 돌이켜 보니까 많은 것을 배운 시간이기도 하더라고요. 다른 사람들은 뭔가를 가져야 할 수 있다고 생각할 일들에 대해 우린 그런 것들 없이 한번 해 보자 하는 식으로 사고방식이 바뀌었거든요. 그런데 해 보니까 그렇게 할 수 있는 일들이 너무나 많았어요. 물론 힘든 건 말로 다 못하죠. 하지만 우린 그 상황을 최대한으로 잘 이용해 볼 생각이에요."

웬디를 만나고 3주 뒤 나는 우연히 루 앤을 만났다. 루 앤은 그 당시 육체적으로나 정신적으로 고갈되기 직전의 상태에 놓여 있었다. 루 앤의 남편은 직장을 잃은 지 10개월쯤 됐는데, 풀타임 직장을 알아보는 사이에 파트타임으로 일하고 있었다.

지난 10개월 동안 하도 물어뜯어서 루 앤의 손톱은 성한 데가 없었다. 루 앤은 자기들이 가진 것들을 전부 잃게 될 거라고 확신하고 있었다. 케이블 티브이 수신료를 낼 돈이 없다는 사실에 불평을 늘어놓았고, 차 한 대만으로 버티고 있는 어려움에 대해서도 토로했다. 날이면 날마다 루 앤은 날선 절망의 칼날 위에서 살고 있다고 느끼고 있었다.

웬디와 루 앤의 차이라면 삶의 태도였다. 그들이 안고 있는 문제는 비슷했다. 하지만 그들의 태도는 180도 달랐다. 그리고 서로 다른 삶의 태도가 결국 그들의 육체적, 정신적 건강과 한 발 더 나아가 그들의 결혼 생활에까지 깊은 영향을 미치고 있었다.

긍정적인 정신 태도를 견지하라는 도전은 현대에 와서 새롭게 등장한 이론이 아니다. 나중에 사도 바울이라 불렸던 타르수스(다소)

의 사울이 1세기에 썼던 글에는 이 점이 분명하게 드러나 있다. "아무것도 염려하지 말고 다만 모든 일에 기도와 간구로, 너희 구할 것을 감사함으로 하나님께 아뢰라. 그리하면 모든 지각에 뛰어난 하나님의 평강이 그리스도 예수 안에서 너희 마음과 생각을 지키시리라. 끝으로 형제들아 무엇에든지 참되며 무엇에든지 경건하며 무엇에든지 옳으며 무엇에든지 정결하며 무엇에든지 사랑 받을 만하며 무엇에든지 칭찬 받을 만하며 무슨 덕이 있든지 무슨 기림이 있든지 이것들을 생각하라(빌 4:6-8).

참된 삶의 첫 번째 원리는 내 삶의 태도에 대한 책임이 나에게 있다는 것이다.

진실 2 내 태도가 내 행동에 영향을 미친다.

참된 삶의 이 원리는 우리의 태도가 우리가 말하고 행동하는 모든 것을 대변해 준다는 사실을 상기시킨다. 우리가 수동적이고 패배주의적이고 부정적인 태도를 갖는다면 우리는 자연히 그런 식의 사고방식을 부정적인 말과 행동으로 드러내게 될 것이다. 그렇게 되면 자신이 문제를 해결하는 게 아니라 문제의 일부가 되고 만다.

당신이 당신의 환경을 통제하지 못할 수도 있다는 건 사실이다. 당신은 어쩌면 그런 어려움에 직면해 있을지도 모른다. 질병, 술고래 남편, 사고뭉치 십대 자녀, 당신을 버렸던 어머니, 혹은 당신을 폭행했던 아버지, 무책임한 배우자, 혹은 몇 년째 누워 계신 시아버지……. 그렇다 해도 당신은 환경을 바라보는 당신의 태도를 통제할 수는 있다. 그리고 당신의 태도는 당신의 행동에 엄청난 영향을 끼칠 것이다.

웬디와 루 앤 두 사람의 상반된 태도는 그 사실을 정확하게 보여 준다. 긍정적 사고방식의 소유자인 웬디가 결혼 생활을 따뜻하게 하기 위해 지난 3년간 했던 몇 가지 일들이 있었다. 우선 웬디는 남편이 직장을 찾는 중에 기운이 빠져 있다 싶으면 곧 적당한 직장을 찾을 수 있을 거라고 용기를 북돋워 주고, 그동안에는 부부가 파트타임 일을 해서 살아가면 된다고 남편을 안심시켰다. 또 그저 '재미 삼아' 알루미늄 캔을 모아 팔자고 제안하기도 했다. 석 달이 지나 알루미늄 캔이 제법 모이자, 그것을 팔아 매주 외식하고 영화를 보거나 다른 여가를 보낼 만한 돈을 마련하기도 했다. 웬디의 긍정적 태도가 웬디로 하여금 긍정적이면서도 창조적인 행동을 하도록 이끌었던 것이다.

반면에 루 앤은 열 달 동안 남편에게 끊임없이 바가지를 긁어 댔다. "이번에는 또 뭘 잘못한 거예요?" 직장을 잃고 돌아온 남편에게 루 앤이 한 말이었다. 루 앤은 남편에 대한 실망감을 주위 사람 모두에게 털어놓았다. 전화에 대고 "그이가 빨리 직장을 찾지 못하면 그때 어떻게 해야 할지 잘 모르겠어."라고 투덜거리는 게 일이었다. 남편은 파트타임 일을 찾았지만 루 앤은 그것마저도 하지 않았다. 루 앤은 이런 핑계를 댔다. "어차피 파트타임 일 해서 번 돈 가지고는 살 수 없는데, 뭐 하러 사서 고생을 하겠어요?" 하루 종일 루 앤이 하는 일이라곤 자고, 텔레비전 보고, 친구들을 만나는 것뿐이었다. 루 앤의 결혼 생활은 심각한 문제에 직면해 있었다. 루 앤의 부정적 태도가 부정적인 행동을 낳았고, 그런 행동들은 또 결혼 생활의 문제들을 한층 더 악화시켰다.

태도는 행동에 영향을 미치고, 행동은 또 다른 일에 영향을 준다. 이 점이 우리를 참된 삶의 세 번째 원리로 이끌어 간다.

진실 3 내가 상대를 변화시킬 수는 없다. 하지만 상대에게 영향을 미칠 수는 있다.

이 두 가지는 서로 분리될 수 없는 사실이다. 배우자를 변화시킬 수 없다는 사실은 누구나 잘 알고 있는 상식이다. 하지만 우리가 배우자에게 영향을 미칠 수 있다는 사실은 간과되는 경향이 있다. 아무리 부부라도 우리는 각각 개별적인 인간이고 자유의지를 가지고 있기 때문에 누구도 우리에게 생각과 행동을 바꾸라고 강요할 수는 없다. 반면에 우리는 관계 지향적 피조물이기 때문에 다른 사람들의 영향을 받을 수 있다. 이런 사실을 토대로 광고주들은 매년 수백만 달러를 벌어들인다.

이런 사실은 결혼 생활과 아주 밀접한 관련이 있다. 당신은 배우자를 변화시킬 수 없다는 사실을 인정해야 한다. 당신은 남편이나 아내가 특정한 행동을 그만두거나 시작하게 할 수 없다. 배우자의 입에서 나오는 말이나 배우자의 생각과 느낌을 조종하지도 못한다. 배우자에게 어떤 것을 요구할 수는 있지만 그 요구에 긍정적인 반응을 보이느냐 마느냐는 순전히 배우자 맘이다.

이런 사실을 이해하지 못하면 배우자를 조종하려는 덫에 빠지기 쉽다. 조종의 배후에는 바로 이런 생각이 숨어 있다. "내가 이런 식으로 하면 내 배우자가 저런 식으로 행동하게 만들 수 있지 않을까?" 조종에는 물론 긍정적 자극도 포함될 수 있다. "내가 아내를 엄청나게 행복하게 해 주면 내 요구를 들어 줄지도 몰라." 하지만 여기에는 "남편을 진짜 비참하게 만들면 내 요구대로 할 거야." 하는 식의 부정적 자극도 포함되어 있다.

하지만 조종을 하는 데 들이는 그 엄청난 노력은 모두 실패로 돌아가고 말 것이다. 배우자에 의해 조종되는 걸 원하는 사람은 아무도 없기 때문이다. 배우자를 변화시킬 수 없는 대신, 좋은 쪽으로든 나쁜 쪽으로든 당신이 배우자에게 영향을 끼칠 수 있다는 점에 주목해야 한다. 남편과 아내는 태도나 행동을 통해 서로에게 매일 매일 영향을 미친다.

당신이 취하는 행동 하나하나, 당신의 말 한 마디 한 마디가 긍정적으로든 부정적으로든 당신의 배우자에게 영향을 준다. 이건 곧 배우자의 말이나 행동이 당신에게 엄청난 고통, 상처, 실망감을 가져다줄 수 있다는 말과도 통한다. 하지만 이런 사실은 긍정적인 말과 행동을 통해서 배우자에게 긍정적인 변화를 일으킬 수 있다는 것을 뜻하기도 한다.

지난 세월 나는 막다른 골목에 다다른 결혼 생활을 하고 있는 수많은 사람들을 만나며 이게 사실인지 아닌지를 검증해 왔다. 한 배우자가 기꺼이 긍정적인 태도로 긍정적인 행동을 하면 다른 배우자에게 놀라운 변화가 일어나는 경우가 대부분이었다.

어떤 아내가 이렇게 말한 적이 있다. "남편에게 긍정적인 말과 행동으로 대하려고 한 뒤로 일어난 변화를 제 자신도 믿을 수가 없어요. 지난 두 달 동안 남편을 보면서 그이가 어떻게 그렇게 친절하고 자상할 수 있는지 놀라울 뿐이었어요. 남편에게서 내가 늘 꿈꿔 왔던 모습 그 이상을 본 느낌이에요."

긍정적인 영향의 힘이야말로 순탄치 않은 결혼 생활에서 엄청난 잠재력을 발휘할 수 있다. 네 번째 참된 삶의 원리는 감정과 관련이 있으며 긍정적인 영향의 힘만큼이나 강력한 힘을 발휘한다.

 내 감정이 내 행동을 지배하지 못한다.

지난 3백여 년 동안 서구 사회는 인간의 감정을 과도하게 강조했다. 그래서 우리가 감정을 우리를 인도하는 길잡이 별로 삼게 된 것도 사실이었다. "당신의 느낌이 어떤가? 끌리면 하라." 이런 주제를 가진 영화와 노래가 판을 친다. 따라서 이런 생각에 의거해서 자기 자신을 이해하려는 노력들은 우리로 하여금 "내가 무엇을 느끼는가가 바로 나의 본질이다." 또는 "내 감정에 충실한 삶이야말로 진정한 삶이다."와 같은 결론에 이르게 만들었다.

결혼 생활에 적용될 때 이 철학은 이렇게 충고한다. "내 짝에게 더 이상 사랑의 감정을 느끼지 못하면 그 사실을 인정하고 결혼 생활에서 빠져나가야 해. 내가 이렇게 상처받고 화가 나 있는 상태인데도 배우자에게 친절한 행동이나 말을 한다는 것은 위선적인 일이야." 하지만 이런 철학에는 인간이 감정 이상의 존재라는 사실이 전혀 고려되어 있지 않다.

사실은 이렇다. 우리는 시각, 청각, 미각, 후각, 촉각 등 우리의 오감을 통해서 삶을 경험한다. 하지만 우리에게는 이런 오감 외에도 생각과 느낌, 욕망과 행동이라는 것이 있다.

우리는 오감을 통해 경험한 것을 생각 속에서 해석한다. 당신이 오전 10시 30분에 싱크대에서 더러운 그릇들을 봤다 치자. 그러면 당신은 그 사실을 당신의 아내가 게으르다는 뜻으로 해석할 수 있다.

감정은 당신의 생각을 따라간다. 당신의 배우자가 게으르다고 믿을 때 당신은 실망과 분노, 좌절감을 느낀다.

생각과 느낌에 대한 반응으로 욕망이라는 것이 있다. 더러운 접시는 당신으로 하여금 당신의 배우자에게 왜 그렇게 무책임하냐고 한마디 해 주고 싶은 욕망을 불러일으킨다.

당신의 생각이나 감정, 욕망에 의거해서 당신은 마침내 어떤 행동을 취한다. 부정적인 감정이나 욕망이 당신의 행동을 지배하도록 내버려 둔다면 당신은 보통 그 상황을 점점 더 악화시키고 말게 된다. 당신의 부정적 행동이 이번에는 배우자의 부정적인 반응을 불러일으킬 게 뻔하기 때문이다. 반면에 당신이 이성적 태도를 취하고 스스로에게 이렇게 묻는다면 어떻게 될까? “이런 상황에서 어떻게 하는 것이 최선일까?” 이럴 경우 당신이 긍정적인 행동을 취할 가능성은 훨씬 더 높아진다.

오전 10시 30분에 더러운 접시를 보고 당신은 설거지를 하고 나서 아내에게 이렇게 말할 수도 있다. “당신을 얼마나 사랑하는지 알겠어? 아침부터 당신에게 더러운 접시들을 보여 주고 싶진 않았어.”

관계를 맺는 데 행동은 감정보다 훨씬 더 중요하며, 행동이 감정에 의해서 좌지우지되게 해서는 안 된다. 이것이 진실이다. 부정적 감정이 행동을 지배하게끔 내버려 둔다면 당신은 점점 더 부정적인 사람이 될 것이다. 하지만 반대로 부정적인 감정에도 불구하고 긍정적 태도를 취해야겠다고 마음먹었다면 그에 맞추어 감정도 긍정적으로 변화될 가능성이 크다. 그리고 당신의 그런 긍정적인 행동은 당신의 배우자에게도 긍정적인 영향을 미칠 수 있다.

부정적인 감정을 가지고 있을 때 긍정적 행동을 취하는 것이 위선적이라고 말하는 사람은 참된 자아는 감정에 의해 결정된다는 가정에 따라 움직이는 사람이다. 그 가정은 거짓이며, 그 가정이 서구 사람들의 사고방식에 스며든 이후로 가족 관계에 엄청난 해악을 불러온 게 사실이었다.

삶의 다른 영역에서 우리는 우리의 감정과 반대로 행동하는 경우가 많이 있다. 예를 들면 침대에서 일어나고 싶다는 '기분이 들 때만' 침대에서 일어난다고 해 보자. 틀림없이 욕창에 걸리고 말 것이다. 실제로는 이렇다. 거의 매일 아침 우리는 우리의 감정과는 반대로 침대에서 일어나서 뭔가를 한다. 그리고 나중엔 일어나기를 참 잘했다고 느낀다. 같은 원리가 관계에도 그대로 적용된다.

우리의 부정적인 감정들을 인정하는 법은 배울 필요가 있다. 하지만 그 감정에 따라 행동해서는 안 된다. 실망을 느끼고, 좌절하고, 화가 나고, 상처를 받고, 무감각하고, 쓸쓸한 기분을 느낄 때 그 감정 자체를 부인해선 안 된다. 하지만 그런 감정들이 우리의 행동을 지배하려는 건 단호히 거부해야 한다. 스스로에게 '무엇이 최선의 길인가? 무엇이 옳은가? 어떤 것이 나은가? 무엇이 사랑의 방식인가?' 하는 질문들을 던짐으로써 더 나은 길을 선택해 가야 한다. 우리는 우리의 행동이 이런 고상한 생각들의 지배를 받게 할 수 있다. 그런 긍정적인 행동에는 관계를 치유할 수 있는, 그리고 우리의 결혼 생활에 긍정적인 감정을 회복시킬 수 있는 잠재력이 들어 있다.

지금 내가 감정이 중요하지 않다는 말을 하고 있는 건 아니다. 우리의 감정은 관계 속에서 일어나는 일들이 잘 되어 가고 있는가 그렇지 않은가를 보여 주는 척도라 할 수 있다. 긍정적인 감정은 당신이 긍정적 행동을 취할 수 있게 용기를 북돋아 준다. 부정적인 감정은 반대로 당신으로 하여금 부정적인 행동을 취하게 부추긴다. 하지만 부정적인 행동은 상황을 더 악화시키고 긍정적인 행동은 상황을 개선시킬 잠재력을 품고 있다는 사실을 이해하면 당신은 늘 더 나은 길을 선택할 것이다. 당신의 감정이 당신에게 영향을 미칠 수는 있다. 하지만 당신은 그 감정들이 당신을 지배하게 내버려 둬서는 안 된다.

이런 사실은 불만스런 결혼에 대해서도 함축하는 바가 크다. 그건 곧 아주 부정적인 감정을 가지고 있을 때라도 우리는 배우자에게 긍정적인 행동과 말을 해야 한다는 것을 뜻한다. 긍정적인 행동을 취한다고 해서 그것이 곧 당신의 결혼 생활이 위기에 처해 있다는 사실을 부인하는 건 아니다. 그건 당신이 부정적인 행동이 점점 더 심해지도록 내버려 두기보다는 긍정적인 변화의 힘을 가진 단계를 밟기로 마음먹었다는 사실을 의미한다.

어떤 남편이 한 말이 생각난다. "제 아내가 절 너무나 실망시키고 제게 너무 큰 상처를 줘서 아내를 위해서 좋은 일이라면 아무것도 해 주고 싶은 생각이 없어요." 그 남편은 이 말을 통해 자신의 감정 상태와, 긍정적 행동을 취하고 싶은 욕망이 전혀 없다는 사실을 분명하게 드러낸다. 하지만 그 뒤에 이런 말을 했을 때 그가 위선적이라고 할 수는 없을 것이다. "하지만 긍정적인 행동의 힘을 이해하고 나니 아내의 차를 청소하고 세차를 해 주어야겠다는 생각이 드는 거예요. 내가 그렇게 해 주면 아내가 무척 좋아할 걸 알고 있었으니까요."

긍정적인 행동을 하나 했다고 해서 평생 동안 쌓인 상처를 치유할 수 있는 건 아니다. 하지만 그런 행동 하나가 올바른 방향으로 나가는 첫걸음이 될 수는 있다. 긍정적인 행동들이 반복되면 결혼 생활의 흐름을 바꿀 수 있는 가능성이 점점 더 커진다. 이제 참된 삶의 다섯 번째 원리로 들어가 보자.

진실 5 나의 불완전함을 인정하는 것이 곧 내가 패배자라는 걸 의미하는 건 아니다.

대부분의 위태로운 결혼에는 남편과 아내가 수년에 걸쳐 쌓아올린 벽이 존재한다. 이 벽을 이루고 있는 돌 하나하나는 둘 중 하나가 과거에 상대방을 실망시켰던 사건들 하나하나를 가리킨다. 상담실에 와서 사람들은 바로 이런 것들을 털어놓는다. 남편들은 이렇게 불평을 늘어놓는다. "아내는 직장일이나 아버지로서 내가 하는 일들에 대해 늘 비판만 늘어놓았어요. 내가 아무리 힘들게 일해도 감사는커녕 그걸 인정한다는 말 한마디도 하지 않았죠. 그뿐이 아니에요. 아이들 앞에서 날 깎아내리기까지 한다고요."

아내들도 이에 질세라 불만 사항을 이야기한다. "저이는 일하고 결혼했어요. 저한테는 내 줄 시간이 전혀 없답니다. 집에 오면 절 무시하기 일쑤고, 자기는 텔레비전에서 축구 경기를 보면서 저는 종처럼 마구 부려먹어요."

그들이 들먹이는 항목은 끝이 없다. 각각 상대가 자기들의 결혼 생활을 얼마나 불행하게 만들었는가를 설명하느라 여념이 없다. 이 벽이 바로 자기중심적인 삶의 상징물이며, 이 벽이야말로 결혼 관계의 친밀성을 방해하는 크나큰 장애물이다.

이러한 감정의 벽을 허무는 일이야말로 결혼 관계를 다시 세우는 데 없어서는 안 될 필수 요소다. 하지만 그 벽을 허물기 위해서는 부부 둘 다 자신들이 불완전하다는 사실과 서로 상대를 실망시켰다는 사실을 인정하는 것이 필요하다. 벽을 쌓은 책임이 남편과 아내 둘 다에게 똑같이 있다는 말을 하려는 게 아니다. 대부분은 한쪽이 다른 쪽에 비해 더 잘못한 경우가 많다. 하지만 그 말은 둘 중 누구도 완벽하지 않다는 걸 인정해야 한다는 것이다.

당신이 자신의 불완전함을 인정한다고 해서 그것이 곧 당신이 패배자임을 인정하는 건 아니다. 그건 당신도 인간이라는 사실을 고백하는 것에 불과하다. 인간으로서 당신과 나는 사랑하고, 친절을 베풀고, 옳은 행동을 할 가능성을 가지고 있다. 반면에 인간이기 때문에 우리는 또한 자기중심적이고, 파괴적인 행동을 할 가능성도 덩달아 가지고 있다. 우리의 결혼의 역사라는 상자 안에는 좋은 행동뿐 아니라 나쁜 행동들이 함께 뒤섞여 있다는 것은 부인할 수 없는 사실이다. 과거의 실패를 인정하고 용서를 구하는 행동은 인간의 경험 가운데서 인간을 가장 자유롭게 하는 행동 중 하나라 할 수 있다.

당신의 실패를 인정하고 용서를 구할 때 비로소 당신은 당신 쪽의 벽을 무너뜨리기 시작하는 것이다. 당신의 배우자가 당신을 기꺼이 용서할 수도 있고, 그렇게 하고 싶어 하지 않을 수도 있다. 하지만 당신은 과거의 실패에 관해 당신이 할 수 있는 가장 긍정적인 일을 했다고 볼 수 있다. 이처럼 당신은 과거의 실패나 그로 인해 생겨난 결과들을 없던 일로 되돌릴 수는 없지만 적어도 그 사실들을 인정하고 용서를 구할 수는 있다.

많은 사람들은 과거의 잘못을 고백할 때 다음과 같은 말들이 도움이 됐다고들 한다.

"우리 관계에 대해서 생각해 봤는데, 전에 내가 완벽하지 못한 남편(아내)이었다는 사실을 알게 되었어요. 여러 가지 면에서 당신을 실망시키고 당신에게 상처를 주었고, 그런 잘못을 한 게 너무나 미안해요. 날 용서해 주기를 바라요. 진심으로 당신에게 좋은 남편(아내)이 되고 싶어요. 그리고 하나님이 도우신다면 우리들의 미래는 이전과는 다르게 만들고 싶어요."

그때 배우자가 용서한다고 말하든 생각보다 시큰둥한 반응을 보이든 간에 당신은 어쨌든 두 사람 사이에 놓인 당신 쪽의 벽을 허무는 첫걸음을 뗀 셈이다. 깊은 상처를 받은 배우자라면 당신의 진심을 의심하면서 이렇게 말할지도 모른다. "그런 말 어디 한두 번 했어야 말이죠." 혹은 "당신을 용서할 수 있을지 모르겠어요." 상대방의 반응이 어떻든 간에 당신은 배우자의 마음속에 미래는 달라질지도 모르겠다는 생각을 심었다고 볼 수 있다. 그리고 나서 당신이 긍정적인 변화를 실제로 보여 주기 시작하면 당신의 배우자가 당신의 과거의 잘못을 기꺼이 용서해 줄 날이 올 수도 있다. 그때까지 당신은 긍정적인 변화를 보이는 데 초점을 맞추어야 한다.

당신 자신의 과거의 잘못을 인정한다고 해서 위태로운 결혼 생활의 모든 책임이 당신에게 있다고 말하는 건 아니다. 그건 배우자의 잘못을 더 이상 당신이 실패한 일의 핑계로 삼지 않겠다는 의미일 뿐이다. 당신은 지금, 당신이 잘못한 일에 대해서는 당신 자신이 책임을 지는 데로 한 차원 올라서고 있는 것이다. 그리고 당신의 실패를 인정하고 용서를 구함으로써 아주 책임 있는 행동을 하고 있는 셈이다. 그럼으로써 당신은 새로운 미래를 위한 희망의 길을 닦고 있다.

이 책을 읽는 대부분의 사람들이 혼자서 이 책을 읽을 거라는 사실을 잘 알고 있다. 삐걱대는 결혼 생활을 하고 있는 남편과 아내에게 나란히 앉아 이 책을 함께 읽으라고 말하는 건 비현실적이기 때문이다. 그런 모습은 행복한 결혼 생활을 하고 있는 부부에게나 바랄 수 있는 일이다. 그러므로 이 책을 읽는 당신이 먼저 당신 쪽의 벽을 무너뜨리기를 바란다. 그 벽의 대부분이 당신 배우자의 책임이라고 느낄 수도 있고, 그 생각이 옳을 수도 있다. 그렇다 해도 당신이 상대편의 벽을 무너뜨릴 수는 없다. 당신은 그저 당신 쪽의 벽을 허물

가장 최근에 배우자에게 당신의 불완전함을 인정했던 때가 언제였는지 떠올려 보라. 그때 어떤 일이 일어났는가?

수 있을 뿐이다. 어쨌든 그런 행동이 올바른 방향으로 나가는 첫걸음이다. 그리고 그 행동이 당신의 배우자에게 당신이 당신의 결혼에 대해 늘 생각하고 있다는 사실을 알려 줄 것이다.

이제 참된 삶의 여섯 번째 원리인 사랑의 힘에 관해 생각해 보자.

 사랑은 선을 이루는, 세상에서 가장 강력한 무기다.

내 상담실에 온 대부분의 부부들은 수년 동안 상대방에게서 사랑이나 애정, 감사 같은 것을 전혀 받아 본 적이 없다고 이야기한다. 사랑을 담아 두는 그들의 감정탱크는 텅 비어 있다. 그래서 그들은 사랑을 달라고 간청한다. 그들의 이런 요구에 백번 공감한다. 나 자신도 사랑이야말로 인간이 가장 필요로 하는 감정이라고 믿기 때문이다. 배우자가 상대방에게 사랑을 주기보다는 받는 데 초점을 둔다는 게 위태로운 결혼 생활에 따르는 어려움이다. 대다수의 남편들은 이렇게 말한다. "아내가 조금만 더 애정을 베풀어 준다면 나도 아내에게 그렇게 해 주고 싶은데, 아내가 내게 전혀 애정을 표현하지 않으니 나도 아내에게서 도망치고 싶은 생각밖에 없습니다." 이 남편은 자신이 사랑하기 전에 사랑받기를 기다리고 있다. 하지만 누군가는 먼저 주도권을 쥐고 사랑을 베풀어야 한다.

참된 삶의 마지막 원리는 사랑이야말로 선(善)에 이르는 가장 강력한 무기라는 사실을 선언한다. 결혼 생활에 적용될 때는 더 말할 필요도 없다. 많은 부부들의 문제는 사랑을 하나의 '감정'으로 생각한다는 데 있다. 하지만 사랑은 적절한 행동과 함께 제시되는 하나의 '태도'이다. 사랑이 감정에 영향을 줄 수는 있지만 그것 자체가 감정이라고 할 수는 없다. 사랑은 이런 식으로 말하는 태도다. "난 당신이 좋아하는 게 뭔지를 찾기로 마음먹었어. 당신을 어떻게 도와줄 수 있을까?" 그런 뒤에 사랑은 행동으로 표현된다.

사랑이 감정이 아니라 태도라는 사실은 당신이 호의적인 감정을 갖지 않은 때조차도 배우자를 사랑할 수 있다는 사실을 의미한다. 1세기에 사도 바울이 남편들에게 이런 당부의 편지를 보낸 이유가 바로 거기에 있다. "남편들아, 아내 사랑하기를 그리스도께서 교회를 사랑하시고 그 교회를 위하여 자신을 주심같이 하라."(엡 5:25)[1] 또 다른 편지에서 바울은 나이 든 여자들에게 이렇게 당부한다. "젊은 여자들을 교훈하되 그 남편과 자녀를 사랑하며."(딛 2:4) 사랑은 감정이 아니기 때문에 훈련될 수 있다.

배우자의 사랑의 언어로 대화하기

남편과 아내의 사랑의 언어가 다르다는 사실을 이해하지 못하는 것이야말로 배우자들이 상대방에게 사랑을 표현할 때 처하는 어려움 중 하나다. 35년간의 상담 경험을 통해 나는 사랑의 언어에는 기본적으로 5가지가 있다고 믿는다.

인정하는 말
배우자가 잘한 일에 대해서 말로 인정해 주기

함께하는 시간

전적으로 배우자만을 위한 관심 베풀기

선물

"전 당신 생각뿐이었어요."라고 말하는 당신의 배우자에게 선물하기

봉사

당신의 배우자에게 의미가 있을 만한 일 하기

스킨십

키스, 포옹, 등 두드리기, 손 잡기, 성관계

남편과 아내의 사랑의 언어가 같은 경우는 거의 없다. 본능적으로 당신은 당신 자신의 언어를 사용해서 사랑을 표현한다. 예를 들면, 배우자와 함께하는 시간이 당신이 사랑받고 있다고 느끼게 만든다면 당신이 당신의 배우자에게 주려고 애쓰는 것도 바로 그것이다. 하지만 그게 배우자의 모국어는 아니라면 그런 시간이 당신의 배우자에게도 당신에게만큼 의미가 있기를 기대하기는 어렵다. 그렇기 때문에 당신은 배우자의 언어를 배워서 그 언어로 이야기해야 한다.

결혼 세미나와 『5가지 사랑의 언어』라는 책에서 나는 이 개념을 여러 사람에게 이야기해 왔는데, 이 단순한 개념이 수백만의 부부들에게 큰 도움을 주었다.[2] 배우자의 사랑의 모국어를 발견하고, 규

칙적으로 그 언어를 말하기로 선택하는 행위
에는 결혼 생활의 감정적 기후를 변화시키는
엄청난 잠재력이 들어 있다.

사랑은 세상에서뿐 아니라 특히 위태로운
결혼 생활에서도 선을 이루는 가장 강력한 무기가 된다. 당신이 과
거에 잘못을 범했을지라도 배우자를 향한 애정 어린 태도와 사랑의
행위로 다가간다면, 배우자와의 충돌을 해결하고, 잘못을 고백하는
분위기를 만들어 낼 수 있다. 그럼으로써 결혼은 다시 회복될 수 있
다. 참된 삶은 이렇게 말한다. "사랑의 길이 증오의 길보다 훨씬 더
위대하므로 나는 사랑의 길을 선택할 것이다."

사랑이라 불리는 이 강력한 무기는 참된 삶의 마지막 양상이다.
지금까지 말한 6가지 진실 모두가 위태로운 결혼 생활에서 아내와
남편을 하나로 묶을 수 있는 사랑의 해법이 무엇인가를 가리킨다.

이 6가지 진실에는 결혼 생활을 회복시킬 수 있는 엄청난 잠재력
이 포함되어 있다. 다음 장들에서는 심각한 문제를 안고 있는 결혼
생활의 예들을 살펴보고, 이 참된 삶의 원리들을 적용해서 치유를
받았던 남편들과 아내들의 말을 들어 보기로 하겠다.

자신들의 결혼 생활에는 더 이상 희망이 없다고 느끼는 이들의 심
정에 깊은 동정을 표한다. 하지만 과거의 실패가 다시 되풀이될 게
틀림없다고 가정하진 말자. 새로운 지침에 따라 행동하겠다는 단호
한 의지만 있다면 언제든 결혼 생활을 개선할 수 있는 희망이 있다.

당신 배우자도 당신의 그런 노력에 동참해 주었으면 하는 생각이
들 것이다. 지금 당장은 그 희망이 비현실적으로 보일 수도 있다. 하

지만 그렇다고 그것이 당신의 결혼이 절망적이라는 것을 의미하는 건 아니다. 누군가는 먼저 시작해야 한다. 참된 삶의 능력을 시험해 보라. 오늘 당장 시작하라.

참된 삶의 원리

1. 나 자신의 태도는 내 책임이다.
2. 내 태도가 내 행동에 영향을 미친다.
3. 내가 상대를 변화시킬 수는 없다. 하지만 상대에게 영향을 미칠 수는 있다.
4. 내 감정이 내 행동을 지배하지 못한다.
5. 나의 불완전함을 인정하는 것이 곧 내가 패배자라는 걸 의미하는 건 아니다.
6. 사랑은 선을 이루는, 세상에서 가장 강력한 무기다.

기본적인 욕구를 이해하는 것이 시작이다

제프와 아내 질이 소파에 앉아서 텔레비전을 보고 있다. 그런데 느닷없이 제프가 일어서더니 부엌으로 걸어간다. 무슨 이유로 제프가 그런 행동을 하게 됐을까? 질은 남편이 물 한 잔을 가지고 돌아오자 쉽게 그 이유를 짐작한다. '목이 말랐던 모양이로구나.' 제프의 몸은 자기 뇌에다 몸에 물이 필요하다는 사실을 알렸고, 갈증을 감지한 그의 뇌는 제프로 하여금 물을 가지러 가게 했던 것이다.

질은 '갈증'을 육안으로 볼 수 없다. 그런 의미에서 갈증은 질에게는 숨겨져 있다. 하지만 숨겨져 있다고 해서 갈증의 존재를 부인할 수 있는 건 아니다. 우리가 어떤 행동을 하는 동기들은 대부분의 관찰자와 아주 가까운 친구들, 심지어는 배우자에게조차도 감추어져 있다. 내적으로 숨겨져 있긴 하지만 신체적 필요에 의해 유발된 행동은 어쩌면 찾아내고 이해하기에 아주 쉬운 경우에 해당한다. 숨

쉬기가 곤란할 때 우리는 모든 것을 제쳐 놓고 우선 공기부터 찾아 나설 것이다. 몸이 너무 차가울 때는 온기를 찾고, 몸이 너무 뜨거울 때는 차가운 공기를 찾는다. 하지만 이와 달리 심리적이거나 정신적인 욕구는 인식하기가 훨씬 더 어렵다. 하지만 그런 행동을 이해하고 그러한 행동을 유발하는 기본적 욕구를 이해하는 일은 당신의 배우자와 당신의 결혼 생활에는 아주 필수적인 요소이다.

결혼 생활에 긍정적인 변화를 불러일으키는 사람이 되고 싶다면 당신은 가장 먼저 일반적으로 퍼져 있는 네 가지 거짓말을 버리고, 참된 삶의 원리를 실행에 옮기고, 당신과 배우자의 행동 뒤에 숨은 동기를 이해해야 한다. 배우자의 부정적인 행동이 불만스런 결혼의 주요 원인이었다 치자. 당신이 삶과 결혼 생활에 새로운 태도로 접근하고자 할 때 배우자의 비이성적이고 비논리적이며 상처를 주고 파괴적인 행동 뒤에 숨은 내적 동기를 이해하는 일은 당신에게 유용한 통찰력을 제공해 줄 수 있다. 당신 자신의 내적 자아를 살피는 일 역시 도움이 된다. 그것을 통해 당신 자신의 행동을 좀 더 현실적으로 평가할 수 있을 것이기 때문이다.

신체적인 영역에서 일어난 일이었기 때문에 질은 제프의 행동의 동기를 꽤 정확히 짚어 낼 수 있었다. 하지만 심리적인 영역의 동기는 알아내기가 훨씬 어렵다는 사실을 기억하는 게 좋겠다. 문제는 대부분의 인간 행동은 심리적이거나 정신적인 욕구에 의해 유발된다는 점이다. 게다가 신체적, 심리적 욕구들은 종종 서로 뒤섞여 있다.

이번에는 질의 동생 테드도 거실에 함께 있다가 제프가 물 마시러 가는 걸 봤다고 생각해 보자. 질처럼 테드 역시 제프가 목이 마르다고 생각한다. 하지만 테드가 부엌으로 가는 제프를 따라가 목이 마른지를 묻는다. 그런데 의외로 제프는 이렇게 대답한다. "아니, 단 1분도 텔레비전을 보고 앉아 있을 수가 없었어. 질 때문에 미쳐 버릴 것 같아서 말이야." 이것 말고도 실제로 제프가 물을 마시러 간 데는 더 깊은 동기가 있을 수도 있다. 제프는 자기가 발견한 상황에서 모종의 위협을 느꼈을 수도 있다. 하지만 아직 성숙하지 못해서 혹은 자기 자신에 대해 충분히 이해하지 못해서, 자기가 위협을 느꼈기 때문에 물을 마시러 갔다는 사실을 인정하지 못하고 있는 것인지도 모른다.

숨은 동기 찾기

제프처럼 우리 역시 늘 우리가 하는 행동들의 내적 동기를 이해할 수 있는 건 아니다. 그러면서 우리가 다른 사람의 행동을 이해한다는 게 가능한 일일까? 완전히 이해할 수는 없다는 것이 답이다. 하지만 짐작해 볼 수는 있다. 중요한 것은 당신의 배우자의 모든 행동이 어떤 내적 동기나 필요에 의해 유발되었다는 사실을 아는 것이다.

심리학자 윌리엄 글래서 박사는 이렇게 말한다. "좋거나 나쁘거나 효과적이거나 비효과적이거나 고통스럽거나 만족스럽거나 미쳤거나 정상적이거나 아프거나 건강하거나 술이 취했거나 정신이 온전하거나 간에 우리가 하는 모든 일은 우리 안에 있는 강력한 세력들을 만족시키기 위한 것이다."[1] 글래서는 심지어는 부적절한 행동조차도 어떤 기능을 수행하기 위한 것이라는 식으로 말한다. 그러한 행동은 어떤 왜곡된 방식으로 심리적 필요를 만족시키고 있다는 것이다.

배우자의 행동의 내적인 동기를 깊이 이해하면 할수록 당신은 당신의 결혼 생활에 긍정적 변화를 불러오는 사람이 될 준비를 더 잘 갖추는 셈이 된다. 건전한 방식으로 배우자의 필요를 채우는 일을 도울 수 있다면 당신은 머지않아 배우자의 행동이 긍정적인 방향으로 변화되는 것을 볼 수 있을 것이다.

베리는 자신의 결혼 생활에서 가장 큰 문제는 아내가 자기를 통제하려고 하는 거라고 투덜댔다. "아내는 자기가 나보다 더 똑똑하다고 생각하는 여자예요. 그런 오만한 태도가 절 미치게 한다니까요." 그의 아내 셰일라는 자기 입장을 이렇게 이야기했다. "내가 남편의 이야기에 동의하지 않거나 내 의견을 내놓으려고만 하면 남편은 내가 자기를 억누르려 한다고 생각해요. 남편을 통제하고 싶은 생각은 눈곱만큼도 없어요. 난 그저 어떤 결정을 내릴 때 그 결정에 참여하고 싶을 뿐이라고요." 내 사무실을 함께 찾아올 때까지 둘 사이의 이런 싸움은 몇 년 동안이나 이어져 왔다.

우리는 셰일라의 행동 뒤에 숨은 동기를 탐색했다. 시간이 좀 걸리긴 했지만 베리는 마침내 셰일라의 동기가 자기를 지배하려는 데 있는 게 아니고 단지 자기와 협력하기를 원해서였을 뿐이었다는 사실을 받아들였다. 즉, 셰일라는 어린아이로 대접받기보다는 아내의 역할을 할 수 있기를 바란 것이었다. 셰일라는 토론을 할 때 베리가 자기의 의견을 듣고 거기서 유익을 얻을 수 있기를 원했다. 자기 의견에 동의하지 않는다고 베리에게 압력을 가한 게 아니었다. 셰일라는 그저 자기가 내놓은 아이디어가 베리에게도 보탬이 된다는 사실을 느끼고 싶을 뿐이었다.

이런 동기들을 이해하기 시작하자 셰일라의 행동에 대한 베리의 반응은 180도 달라졌다. 그는 더 이상 화를 내거나 방어적이거나 논쟁적인 태도를 취하지 않았다. 도리어 셰일라가 의견을 내는 걸 반기기까지 했다. 그의 이런 태도가 셰일라의 행동에도 영향을 미쳤다. 셰일라 역시 악을 쓰고 대들고 욕설을 퍼붓던 행동을 멈췄다. 베리의 관심을 끌기 위해 저질렀던 괴상한 행동들을 더 이상 할 필요가 없어졌기 때문이었다.

이 장에서 인간 행동의 동기가 되는 심리적, 영적 욕구들을 일일이 열거하지는 않겠다. 다만 우리의 행동의 동기가 되는 기본적인 내적 충동, 필요, 그리고 욕구 몇 가지에 관해서만 이야기할 생각이다. 여기서 나는 우리의 행동을 유발하는 내적 욕구들을 묘사하기 위해 '충동', '필요', '욕구'라는 말을 사용하고 있다. 또 우리의 내적 건강에 깊은 영향을 미치는 내적 필요를 묘사하기 위해 '심리적'이라는 말과 '영적'이라는 용어를 사용하고 있다.

사랑의 욕구

내 생각에 인간의 가장 기본적인 욕구는 사랑하고, 사랑받고 싶은 욕구이다. 다른 사람들을 도울 때 누구나 기분이 좋다고 느낀다. 다른 사람을 사랑하려는 욕구에서 인간의 자비롭고 이타적인 면이 비롯된다. 반면에 우리가 취하는 행동의 대부분은 사랑을 받고 싶은 욕구에 의해 시작된다. 사람들이 당신을 진심으로 위한다고 느낄 때, 당신의 행복이 그들에게도 중요하다는 걸 알 때, 당신이 좋아하는 것에 그들이 진심으로 관심을 쏟는다고 생각할 때, 그리고 당신의 행복을 위해 그들 자신을 희생할 때 당신은 사랑받고 있다는 기분이 든다.

이런 종류의 사랑은 외로움의 반대편에 있다. 당신이 배우자로부터 사랑받고 있다고 느낀다면 당신은 친밀감을 느끼게 된다. 반면에 사랑을 받지 못해 당신의 사랑 탱크가 텅 비어 있을 때 당신은 다른 사람들에게서 떨어져 나와 외롭다는 생각을 할 것이다.

긍정적이든 부정적이든 간에 당신 행동의 대부분은 사랑의 욕구를 채울 목적에서 비롯된 것이다. 조는 아내에게 따뜻하게 말을 걸 때 아내 역시 사랑스러운 말과 행동으로 보답한다는 사실을 배웠다. 조가 한 따뜻한 말들은 최소한 부분적으로라도 조의 사랑의 욕구에서 나온 것이다.

이와 반대로 멜라니는 남편이 자신과 시간을 충분히 보내지 않는다고 불평한다. 그래서 멜라니는 자주 분노에 찬 목소리로 자기를 사랑해 주지 않는다고 남편에게 일장연설을 늘어놓는다. 멜라니는 왜 그렇게 부정적인 행동을 하게 됐을까? 사랑의 욕구를 채우려는 노력 때문이다. 어쩌면 과거에는 그 방법이 통했는지도 모른다. 그리고 미래에도 그 방법이 통할지도 모르겠다. 하지만 그런 방식이 부

적절하며, 부정적인 행동이라는 데 토를 달 사람은 아무도 없을 것
이다.

우리는 부정적이든 긍정적이든, 적절
하든 부적절하든 간에 우리의 행동 대
부분이 사랑의 욕구를 만족시키기 위
한 것이라는 사실을 깨달아야 한다.

자유의 욕구

사람에게는 또한 자유롭고 싶은 욕구가 있다. 우리는 자신의 삶
을 스스로 운영하고 싶어 하며, 다른 사람의 간섭을 받는 것을 거부
한다. 또 우리가 어떻게 살아야 할지 살아가는 방식을 스스로 선택
하고 싶어 한다. 결혼 생활에서 우리는 자유롭게 감정과 생각, 욕구
를 표현하고 싶다. 또 우리가 추구하는 목표를 선택하는 데서도 자
유를 누리기를 원한다. 우리는 또 좋아하는 책을 읽고 글을 쓸 자
유, 재미있는 텔레비전 프로그램을 시청할 자유를 원한다.

자유에 대한 인간의 욕구가 얼마나 강한지, 배우자가 당신을 조
종하거나 통제하려고 하는 기미라도 보일라치면 당신은 자연스럽게
경계 태세를 갖추는 동시에 분노를 느끼게 된다. 그러는 사이에 결
혼이 행복하다는 느낌은 점점 사라져 가고, 둘의 관계가 건전하지
않다는 자각에 이르게 된다. 배우자가 당신을 통제하려 한다는 생
각을 갖고 있는 한 당신의 결혼 생활이 안정된 상태로 돌아가기는

극히 어렵다.

대부분의 사람들은 자유의 욕구와 사랑의 욕구가 자주 충돌을 일으킨다는 사실을 잘 알고 있다. 그 이유 때문에 결혼을 망설이는 사람들도 있다. 데이트하던 때만 해도 둘은 더할 나위 없이 멋진 연인들이다. 하지만 결혼이 자신들의 자유를 뺏어갈까 무서워 정작 결혼 서약을 하고 싶어 하지는 않는 것이다. 결혼한 어떤 남자가 자유를 찾아 이혼을 했다 치자. 하지만 그는 곧 외로움에 직면하고, 또다시 사랑을 찾아 나설 것이다.

당신 또는 당신의 배우자가 사랑과 자유 사이에서 균형을 찾지 못한다면 둘 사이에 행복한 결혼 생활을 기대하기는 힘들다. 이 두 가지 욕구 사이에 균형을 맞추려면 상호간에 주고받는 게 있어야 한다. 당신과 배우자 모두 사랑받고 자유를 누리고 싶다면 상대에게도 사랑과 자유를 주는 법을 배워야 한다는 말이다.

자유에는 경계선이 없다. 그렇다고 절대적 자유란 존재하지 않는다. 다시 말하자면 완전히 자유로운 상태란 사랑 없는 삶을 사는 것과 같다. 사람이 자기 자신의 욕구만을 따르고 상대방의 욕구를 고려하지 않는다면 그 사람은 이내 자기 욕구의 노예가 되고 말 것이기 때문이다. 배우자에게 하룻밤의 자유를 주고 스포츠 게임을 보거나 연극이나 영화를 볼 수 있게 허용해 준다는 건 이성과 함께 보낼 자유를 준다는 것과 크게 다르지 않다. 배우자가 다른 이성들과 친밀한 관계를 맺게 허용해 주는 '열린 결혼'이란 것은 간단한 한 가지 이유 때문에 제대로 된 결혼이라고 할 수 없다. 그 결혼은 참된 사랑에 위배된다. 나는 당신은 배우자가 그런 자유를 갖는 것도, 그리고 당신 자신이 그러한 자유를 갖는 것도 원치 않을 거라고 믿는다. 그런 반면에 삶의 모든 영역에서 배우자의 간섭을 받고 싶어 할 사람도 없을 것이다. 그런 간섭 역시 사랑을 위반하는 행위다.

우리가 하는 행동의 대부분은 자유의 욕구에서 나온다. 베리가 아내 셰일라를 향해 격한 분노를 터트린 건 자유에 대한 욕구 때문이었다. 셰일라가 자기를 통제하려 한다고 인식했기 때문에, 그의 분노에 찬 행동은 통제를 벗어 버리고 자유를 추구하려는 시도였다. 지금은 아내가 자기를 제멋대로 주무르려 한다고 느끼지 않기 때문에 전처럼 아내의 통제를 집어던져 버려야 한다는 동기에 따라 움직일 필요가 없게 되었다.

조던은 아내 린다에게 살을 좀 빼라고 권해 왔다. 그런데 그 말을 자주 하는 데다 너무 심하게 얘기하는 바람에 린다는 남편이 자기를 통제하려 한다고 느끼고 있다. 게다가 전처럼 남편이 자기를 사랑하고 있다는 기분도 들지 않는다. 어느 날 밤 남편이 다시 그 문제를 끄집어내자 린다는 기다렸다는 듯, 조던이 더 이상 자신을 사랑하지도 않으면서 통제하려고만 한다며 격렬한 말 폭탄을 퍼부어 댄다.

착하고 침착한 린다가 그런 파괴적인 행동을 한 원인은 무엇이었을까? 어쩌면 사랑과 자유의 욕구 때문이었을 것이다. 그렇다면 린다의 그런 행동이 자기 욕구를 만족시켜 주었을까? 어쩌면 그랬을지도 모른다. 30분쯤 뒤에 조던이 들어와서 사과하고, 말로 사랑을 확신시켜 주고, 부드럽게 그녀를 안고, 그녀를 통제하려는 뜻은 없었다고 이야기한다면 말이다. 그리고 그 뒤로 최소한 6개월 정도 조던이 살 빼라는 이야기를 꺼내지 않는다면 더 좋을 것이다.

그렇다면 린다의 그런 행동은 긍정적이고 적절하고 건설적이었다고 볼 수 있는가? 대답은 '노'다. 그렇다면 그런 행동이 그녀의 욕구를 채워 주었는가? 대답은 '예스'다. 적어도 순간적으로는 말이다.

성숙한 결혼 생활에서 이루어야 할 과업 중 하나는 성숙하고 건전한 태도로 당신의 욕구를 채우는 법을 배우고, 당신의 배우자도 똑같은 방식을 찾도록 돕는 것이다.

인정받고 싶은 욕구

우리 행동 대부분의 동기가 되는 세 번째 욕구는 인정받고 싶은 욕구다. 우리 모두에게는 자신의 능력 이상의 일을 해내고 싶은, 세상을 깜짝 놀라게 할 만한, 그리고 우리 자신에게 만족감과 성취감을 안겨 줄 큰일을 이루어 내고 싶은 욕구가 있다. 사람들의 이타적인 행동 이면에는 이런 욕구가 숨어 있는 경우가 많다. 때로는 일벌레들의 내몰리는 듯한 성향 뒤에도 이런 욕구가 숨어 있다. 많은 인간 행동의 배후에는 세상에 충격을 줄 만한, 자신의 이름이 기억될 만큼 중요한 일을 해내고 싶은 욕구가 숨어 있다.

많은 경우에 인정받고 싶은 욕구는 어린 시절의 경험으로 강화되는 경향이 있다. 그렉이 아들 에릭에게 커서 아무짝에도 쓸모없는 놈이 되고 말 거라고 말한다면 에릭은 아무리 노력해도 늘 부족하다고 느끼고, 평생 노력해서 다른 사람의 인정을 받음으로써 자기 아버지의 말이 잘못됐다는 사실을 증명하려고 할 것이다. 그렇게 해서 그는 일벌레가 되었는지도 모른다.

일벌레와 결혼해서 결혼 생활에 문제가 생긴 사람의 경우, 인정받고 싶어 하는 배우자의 욕구를 이해한다면 결혼 생활을 회복시키려는 노력에서 굉장한 결실을 보게 될 것이다. 이 점에 대해서는 나중에 좀 더 이야기하겠다.

여가의 욕구

우리가 가지고 있는 네 번째 욕구는 여가 혹은 휴식의 욕구다. 인간은 신체적인 면에서뿐 아니라 정신적으로나 감정적으로 일과 여가 사이에서 규칙적 리듬을 필요로 하는 존재로 설계되어 있다. "일만 하고 놀지 않으면 바보가 된다."는 옛말은 이런 기본적인 욕구를 반영한 말이다. 우리 삶의 방식을 솔직한 눈으로 바라보면 우리에게 이런 욕구가 있다는 사실을 쉽게 관찰할 수 있다. 우리는 노는 데 많은 시간과 돈을 투자한다. 집에 있는 스포츠 용품들의 목록을 한 번 적어 보라. 다수의 값비싼 용품들을 발견하게 될 가능성이 크다. 프로 스포츠 팀에서 뛰는 선수들은 일을 하고 있다고 볼 수 있겠지만 그들이 뛰는 걸 지켜보는 많은 관중들은 놀고 있는 것이다. 우리는 프로 스포츠 경기를 보면서 스트레스로 꽉 찬 일주일의 긴장을 푼다. 우리는 또 친구들과 어울리는 시간을 즐긴다. 함께 어울리며 소리 내서 떠들고 웃으면서 마음을 편히 한다. 이처럼 재미를 추구하는 것은 인간의 기본적 욕구다.

당신 자신과 배우자의 행동을 관찰해 보라. 그러면 최소한 그 행동 가운데 일부는 오락과 휴식을 추구하는 인간의 기본적 욕구를 만족시키려는 데서 비롯되었음을 알 수 있을 것이다. 이러한 욕구를 채우는 방법은 무수히 많고, 대개는 저마다의 독특한 취향을 반영한다. 하지만 모두가 삶의 즐거운 시간을 고대한다는 점에서는 별반 다르지 않다. 그 시간 동안 긴장을 풀고 삶을 즐기며, 우리가 쌓아 온 관계를 즐길 수 있기 때문이다.

빌이 퇴근해서 텔레비전을 켜고, 아내 테스와 이야기를 나누기 전에 좋아하는 와인을 한 잔 즐기는 이유는 뭘까? 아내와 관련된 스트레스와 직면하기 전에 먼저 편안히 휴식을 취하고 싶다는 생각 때문일 것이다. 의식적으로든 무의식적으로든 그는 휴식의 욕구를 채우고 있는 셈이다. 테스는 이런 그의 행동을 자기에 대한 사랑의 부족으로 해석할 수도 있을 것이다. 하지만 빌의 동기가 무엇인지를 이해하고 나면 테스도 자기가 필요로 하는 사랑을 얻는 방법을 찾는 동시에 남편도 그 나름대로 자신의 욕구를 충족시킬 자유를 허용해 줄 마음의 여유를 가질 수 있을 것이다. 테스 또한 자신만의 휴식 방식을 찾아야 한다. 그렇지 않으면 심리적 균형감을 상실할 수 있기 때문이다.

하나님과의 화평의 욕구

그리고 인간의 욕구에는 하나님과의 화평의 욕구라고 부르는 것이 있다. 그리고 각 사람의 내적 자아의 중심에는 바로 이 욕구가 자리한다. 종교적, 영적 문제를 다루는 수많은 책들은 인간에게 이 욕구가 얼마나 뿌리 깊이 박혀 있는가를 입증한다. 현대에 와서 조직화된 종교를 거부한 사람들도 있지만 그렇다고 해서 그들이 영적 진리를 찾는 노력까지 버린 건 아니었다. 간혹 무신론자로 자처하는 사람들이 텔레비전에 출연하는 심령술사에게 전화를 걸거나 자정 후에 방영하는 텔레비전 복음전도자들의 설교를 듣거나 혹은 조용한 곳에 앉아 고대나 현대의 신비주의자들의 글을 읽고 있는 것이 눈에 띈다. 이처럼 우리들 내부에는 육안으로 볼 수 없는 세상과 연결하기 위해 손을 뻗는 뭔가가 있다. 현대 과학의 독단으로도 이 욕구를 몰아낼 수는 없었다. 실제로 인간 행동의 대부분은 하나님과의 화평을 구하는 이 욕구에서 비롯된 것으로 설명될 수 있다.

트레이시는 남편 토드가 최근 성경공부에 부쩍 열을 올리는 데 너무나 큰 충격을 받았다. 분노가 가득한 눈으로 트레이시는 내게 이렇게 말했다. "그이가 왜 그러는지 정말 이해가 안 가요. 그리고 그게 싫어요. 남편은 일주일에 2, 3일 밤은 성경을 읽고 친구가 준 성경공부 지침서를 공부하는 데 보낸다니까요. 나한테까지 자기랑 성경공부에 함께 참석하자고 하더라고요! 그 사람은 고등학교 이후 지금까지 무신론자로 살았던 사람이에요. 대학 다닐 때는 기독교인들을 비웃고, 그들과 논쟁하는 데서 재미를 찾던 사람이었고요. 게

다가 결혼하기 전에는 내게 결혼 생활에 종교가 끼어들어서는 안 된다고 다짐을 받기까지 했어요. 그랬던 사람이 느닷없이 성경공부에 빠지다니요! 이게 무슨 일인지 설명을 좀 해 주세요."

그 순간 무슨 설명을 해도 트레이시의 마음이 열리지는 않을 거라는 느낌이 들었다. 남편의 갑작스런 변화에 얼마나 좌절감이 컸을까를 생각하니 트레이시의 불만에 깊이 공감할 수 있었던 것도 사실이다. 하지만 내겐 토드가 하나님과의 평화를 구하는 과정에 있다는 확신이 들었다. 그의 행동은 자신의 삶에서 영적인 차원을 구하려는 내적 욕구에 의해 비롯된 것이었다.

철학자들과 세계의 지도자들은 이제껏 인간을 비물질적 차원을 소유한 존재로 봐 왔다. 프랑스의 철학자 블레즈 파스칼은 이렇게 말했다. "내 마음속에서 일어난 가장 중요한 생각은 하나님께 대한 내 개인적 책임을 깨달은 것이었다.[2]

우리에게는 음식과 섹스, 그리고 다른 활동들을 넘어서는 의미를 구하지 않을 수 없게 하는 영적인 목마름이 있다. 다시 말하면 하나님과의 화평을 추구하는 욕구가 있다.

동기를 발견하기

위에서 설명한 것들이 바로 인간의 행동 대부분을 유발하는 심리적이며 영적인 욕구들이다.

당신과 당신의 배우자가 서로를 이해하고자 한다면 이렇게 물어야 한다. "내 배우자의 행동의 동기가 뭘까? 이 사람이 의식적으로든 무의식적으로든 만족시키려고 하는 욕구가 뭘까? 또 나는 왜 그런 행동을 한 거지? 내가 채우려고 하는 욕구는 도대체 뭘까?" 당신이 이런 질문들에 얼마만큼 대답할 수 있는가에 따라 인간의 행동에 대한 당신의 이해의 폭도 달라질 것이다.

행동의 동기를 발견하고 싶다면 인간의 기본적 욕구를 다루는 인간 본성에 관한 책들을 읽는 것도 한 가지 방법이 될 수 있다. 또 드러내 놓고 배우자에게 물어볼 수도 있다. 당신 자신의 동기를 살펴보는 것도 배우자의 행동 뒤에 숨은 동기를 찾아내는 데 실마리가 될 수 있다. 희망적인 것은 당신이 이 책을 읽어 감에 따라 당신의 결혼 생활과 비슷한 경우들을 많이 접할 수 있을 거라는 사실이다.

이 책의 접근 방식 중 그 어느 것도 당신에게 직접적인 해답을 주지는 않을 것이다. 하지만 배우자의 골치 아픈 행동 뒤에 숨은 동기를 짐작하는 데는 큰 도움을 줄 수 있을 거라고 확신한다. 그리고 이 내적 동기를 이해하는 일이야말로 배우자의 행동에 건설적인 변화를 불러일으킬 수 있는 행동들을 취하도록 당신을 일깨울 것이다.

다음 장들에서 나는 처음 세 장에서 다룬 원칙들을 실제 상황에 적용해 보려고 한다. 여기서는 우리가 방금 다루었던 내적 욕구들이 결혼에 어떤 영향을 미치는가를 살펴보게 될 것이다.

우리는 또 참된 삶의 원리들이 위태로운 결혼 생활에 처한 당신으로 하여금 어떤 긍정적 행동을 취하게 만들 수 있는지를 이야기해 보려고 한다.

나는 여러분들을 내 상담실로 데리고 들어갈 생각이다. 그곳에서 우리는 여러 부부들의 얘기를 들으면서 각양각색의 순탄치 않은 결혼 생활의 특징들을 탐색해 볼 작정이다. 아울러 우리는 거짓된 통념을 버리고 참된 삶의 원리들을 행동으로 옮기고 내적 동기를 이해하기 시작했던 다른 부부들의 행동에 관해서도 관찰해 보려고 한다.

다른 부부의 이야기가 당신의 경우와 정확히 일치하지는 않을 것이다. 하지만 결혼 생활에 긍정적인 변화를 구하는 과정에서 당신이 취할 수 있는 단계에 대한 아이디어나 통찰력을 제공해 줄 수 있을 만큼은 근접했으면 하는 게 솔직한 바람이다.

또 회사를 그만두었다고요?

_무책임한 배우자

결혼할 무렵만 해도 당신은 책임감이 강한 배우자와 결혼했다고 생각했을지 모른다. 배우자가 자기 몫의 짐을 질 거라고 가정했을 것이다. 당신의 역할이 다소 달라질 거라는 생각은 했겠지만 어쨌든 둘 다 결혼 생활의 유익을 위해 마음을 쓰며 자신의 역할을 다할 것이라고 생각했을 게 틀림없다.

그런데 몇 년 혹은 몇 달이 지난 뒤에 당신은 배우자가 당신이 생각했던 대로 책임감 있는 사람은 아니라는 사실을 발견했을 수 있다. 그걸 알고 난 뒤에 당신은 상처받고, 화가 나고, 마음이 불안해진다.

'이건 불공평해.' 당신은 이렇게 생각할지도 모른다. '나는 이렇게 몸이 부서져라 일하는데 저 사람은 왜 안 하는 거지?' 또 이렇게 생각할 수도 있다. '내가 굉장히 많은 걸 기대한 것도 아닌데. 나는 저이가 책임감 있는 사람이었으면 좋겠어.' 배우자의 무책임한 행동이 장기간 계속되면 당신의 결혼은 위기감이 고조될 것이다.

일레인과 빌은 결혼 10년차 부부였다. 그런데 결혼 생활 10년 동안 빌이 직장에 가장 오래 붙어 있었던 게 고작 18개월이었다. 언젠가는 동료들과 싸운 뒤에 그냥 직장에서 뛰쳐나와 버린 일도 있었다. 함께 일하는 동료들에게 염증을 느꼈다고 집에 오더니 직장으로 돌아가지 않은 적도 있었다. 새로운 직장을 찾는 사이에 보통 몇 주, 어떤 때는 몇 달이 그냥 지나갔다. 그런 날들이면 빌은 늦잠을 자고 일어나서 텔레비전을 보다 헬스장에 가서 운동을 하면서 지내곤 했다.

그와는 반대로 일레인은 10년 내내 풀타임으로 일했다. 두 아이의 출산 전후로 잠깐 쉬었던 게 다였다. 빌이 직장에 다닐 때는 살림에 보탬이 됐지만 직장이 없을 때는 생계의 짐을 일레인 혼자서 감당해야 했다.

이 말을 할 때 일레인의 눈에서는 눈물이 쉴 새 없이 쏟아지고 있었다. "채프먼 박사님, 제가 이런 식으로 얼마나 더 버틸 수 있을지 모르겠어요."

일레인처럼 베키 역시 절망적인 결혼 생활을 하고 있는 경우다. 하지만 그의 경우에는 실직이 문제가 아니었다. 베키와 남편 데이비드는 15년 결혼 생활 동안 세 아이를 키우면서 둘 다 풀타임으로 일하고 있었다.

베키의 불평은 데이비드의 수동적인 삶의 스타일에 있었다. "규칙적으로 직장에 가는 것 말고는 그이가 주도적으로 하는 일이 없어요. 침실에 페인트칠을 다시 해야겠다고 생각한 게 벌써 6년 전 일이에요. 그이는 말은 늘 이렇게 해요. '곧 할 거야.' 그래 놓고는 하는 법이 없어요. 아이들 자전거가 부서져도 몇 개월 동안 쳐다보지도 않다가 하다하다 못하면 어쩔 수 없이 고치는 식이에요. 돈은 일반 예금 통장에 그대로 넣어 두고 돈을 불릴 수 있는 투자처를 찾지도 않아요. 여름에도 잔디를 3주에 한 번씩 깎으니 말 다했죠 뭐. 친구들이라도 들르는 경우엔 창피해 죽겠어요. 할 수 없이 작년 여름에는 일주일에 한 번씩 잔디 깎을 사람을 고용해야 했다니까요.

그뿐이 아니에요. 늘 컴퓨터 앞에서 시간을 보내요. 다들 컴퓨터가 얼마나 대단한 물건이냐고 이야기하지만 전 컴퓨터가 지긋지긋해요. 폭발해 버렸으면 좋겠어요. 그래야 데이비드가 현실 세계에 발을 딛고 살 게 아니겠어요? 안 써 본 방법이 없어요. 그 문제를 가지고 조용히 얘기를 나눠 보기도 했고, 고래고래 소리를 질러 보기도 했죠. 그 문제를 무시해 버리려고 한 적도 있어요. 또 그이한테 지나칠 정도로 친절하게 굴어 본 적도 있었어요. 하지만 그 어떤 방법도 그이를 달라지게 할 순 없었어요. 이젠 무슨 방법을 써야 할지 정말 모르겠어요.”

로버트는 서른아홉이 되어서야 결혼했다. 그동안은 독신으로 살아가는 걸 자랑스러워했던 남자였다. 그런데 그만 수전에게 홀딱 빠져 버렸다. 지난 2년 동안 회사에서 최고의 판매 사원이었던 수전은 매력적이고 쾌활한 데다 로버트를 깊이 사랑하고 있었다. 수전에게는 이전 결혼에서 얻은 다섯 살짜리 딸도 하나 있었다. 로버트는 수전의 이상적인 남자였다. 그동안 수전은 전업주부를 원하는 남자와 결혼하기를 꿈꿔 왔다. 그래서 결혼하면 직장을 그만두고 아이를 기르는 데만 전념하고 싶었다. 아이도 더 낳고 싶었다. 로버트는 그런 꿈을 이뤄 줄 남자였고, 둘이서 그렇게 하자고 약속도 했다.

결혼 첫 해는 아주 순조로웠다. 수전이 일을 계속한 덕분에 집도 샀고 자신들이 원하는 가구도 들일 수 있었다. 그리고 그해 말에 둘은 이제 수전이 일을 그만둘 시기라는 데 마음을 같이했다. 둘 다 그들이 세운 목표를 이룰 생각에 흥분을 금치 못했다. 하지만 문제는 바로 그때부터 시작되었다. 내가 깊은 좌절감에 빠진 남편 로버트를 만난 게 그때로부터 7년 뒤였다. 로버트는 퇴근해서 집에 돌아오면 집이 얼마나 난장판인지 물건들을 치우면서 들어가야 할 정도라고 불평했다. 어떻게 하루 동안에 집안이 그렇게 엉망이 되어 버릴 수 있는지, 그리고 수전은 자기가 퇴근하기 전에 집안을 왜 치우지 않는지 이해가 가지 않는다고 했다. 그의 또 다른 불평은 수전이 자기 식사를 준비하지 않는다는 데 있었다. 수전은 아이들 음식은 만들어 먹였지만 보통은 자기 저녁식사는 준비하지 않았기 때문에 로버트 스스로 음식을 찾아 먹어야 했다.

"퇴근해서 집에 갔다가 다시 차를 돌려서 식품점으로 가야 하는 때도 있어요. 수전은 왜 최소한 아주 기본적인 것들만이라도 사다 놓지 않는지 이해할 수가 없어요. 수전이 일을 그만둘 때 나도 기뻤어요. 그게 수전이 원하는 거라는 걸 알았으니까요. 하지만 수전이 집에 머물면 최소한 집이라도 깨끗이 치우고, 날 위해 저녁식사 정도는 준비해 줄 거라는 생각이었어요. 일주일에 한두 번 외식하는 것쯤은 상관없어요. 하지만 수전한테는 저녁식사를 준비하거나 집안을 깨끗하게 정돈하는 일에 관심이나 책임감 자체가 없어요." 로버트는 수년 동안 그 일로 수전에게 불평을 하기도 하고 잔소리도 깨나 했지만 수전은 전혀 달라지지 않았다고 했다. 로버트는 무책임한 아내와 결혼했다고 느끼고 있었다. 수전의 무책임함이 부부관계의 친밀성에 벽을 쌓고 있었다.

일레인, 베키, 로버트는 좌절하고 상처받았으며, 분노하고 격앙되어 있었다. 그리고 하나같이 불행했다. 그들은 자신들의 결혼의 문제를 해결하기 위해 필사적으로 노력했다고 느끼고 있었다. 자기들의 노력이 늘 긍정적인 방향에서 행해진 건 아니었다는 사실과 때로는 그런 노력 자체가 문제를 더 악화시켰다는 사실도 알고 있었다. 하지만 그들의 노력만큼은 진심이었다. 내 사무실에 왔을 때 그들에겐 아무런 희망도 남아 있지 않았다. 그들의 감정은 "이혼해!"라고 말하고 있었다. 자기 친구들 중에 몇은 그렇게 권하고 있다고도 했다. 그러나 여러 가지 이유로 그들은 결혼 생활을 포기하고 싶어 하지 않았다.

이제부터는 무책임한 행동이 자신들의 결혼 생활을 위협하는 것처럼 보였을 때 그들이 어떻게 긍정적인 변화의 주역이 될 수 있었는지를 얘기해 보려고 한다.

정말 문제인가?

절망적인 결혼 생활에 긍정적인 변화를 불러오는 주역이 되고자 하면 무엇보다도 먼저 문제를 정확하게 인식해야 한다. 그렇게 하려면 실제로 책임감의 결여가 결혼 생활의 문제인가를 확인하는 작업부터 거쳐야 한다.

일레인, 베키, 그리고 로버트는 자신들의 배우자가 무책임하다고 불평했다. 하지만 정말로 그런가? 사실에 대한 당신의 인식은 늘 당신 자신의 성격이나 가치관, 그리고 욕구에 의해 채색될 수 있다는 사실을 기억하는 게 좋겠다. 그러므로 때로는 당신의 인식이 객관적 사실이 아닐 수도 있다.

이제 베키가 무책임하다고 단정한 그녀의 남편 데이비드의 경우를 살펴보자. 데이비드는 안정적인 직장 생활을 하고 있고, 가족들을 잘 부양하고 있다. 베키의 불평은 데이비드가 결혼 생활의 다른 영역들에서 주도적으로 행동하지 않는다는 데 있었다. 그가 직장에서 돌아와 컴퓨터에 시간을 쏟고 있을 때 페인트칠이 필요한 침실, 아이들의 부서진 자전거, 일반예금통장, 웃자란 마당의 잔디가 그의 관심을 기다리고 있었다. 하지만 그를 삶의 모든 영역에서 무책임한 사람이라고는 보기는 어려웠다. 다만 페인트칠이 안 된 침실, 부서진 자전거, 예금통장, 그리고 잔디 깎는 일 등 베키가 중요하다고 여겼던 모든 일에서만 무책임했을 뿐이었다.

로버트의 아내 수전 또한 엄마 역할을 하는 데는 지나치다 싶을 정도로 책임감 있는 사람이었다. 수전은 집에서 아이들을 돌보면서 두 아이들과 시간을 함께 보내는 일을 좋아했다. 수전이 자기 아이들에게 준 여러 가지 교육적인 경험들을 보면 수전에게 그해의 '창조적인 어머니 상'을 줘도 시원치 않을 판이었다. 수전은 결혼 전에는 회사에서 최고의 판매사원이 됨으로써 자신의 포부를 보여 주었다. 그리고 이제는 에너지를 엄마 역할을 하는 데 쏟아 붓고 있었다. 그러나 집안 청소에 이르면 수전은 아이들에게 안전한 장소를 만드는 정도까지만 일하고 그 이상으로 집안을 깨끗하게 정돈하는 일은 우선순위 목록에서 뺐다. 또 수전은 아이들의 식사는 잘 챙겼다. 하지만 로버트의 식사 문제에 이르면 이렇게 생각했다. '로버트는 성인인 데다 집에 오는 시간이 일정치 않아. 자기 식사 정도는 자기가 해결할 수 있을 거야.' 수전은 오히려 로버트가 왜 그런 일을 가지고 불평을 늘어놓는지 이해할 수 없었다. "아이들을 키우기 위해 일을 그만두는 건 둘이서 이미 합의했던 일이에요. 오히려 전 제 몫의 일을 잘 감당하고 있다고 생각하고 있는걸요. 그이가 왜 그렇게 화를 내고 날 무책임하다고 하는지 이해가 안 가요."

반면에 일레인의 남편은 삶의 모든 영역에서 실제로 무책임한 사람이었다. 빌은 규칙적인 직장 생활을 유지하지 못했고, 그 결과 경제적인 짐을 지지 않았으며, 집안일을 돕거나 아이들과 놀아 주거나 하는 일조차도 하지 않았다. 빌은 삶의 모든 영역에서 자기 몫의 짐을 지지 않고 있었다.

모든 절망적인 결혼 생활에서는 이처럼 문제가 무엇인가를 정확히 인식하는 일이 우선되어야 한다. 그래야 그 상황을 개선하는 데 도움을 줄 수 있다. 일레인의 문제는 베키나 로버트의 문제와는 아주 다르다. 따라서 긍정적 변화를 일으킬 목적으로 설계된 그들의 행동 또한 달라야 한다.

문제의 뿌리부터 찾자

문제의 근원이 무엇인가를 분석하는 일은 배우자의 마음속에서 일어나고 있는 일을 이해하는 데 언제나 도움을 준다. 이런 통찰력이 없이 바른 행동을 취할 수는 없다. 당신의 남편이 실제로 패기가 하나도 없는 사람이라고 가정해 보자. 그러면 그는 집에서는 물론 밖에서도 일을 하지 않으려 하거나 직장 생활에는 충실하다 할지라도 퇴근 후에는 골프를 치거나 텔레비전을 보면서 그 밖에는 아무 일도 하지 않으려 할 것이다. 그는 아버지 역할이나 남편 역할에는

아무런 관심도 없다. 패기가 부족한 것처럼 보이는 그 사람의 이런 모습 뒤에 숨은 동기는 무엇일까? 그의 행동의 뿌리를 이해하는 일은 치료법을 찾는 과정의 하나다. 이런 경우에 가능한 4가지 원인을 제시해 보겠다.

먼저, 그는 자기 아버지의 행동을 따라 하고 있는 것일 수 있다. 그의 아버지가 어떻게 사는지를 살펴보라. 당신의 남편이 혹시 자기 아버지에게서 배운 대로 하고 있지 않은가? 부모의 영향에서 자유로운 사람은 없다. 많은 남자들이 결혼을 하고 나서 자기 아버지에게서 본 남편이나 아버지의 모델을 반복한다.

이와는 반대로 당신의 남편이 자기 아버지와 반대로 행동하고 있을 가능성도 있다. 일벌레였거나 너무 바빠서 자기와 시간을 보내 주지 않았던 아버지였다면 그럴 가능성은 더 크다. 아직 젊은데도

남편은 일은 나쁜 것이고, 자기 아버지의 실수를 반복하는 일은 절대로 하지 않을 거라고 마음먹었을지도 모른다. 그는 지금 아버지가 보여 준 모델에 반항하고 있는 셈이다.

우리들 중 대다수는 각자의 부모들이 실패한 부분에 대해 너무나도 잘 알고 있다. 그래서 개중에는 의식적으로든 무의식적으로든 부모와는 다르게 살아야겠다고 안간힘을 쓰는 이들이 있다. 부모의 실수를 반복하고 싶지 않은 것이다. 하지만 종종 이런 노력이 우리를 정반대의 극단적 상태로 이끌기도 한다. 일벌레의 아들은 일하는 유형에서 아주 무책임한 사람이 될 가능성이 있다. 성관계가 복잡한 엄마에게서 태어난 딸은 반대로 성에 관한 한 결벽증에 가까운 사람이 될 수 있다.

세 번째 가능성은 남편의 자기중심적 태도다. 패기 없는 배우자의 뿌리에는 보통 단순한 이기심이 자리 잡고 있다. 어쩌면 그의 부모가 그를 기를 때 그에게 책임져야 할 일을 전혀 맡기지 않았는지도 모른다. 그는 세상이 그를 먹고살게 해 줄 책임이 있다는 사고를 갖게 되었고, 조만간 그렇게 될 거라고 생각한다. 그는 받기만 하지 베풀 줄을 모른다. 다른 이들에게 베풀 수 있는 건 아무것도 배우지 않았기 때문이다. 그의 삶은 뭐가 되었건 다른 사람이 자기를 위해 베풀어야 한다는 데 초점이 맞추어져 있다.

네 번째로, 당신 남편의 행동은 당신을 향한 적개심에서 비롯된 것일 수 있다. 이런 경우엔 당신이 뭘 원하든 그는 반대로 움직일 것이다. 당신이 남편에게 집안일을 좀 도와 달라고 했다고 하자. 그는 당연히 자꾸 미루고 그 일을 하지 않을 것이다. 그가 당신은 그의 도움을 받을 만한 자격이 없다고 생각하고 있을 것이기 때문이다. 그가 그런 사람이라면 당신의 요구를 자신에 대한 잔소리나 비난으로 받아들이기 쉽다. 그는 당신이 요구하는 것을 하지 않을 때만 자신감을 얻는다. 삶의 어떤 영역에서 그는 당신이 자신의 욕구를 채워 주지 않는다고 느끼고 있을 것이다. 자기 자신의 욕구가 충족되지 않았다는 사실에 대해 당신의 관심을 끌기 위해서 그가 무책임한 행동을 보이고 있을 수도 있다.

위에서 말한 4가지 외에 다른 가능성도 있을 수 있다. 하지만 위에서 내가 언급한 것들은 가장 일반적인 것들이다. 배우자의 무책임의 근원을 분명하게 알면 알수록 건설적인 변화를 불러일으키기 위해 당신이 어떤 긍정적인 단계를 취해 나갈 것인가를 결정하기는 훨씬 더 쉬워질 것이다. 당신의 행동의 대부분이 우리의 감정적 필요, 즉 사랑, 자유, 인정, 여가, 하나님과의 화평을 추구하는 욕구에 의해 생겼다는 사실을 기억하는 것이 중요하다.

"이런 아무짝에도 쓸모 없는 놈!"

빌의 무책임한 행동의 근원에 대해 생각해 보자. 일레인과의 깊은 대화를 통해 나는 빌이 심각한 불안감과 낮은 자존감 때문에 고통을 겪고 있다는 사실을 알았다. 그의 아버지는 알코올 중독자였는데, 그가 아무짝에도 쓸모없는 놈이 되고 말 거라는 말을 입에 달고 살았고, 기회만 잡으면 그를 비난하고 그의 노력을 끌어내리기에 바빴던 사람이었다. 빌은 일레인과 사귀면서 이런 사실들을 털어놓았다. 그가 일레인에게 빠진 것은 일레인이 늘 그에게 긍정적인 확신을 심어 주었기 때문이었다. 일레인은 빌의 아버지가 잘못됐다고 이야기해 주었다. 마침내 빌은 자기를 믿어 주고, 사랑해 주는 사람을 만났던 것이다. 그는 일레인을 기쁘게 하는 일들로 보답했다. 일레인에게 꽃과 카드는 물론, 일레인이 받으면 자신의 사랑을 확인할 만한 것들을 보내곤 했다. 두 사람이 얼마나 사랑에 빠졌는가를 짐작하기란 어려운 일이 아니다.

결혼 당시에 빌에게는 직장이 있었다. 일레인과 사귀는 동안 빌은 계속해서 그 직장에 다니고 있었기 때문에 일레인은 결혼 후 10년 동안 빌이 직장을 그렇게 여러 번 때려치울 거라는 사실을 알 턱이 없었다. 또 빌이 자기 아버지에 대한 분노로 가득 차 있다는 사실도 몰랐다. 빌은 사실 자기 아버지가 틀렸다는 사실을 증명하기 위해 복수의 칼날을 갈고 있었다. 아버지에 대한 분노가 차 있었던 탓에 그는 동료들에게 비난이나 거친 말을 내뱉곤 했다. 동료들이 그에게 똑같이 거친 태도로 반격해 오면 이번에는 빌의 자존감이 위협을 받았다. 동료들마저 아버지가 자기한테 했던 말을 되풀이 하고 있다고 느꼈기 때문이다. 그런 이유로 빌은 직장을 그만두곤 했다.

그가 처음으로 직장을 떠났을 때 일레인은 그의 생각을 지지하고 지지의사를 말로 확실히 표현했다. 그는 일레인의 사랑을 확신하고, 부지런히 두 번째 직장을 찾았다. 그런데 그다음 직장도 6개월밖에 안 돼서 그만두자 이번에는 일레인도 처음처럼 그의 생각에 그다지 호의적이지 않았다. 직장을 그만두는 이유를 꼬치꼬치 캐물었다. 좋은 직장을 그만둔 남편에 대한 일레인의 말은 그때를 계기로 좀 더 비판적이게 되었다. 일레인은 이제 그에게 더 이상 사랑과 안정의 근원이 아니었다. 오히려 그는 일레인에게서 자기에게 저주를 퍼붓던 아버지의 목소리를 듣는 것 같았다. 그리고 실제로 빌은 그 말을 믿기에 이르렀다. 자기는 아무짝에도 쓸모없는 존재였다. 패배자였다. 그렇게 얼마 지나지 않아 빌은 우울증에 걸리고 말았다.

그의 무책임한 태도는 인정받고 싶은 욕구가 충족되지 못한 데서, 그리고 처음에 일레인이 자기에게 쏟아부었던 사랑이 말라 버린 데서 온 것이었다. 무분별한 그의 직장경력이나, 늦잠을 자고 텔레비전이나 보는 그의 우울증 증상은 결국 자존감을 찾는, 그리고 사랑을 구하는 울부짖음이나 마찬가지였다. 하지만 일레인은 그 소리를 듣지 못했다. 일레인이 보았던 건 그의 무책임한 행동이었고, 그녀가 느낀 건 자기에 대한 사랑의 결핍이었다. 빌은 사랑과 도움을 받고 싶은 일레인의 필요를 충족시키지 못하고 있었고, 그런 그에게 일레인은 그의 무책임한 태도를 비난하는 것으로 반응했다. 빌의 이런 행동의 동기를 이해함으로써 일레인은 비로소 그 행동에 영향을 줄 수 있는 단계를 취할 수 있게 되었다.

데이비드와 수전의 경우

베키는 남편에게서 극단적으로 상반되는 점을 발견했다. 데이비드는 직장 생활을 성공적으로 해냈고, 열심히 일한 데서 얻은 보상이 그의 자존감을 높여 주었기 때문에 자못 의기양양해 있었다. 그런데 결혼 생활은 이와는 완전히 딴판이었다. 알고 보니 결혼 생활 속에서 사랑에 대한 그의 욕구가 충족되지 않은 상태였다. 그의 반응은 자연스럽게 아내로부터 멀어지는 것이었다. 그의 가장 기본적인 사랑의 언어는 칭찬의 말이었다. 그런데 컴퓨터에다 너무 많은 시간을 쏟아 붓는다고(그게 그의 휴식 방법이었다), 집안일을 하나도 도와주지 않는다고, 아이들과 놀아 주지 않는다고 아내가 그를 비난하는 정도가 점점 더 심해졌다. 아내는 자기를 인정하는 말이라곤 한마디도 하지 않는 것 같았다. 그의 사랑 탱크는 텅텅 비어 있었다. 그리고 그의 무책임한 행동은 이렇게 외치고 있었다. "날 사랑하지도 않는 사람의 요구를 내가 들어주나 봐라!" 하지만 그의 그런 무책임한 행동이 아내에게서 사랑의 감정이나 행동을 이끌어 낼 리 만무했다. 그래서 그들의 문제는 시간이 흐르면서 점점 더 악화되었다. 데이비드의 마음속에서 무슨 일이 일어나고 있는지를 알고 난 베키는 자신의 결혼 생활에 긍정적인 변화를 가져올 수 있는 방법을 새로운 관점으로 보기 시작했다.

한편, 수전의 행동의 근원에 초점을 맞추기 시작했을 때 로버트는 수전이 첫 번째 남편과 이혼을 한 데 대해 자기 딸에게 죄책감을 가지고 있다는 사실을 발견했다. 그래서 그와 결혼하기 전에 수전의 관심은 딸에게만 쏠려 있었다. 직장에서 뛰어난 성과를 올리고 있었지만 출근하지 않을 때는 자기 딸에게 넓은 경험을 하게 하는 데 온갖 정성을 쏟았다. 직장을 그만두고 집에서 아이만 기르게 된 데다 로버트의 아이까지 생겨나자 수전은 더욱더 좋은 엄마가 되어야 겠다는 결심을 굳혔다.

로버트와 결혼할 때쯤 수전의 자신감은 하늘을 찔렀다. 수전은 성공적인 직장 여성이었다. 그리고 지금은 또 다른 영역, 즉 부모의 영역에서도 성공할 준비가 되어 있었다. 로버트의 높은 연봉이 있어서 그 일이 가능했다. 집안을 엉망으로 해 놓는다고, 또 식사 준비도 해 놓지 않는다고 로버트가 타박을 하기 전까지 수전은 자기 계획이 착착 이루어지고 있다고 생각하고 있었다. 그래서 로버트가 그런 불평을 하자 그가 치사하게 군다고 생각했고, 아이들과 보내는 시간의 가치를 과소평가하고 있다고 느꼈다. 그래도 그의 불평이 계속되자 수전은 그가 이제는 자기의 삶을 통제하려 한다고 여겼다. 남편이 자기의 자유를 강탈하려 하는 것 같았다. 수전은 로버트의 요구에도 아랑곳하지 않았고, 로버트 아니라 그 누구도 자신이 아이들과 보내는 시간을 뺏을 수는 없다는 생각을 굳히기에 이르렀다. 로버트는 이제 더 이상 자신의 가치를 인정해 주지 않았다. 그리고 시간이 지나면서 수전은 로버트가 더 이상 자신을 사랑하지 않는다고 느꼈다. 이것 때문에 수전은 점점 더 남편의 요구를 들어줄 수가 없었다. 로버트는 수전의 이런 마음을 깨닫게 되면서 완전히 새로운 행동들을 하게 되었고, 이것이 세 번째이자 가장 중요한 고려 사항으로 우리를 이끌어 준다.

로버트의 편지

　로버트는 이제 행동을 취할 준비가 된 상태였다. 즉, 참된 삶의 원리들을 현실에 적용할 마음의 준비가 되어 있었다. 그는 자신의 태도는 자기가 책임져야 한다는 사실을 깨달았다. 그래서 결혼 생활의 여러 가지 부정적인 요소들에도 불구하고 긍정적으로 생각할 수 있게 되었다. 결혼 생활에서 긍정적인 요소를 찾으려 들면 찾지 못할 것도 없었다. 그는 그런 태도가 자기 행동에 영향을 미친다는 사실과, 해결책이 있다고 믿으면 그런 해결책을 찾을 수도 올바른 방향으로 걸음을 뗄 수도 있다는 사실을 알았다. 설령 자기가 수전의 행동을 고칠 수 없다 할지라도 자기의 긍정적인 행동으로 수전에게 영향은 미칠 수 있을 거라는 사실도 이해했다. 물론 자신의 감정이 부정적인 때도 그런 조치를 취할 수 있다는 사실도 알았다.

　로버트는 또 과거에 수전을 변화시키려고 노력하던 중에 자기가 많은 실수를 저질렀다는 사실을 알게 되었다. 그래서 자기의 실수를 솔직히 인정하려 했다. 그리고 자기 실수를 인정하는 일이 자신이 패배자라는 사실을 인정하는 것도, 또 자신의 문제에 대한 모든 책임을 자기가 다 지는 것도 아니라는 사실도 알게 되었다.

　그는 또 사랑은 세상에서 선을 이루는 가장 강력한 무기라는 사실을 발견했다. 그 후로 그는 스스로에게 이런 질문들을 던졌다. '수전에게 어떤 행동들을 취해야 할까? 어떤 행동을 취해야 수전에게 좋은 영향을 미칠 수 있을까?' 이때 그는 참된 삶의 원리들을 떠올렸다.

참된 삶의 원리

참된 삶의 원리

1. 나 자신의 태도는 내 책임이다.

2. 내 태도가 내 행동에 영향을 미친다.

3. 내가 상대를 변화시킬 수는 없다. 하지만 상대에게 영향을 미칠 수는 있다.

4. 내 감정이 내 행동을 지배하지 못한다.

5. 나의 불완전함을 인정하는 것이 곧 내가 패배자라는 걸 의미하는 건 아니다.

6. 사랑은 선을 이루는, 세상에서 가장 강력한 무기다.

이 원리들을 떠올리고 나서 로버트는 이런 행동들을 취했다.

가장 먼저, 로버트는 자신의 불완전함을 인정했다. 그렇게 함으로써 자신의 태도에 대한 책임을 지면서, 자신의 태도가 자신의 행동에 영향을 미쳤다는 사실을 인정했다. 참된 삶의 원리 첫 번째와 두 번째에 의거한 결과였다. 그런데 자기 생각을 수전에게 말로 할 수 있을지 확신이 서지 않았다. 그래서 편지를 쓰기로 했다. 이런 편지였다.

수전에게

지난 며칠간 우리 관계에 대해 생각해 보았소. 그러는 중에 오랫동안 내가 당신을 과도하게 비판해 왔다는 사실을 알게 되었소. 내 비판 때문에 당신이 상처를 많이 입었을 것이오. 내가 잘못했소. 그리고 당신을 비난하고 뭔가 해 주기를 요구하면서 싫은 소리들을 퍼부었던 일에 대해서도 용서를 구하오.

우리가 결혼했을 때 당신이 업계에서 이룬 대단한 성공 때문에 난 당신이 무척이나 자랑스러웠었소. 그리고 지금은 당신이 아이들을 위해 하고 있는 그 모든 일 때문에도 당신을 자랑스러워해야 한다는 사실을 알게 되었소. 당신보다 더 나은 엄마가 세상에 어디 있겠소? 그런데도 나한테는 관심이 없어진 게 아닌가 하는 느낌이 들었소. 그래서 그렇게 당신을 비난했던 게 아닌가 싶소. 하지만 그건 한낱 변명일 뿐이오. 이제 난 그동안의 내 행동을 이해하려고 노력하고 있는 중이오. 당신 역시 내 사랑이 식었다고 느꼈을 거라는 걸 알고 있소. 우리 둘 다 서로에게서 더 많은 사랑을 받을 필요가 있고, 둘 다 그럴 만한 자격이 충분하다고 생각하오.

난 우리의 미래는 좀 달라지게 만들고 싶소. 전처럼 당신에게 가까이 있다는 느낌을 갖고 싶고, 부모 역할도 당신과 함께 해 나가고 싶소. 아버지 노릇을 하려면 많은 걸 배워야 한다는 것쯤은 각오하고 있소. 하지만 나도 내 자식들이 원하는 그런 아버지가 되고 싶소. 마음을 열고 더 나은 남편, 더 좋은 아버지가 되려면 어떻게 해야 하는지 당신의 충고를 듣고 싶소. 이 편지를 읽고 내 진심을 믿어 주길 바라오. 그리고 이 편지를 읽고 나서 함께 이 편지의 내용들에 대해 이야기를 나눌 수 있었으면 하오. 당신을 정말 사랑하오.

로버트

이런 편지를 쓴다는 건 쉬운 일이 아니었다. 말이 쉽사리 나오지 않았다. 하지만 로버트는 전과는 다른 방식을 사용해야 한다는 걸 알았고, 이렇게 하는 것이 효과적이겠다고 생각했다. 독자는 이 편지에서 그가 한 말들이 수전의 자유와 사랑의 욕구에 토대를 두고 있다는 사실을 눈치 챘을 것이다. 그것과 동시에 로버트는 수전에게서 사랑을 받고 싶은 자기 자신의 욕구도 표현했다.

두 번째, 로버트는 수전에 대한 사랑을 표현했다. 이것은 곧 사랑이 선을 이루는 가장 강력한 무기라는 참된 삶의 여섯 번째 원리를 적용한 것이었다. 그는 수전의 어머니 역할에 대해 칭찬의 말을 했는데, 지난 몇 개월 동안 한 번도 꺼내 본 적이 없는 말이었다. 한 주 뒤 둘은 이 편지에 대해 이야기를 시작했고, 그때 로버트는 수전을 사랑하는 마음을 말로 표현할 수 있었다.

세 번째, 로버트는 어떻게 해야 더 나은 남편, 더 좋은 아버지가 될 수 있는지 조언을 구했다. 이야기를 나눌 때 로버트는 수전이 2주마다 제안을 하나씩 하면 어떻겠냐고 물었다.

로버트는 자신이 순식간에 모든 상황을 변화시킬 수 없다는 사실을 잘 알고 있었다. 하지만 그렇게 하는 것이 시작하기에 무리가 없겠다는 생각이 들었다. 수전은 로버트가 진심으로 원한다면 기꺼이 그런 제안을 할 마음이 있다고 했다. 수전이 처음으로 제안한 것은 퇴근한 뒤에 집에 오면 집 상태에 대해 비난하기보다는 아이들을 찾아서 안아 주고, 단 몇 분이라도 아이들과 시간을 보내 달라는 것이었다. 그런 뒤에 자신과 포옹하고 입을 맞춘 뒤 서로가 어떤 하루를 보냈는지 5분 정도 얘기하길 원한다고 했다. 로버트는 기꺼이 이 단계를 밟아 갈 의지가 있었고, 그 뒤로는 하루도 빠지지 않고 그렇게 했다.

수전은 2주마다 한 가지씩 제안하는 일을 멈추지 않았고, 로버트는 그 제안을 충실히 따랐다. 두 달이 지난 뒤 로버트가 수전에게 이렇게 물었다. "더 나은 남편, 더 좋은 아버지가 되려는 내 노력에 대해 어떻게 생각해?"

수전은 이런 대답으로 로버트를 어쩔 줄 모르게 했다. "당신이 변한 것 때문에 얼마나 행복한지 모르겠어요. 꼭 죽어서 천국에 온 것 같다니까요."

로버트 역시 수전의 반응이 그를 기쁘게 해 주었다는 사실을 인정하지 않을 수 없었다. 수전에게서 그런 칭찬을 들은 게 얼마 만인지 알 수 없었다.

로버트는 수전의 제안을 점점 더 진지하게 받아들이기 시작했다. 수전이 요구한 일들을 그대로 했으며, 아이들을 목욕시키는 일을 한 주에 한 번씩 자기가 맡아 했다. 그리고 매주 토요일 수전이 친구들과 배구를 할 수 있게 두 시간씩 내보내 주고 그 시간에 자기가 아이들을 돌봤다.

그렇게 한 지 6개월이 되기 전에 수전이 이제는 어떻게 하면 좋은 아내가 될 수 있는지, 그리고 어떻게 하면 그를 기쁘게 할 수 있는지에 관해 로버트에게서 2주마다 한 번씩 제안을 받고 싶다고 했다. 로버트는 처음에는 자기 귀를 의심했지만 수전의 요구대로 따르기로 했다.

그다음 6개월 동안 두 사람은 계속해서 서로에게 제안을 하고, 건설적인 변화를 시도해 나갔다. 그해가 끝나기 전에 수전은 이웃에 사는 고등학생 하나에게 매일 오후 1시간씩 수학을 가르쳐 주고, 그 대가로 그 아이는 수전이 로버트를 위해 집안을 치우는 동안 45분씩 아이들을 돌봐 주기로 했다. 수전이 그 일을 시작한 첫날 저녁 집안에 들어선 로버트는 집안이 말끔하게 정리된 것을 보고 소스라치게 놀랐다. 이런 일이 사흘 동안 계속되자 로버트는 무슨 일이 있는 게 틀림없다고 생각하고 수전에게 물었다. 수전은 가정교사 일에 대해 얘기했고, 로버트는 집안 정리에 대한 일은 아직 말도 꺼내지 못했는데 수전이 자진해서 그런 일을 했다는 사실을 믿을 수가 없었다. 수전은 또 월요일, 수요일, 금요일 이렇게 일주일에 세 번 저녁 식사를 준비해 주었다. 화요일과 목요일은 외식을 했고 토요일과 일요일은 자유롭게 식사하는 날로 정했다.

수전의 행동에 이러한 변화를 불러일으킨 건 무엇이었는가? 수전의 내적 욕구를 이해하고, 기꺼이 자기 행동부터 고치려 한 로버트의 태도였을 것이다. 그는 수전의 행동을 통제하려던 태도를 접고, 아내에게 자유를 주었다. 그 일은 수전의 어머니 역할에 대해 칭찬하는 데서부터 시작되었다. 그의 칭찬은 수전의 자존감을 높여 주었고, 그녀에게 자신이 중요한 사람이라는 인식을 심어 주었다. 그런 다음에 그는 수전이 요구한 방식대로 사랑을 표현하기 시작했고, 수전의 삶을 편하게 하기 위해 자신을 헌신하기 시작했다. 그러자 이제는 수전이 그의 요구에 따라 행동할 수 있었다. 수전 역시 로버트가 자기를 통제하려 한다는 생각을 버렸기 때문에 그렇게 할 수 있었다. 그리고 로버트가 자기를 인정해 준 뒤로 수전의 자존감과 자신의 가치에 대한 감각이 회복된 것도 하나의 원인이었다. 로버트가 자신의 요

청을 들어주자 수전은 그가 자기를 사랑한다고 느꼈다. 그래서 이제
는 거꾸로 수전이 그의 사랑에 보답할 수 있었다.

이 일이 일어난 게 벌써 몇 년 전이다. 로버트와 수전은 지금도 서
로 자라 가는 과정에 있으며, 서로를 도와서 멋진 결혼 생활을 해
나가고 있다. 하지만 내가 처음 로버트를 만났을 때 그에게는 자신
의 결혼 생활이 이렇게 멋지게 변할 수 있을 거라는 희망 같은 건
전혀 없었다. 그는 참된 삶이 위태로운 결혼 생활에 희망을 불러일
으킬 수 있다는 사실을 발견한 여러 사람 가운데 하나였다.

그 사람이 완전히 달라졌어요!

베키의 이야기도 아주 비슷하다. 베키 역시 비슷한 원리를 적용했
고 로버트와 비슷한 단계를 밟아갔다. 데이비드의 행동의 근원이 인
정받고 싶은 그의 욕구에 있었고, 자신에 대한 적개심은 사랑의 결
핍에서 비롯됐다는 사실을 깨닫고 난 뒤 베키는 자신의 부정적인
말과 행동이 그들 사이의 문제를 한층 더 악화시켰다는 사실을 알
았다. 더 깊이 들어가서 데이비드의 사랑의 언어는 칭찬이라는 사
실을 알고 난 뒤 베키는 데이비드가 왜 자기에게서 그렇게 멀어졌는
지를 깊이 이해하게 되었다. 남편의 사랑의 언어를 쓰기는커녕 정반
대로 불평하고 저주하는 말만 해 왔던 것이다. 그런 뒤에야 베키는
자기가 한 저주의 말들 때문에 그가 컴퓨터 속으로 빠져들게 되었
다는 사실을 제대로 이해할 수 있었다.

어느 날 밤 베키는 자기가 상처 주는 말을 했던 걸 사과하고 그에게 용서를 구했다. 자신의 불완전함을 인정했다고 해서 베키가 결혼 생활이 이렇게 힘겨운 상태에 이르게 된 모든 책임을 자신에게 돌린 건 아니었다. 베키는 자신의 태도에 대한 책임을 자기가 지기로 했고, 자기의 깊은 좌절감이 자신의 행동을 통제하도록 했다는 사실을 인정했을 뿐이었다. 그리고 앞으로는 이런 감정들이 데이비드를 향한 태도를 계속해서 지배하게 하지 않게 하겠다고 결심했다. 이렇게 베키는 참된 삶의 원리 중 첫 번째, 네 번째, 그리고 다섯 번째 원리를 실천에 옮겼다.

"난 내 부정적인 태도를 고치는 데 초점을 맞추기로 했어요. 그리고 앞으로는 당신의 삶을 좀 더 즐겁게 만들기 위해 노력할 거예요. 그렇게 하려면 어떻게 해야 할지 마음을 열고 당신이 제안하는 일들을 실천해 볼 생각이에요." 그런 다음에 사랑의 능력을 작동시켜 데이비드를 칭찬했다. "당신은 열심히 일해 왔어요. 직장에서 많은 업적을 쌓기도 했고요. 대부분의 여자들은 그런 걸 보고 당신을 자랑스러워했을 텐데, 난 내가 원하는 걸 하지 않는다고 당신을 거칠게 몰아붙이기만 했더라고요. 제가 얼마나 이기적이었는지 모르겠어요."

데이비드의 반응은 이랬다. "당신이 그런 말을 하리라고는 생각지도 못했소. 당신 마음에 나란 사람은 세상에서 가장 나쁜 사람으로 각인되어 있는 줄 알았으니까. 나도 당신한테 분노를 품고 있었던 걸 인정하오. 당신이 날 사랑하지도 않으면서 날 통제하려고만 한다고 오랫동안 생각해 왔기 때문이오. 나도 더 이상 이런 감정이 일어나지 않게 할 작정이오. 우리 둘 다 변화해야 할 필요가 있는 것 같소."

일주일 뒤 베키는 데이비드에게 그의 삶을 편하게 만들 수 있는 일 중에 자기가 할 수 있는 일을 하나만 제안해 달라고 요청했다. 그런 제안을 하던 날 데이비드는 나로서도 좀체 보기 힘든 반응을 보였다. 베키가 자기에게 그런 제안을 하나 하면 자기도 베키에게 그런 제안을 하나 하겠다고 그 자리에서 말했던 것이다. 이것이 두 사람의 삶을 변화시키는 과정이 시작되었음을 알리는 신호탄이었다. 수년 동안 결혼 생활이 문제투성이였다면 베키나 데이비드의 경우처럼 그렇게 빨리 서로에게 마음을 여는 일이 흔하지는 않다. 로버트의 경우처럼 상대에게서 아무런 반응도 없이 몇 달을 보내는 것이 훨씬 더 일반적인 경우다. 이유가 어찌되었건 데이비드는 베키의 진심 어린 태도에 감동을 받고 대부분의 사람들에 비해 훨씬 더 빠른 반응을 보였다.

새로운 관계를 시작한 지 2년 뒤 베키는 그 지역의 기술학교에서 컴퓨터를 배우고 있고, 데이비드는 6개월 안에 침실에 페인트칠을 하고, 여름에는 한 주도 빼지 않고 매주 잔디를 깎는 변화를 보였다. 베키의 말을 들어 보자. "그 사람이 완전히 달라졌어요. 우리가 왜 그렇게 절망적인 상태까지 갔는지 지금은 이해가 안 될 정도라니까요. 상황이 아주 빠르게 180도 바뀌었어요."

　반면, 일레인의 경우에는 긍정적인 변화가 보이긴 했지만 다른 사람들처럼 기적적인 결과를 얻지는 못했다. 로버트와 베키의 경우와는 다르게 일레인은 모든 영역에서 완전히 무책임한 남편의 문제를 다루어야 했다. 남편 빌은 삶의 전 영역에서 무책임한 사람이었다. 그는 규칙적인 직장 생활을 하지도 않았고, 집안일을 돕지도 않았으며, 아이들을 돌보는 일에도 개입하지 않았고, 오로지 자기가 하고 싶은 일만 했다. 10년 동안 일레인은 경제적으로뿐 아니라 가정의 모든 영역에서 짐을 혼자 떠맡아 왔다.

　내가 일레인을 만날 때쯤 빌은 깊은 우울증을 앓고 있었고, 잠자고 텔레비전을 보고 헬스장에 가서 운동하는 게 하는 일의 전부였다. 그는 불안감과 낮은 자존감으로 고통을 겪고 있었다. 그는 아무 짝에도 쓸모없는 놈이 될 거라던 알코올 중독자 아버지의 말대로 살고 있었다. 아버지를 향한 분노는 직장 동료들에게 표출되었고, 그것이 그가 일정한 직업을 가질 수 없게 된 주된 이유였다. 그에게는 일레인에게 사랑받고 있다는 느낌이 없었고, 자신이 아내의 사랑을 받을 만한 자격이 있다는 생각도 없었다. 그는 자기가 남편 역할을 제대로 하지 못했다는 걸 알았고, 그래서 일레인이 무슨 이유로 그런 자기를 참아 주고 있는지 궁금할 정도였다.

　파국으로 치닫는 결혼 생활에 긍정적인 변화를 불러일으킬 수 있는 주역이 되려면 일레인은 이 모든 사실을 고려하지 않을 수 없었다. 데이트 할 때나 결혼 첫 해에 자기가 해 준 격려와 칭찬에 빌이 행복한 반응을 보였던 것을 기억해 낸 동시에, 자기가 그 후 9년 동안 그를 비난하는 말만 했다는 사실을 깨달은 일레인은 그것이 자기가 크게 실패한 점이라는 사실을 인정함으로써 빌에게 다가가기 시작했다.

"우리 문제를 생각해 봤는데요. 지난 몇 년간 당신을 비난만 해서 당신의 문제를 더 악화시켰다는 사실을 알았어요. 비난을 퍼붓는다고 해서 당신한테 크게 도움이 되지 않는다는 걸 알아요. 당신이 지난 몇 년간 나로부터 사랑받고 있다는 느낌을 받지 못했다는 것도 알고 있어요. 하지만 내가 아직도 당신을 사랑하고 있다는 것만은 알아 줬으면 좋겠어요.

나도 우리 결혼 생활이 이럴 줄은 정말 몰랐어요. 하지만 지금 이대로는 더 이상 안 되겠어요. 당신이 우울증을 앓고 있다는 거 알고 있어요. 그동안 당신도 힘들었을 거예요. 당신이 하겠다면 상담 비용을 마련해 볼 생각이에요. 당신도 치료를 받을 수 있고, 우리 결혼 생활의 희망도 거기에 달려 있어요. 하지만 당신이 상담을 받지 않겠다면 나도 이 결혼 생활을 지속할 마음이 없어요. 아무리 당신을 사랑한다고 해도 말이에요. 당신이 상담을 받겠다면 추천해 줄만한 분도 알아 뒀어요. 그분 정도면 비용도 감당할 만하고, 능력도 있는 분이에요. 상담을 받을 생각이 있는지 내일까지 결정해서 알려 주면 좋겠어요."

그 말을 듣고서 빌은 아무 말도 하지 않았다. 얼마간 침묵한 뒤에 일레인은 돌아서서 방을 나왔다. 그다음 날 빌은 집에 들어오지 않았다. 저녁때가 돼서 빌이 집에 없는 일은 극히 드물었다. 밤 8시 30

분쯤 되자 빌이 들어왔고 여느 때와 마찬가지로 소파에 앉아 텔레비전을 켰다. 일레인은 아이들을 재운 뒤에 그가 시청하는 프로그램이 끝날 때까지 기다렸다가 거실에 들어와 텔레비전을 껐다. “내가 당신을 얼마나 사랑하는지 아세요? 당신이나 우리 관계를 중요하게 생각하지 않았다면 내가 이렇게까지 할 필요가 없었을 거예요. 이제 당신이 어떤 결정을 내렸는지 말해 줘요. 상담을 받겠어요, 아니면 결혼 생활을 끝내겠어요?”

“상담을 받겠소. 내게 문제가 있다는 건 나도 알아요. 그리고 전혀 나아지지 않는다는 것도. 어떻게 그렇게 오래 당신이 날 참아 왔는지 궁금할 정도요.”

“당신이 그렇게 말해 주니까 저도 좋네요. 우리 둘 다에게 그게 유일한 희망이니까요.” 그렇게 말한 뒤에 일레인은 지갑에서 상담자의 명함을 꺼내 빌에게 건네주었다. “당신이 만나야 할 사람이 바로 이분이에요. 내일 전화를 걸어서 약속 날짜를 잡으세요. 알아봤더니 내 보험에서 일부 비용은 대 준다고 하니까, 당신 상태가 좋아져서 직장을 잡을 때까지 나머지 비용은 어떻게든 내가 마련해 볼게요. 시간이 얼마나 오래 걸리든 상관없어요. 당신과 날 위해서 당신이 좋아지기만을 바랄 뿐이니까요.”

다음 날 빌은 상담자에게 전화를 걸었고, 그다음 주부터 당시 앓고 있던 우울증과 자기 아버지를 향한 오랜 분노, 그리고 그의 무책임의 양상들을 치료하기 위한 기나긴 여정을 시작했다. 상담을 시작한 지 석 달이 지나지 않아 빌은 다시 직장을 알아보기 시작했고, 그리고 3주 뒤에 취직했다. 그리고 상담은 2년 동안 계속되었다. 상담자는 그가 왜 그렇게 직장에서 자주 이성을 잃는지 그리고 아버지에 대한 분노를 직장 동료들에게 어떤 식으로 전가했는지를 그가 이해하게끔 도와주었다. 마침내 그는 아버지를 향한 분노를 해소하는 방법을 배웠다. 그는 내적 치료를 발견했고, 현재는 아버지와 좋은 관계를 유지하고 있다.

더 중요한 것은 빌이 직장에서나 가정에서 분노를 어떤 식으로 처리해야 하는지를 배웠다는 사실이다. 그 뒤로 빌과 일레인은 의미 있는 결혼 생활을 구축하는 과정에 있다. 과거에 진 빛 때문에 아직도 허덕이고 있긴 하지만 일레인은 얼마 지나지 않아 그 빛을 청산할 수 있게 되리라는 희망을 처음으로 품을 수 있게 되었다. 남편이 회복 과정을 거치는 동안 일레인은 끊임없이 그를 격려해 주었다. 빌도 또한 아이들에게 아빠 노릇을 하는 방법이나 감정적으로 일레인에게 사랑을 표현하는 방식을 천천히 배워 나가고 있다. 긴 과정이었지만 그는 자신이 점점 나아지는 걸 보고 용기를 얻었다. 빌이나 일레인 둘 다 그 여정이 아직 끝나지 않았다는 사실을 알고 있다. 하지만 결혼 10년 만에 처음으로 두 사람 다 자기들이 바른 길로 들어섰다는 믿음을 가지고 살고 있다.

참된 삶의 원리들을 실제로 적용하는 일에서 일레인은 로버트나 베키의 경우와는 다르게 행동해야 했다. 빌의 무책임한 행동의 내적 동기는 데이비드와 수전의 경우와는 완전히 달랐다. 일레인은 빌의 무책임에 대해 반응하는 자신의 태도에 관해서 책임을 통감하고 그를 비난하려는 마음이 있었음을 인정했다. 그러나 자신의 불완전함을 인정했다고 해서 자신을 패배자로 보았다는 건 아니었다. 일레인은 자신이 빌을 변화시킬 수는 없다는 사실을 알고 있었지만 상담을 받도록 그를 격려함으로써 그에게 영향을 미칠 수 있다는 신념에 따라 행동했다. 마침내 빌의 상태가 호전됨에 따라 일레인은 계속해서 빌을 격려하고 있다. 사랑만이 선을 이루는 가장 강력한 무기라는 사실을 잘 알고 있기 때문이다. 이렇게 일레인은 참된 삶의 원리 중 첫 번째, 세 번째, 다섯 번째, 그리고 여섯 번째 원리를 자기 생활에 실제로 적용했다.

무책임한 배우자 때문에 힘들어진 결혼 생활에서 긍정적인 변화의 주역이 되고 싶다면 배우자의 무책임한 행동의 동기가 무엇인가, 그 사람 속에서 무슨 일이 일어나고 있는가를 고려해야 한다. 이러한 문제들을 알아낼 수 없다면 긍정적인 변화를 기대하기는 쉽지 않을 것이다.

일레인의 경우에서처럼 때로 당신의 노력이 배우자를 상담자에게 보내는 방향에 맞춰져야 하는 때도 있다. 문제가 너무 심각한 나머지 둘 중 누구도 그 문제를 다룰 수 없을 때가 그런 경우에 해당한다. 로버트나 베키처럼, 배우자의 무책임이라는 문제를 더 한층 악화시키는 데 일조했던 당신 자신의 행동을 인식하는 것과 배우자의 내적 욕구를 채우는 단계를 밟는 일에 노력의 초점이 맞춰져야 하는 경우도 있다. 하지만 그 어떤 경우라도 절망적인 결혼 생활에서 당신은 긍정적인 단계를 밟아 나갈 수 있다.

내가 아니라 회사랑 결혼했군요!

_일벌레 배우자

한 결혼 세미나에서 질문할 시간을 주자 안드레아가 이렇게 물었다. "일벌레 남편하고는 어떻게 살아야 하나요, 선생님? 제 남편은 대부분을 직장에서 보내고, 집에는 얼굴만 삐쭉 내미는 정도예요. 새벽같이 나갔다가 밤이 이슥해서야 집에 돌아오니까요. 아이들 얼굴도 잘 때나 들여다보는 게 고작이에요. 게다가 날 대할 땐 어김없이 피곤에 절어 있으니 이걸 어떡하면 좋아요. 가족들한테 남편 노릇, 아버지 노릇 하는 게 있다면 월급봉투 꼬박꼬박 가져다주는 것뿐이에요." 안드레아가 말을 끝내자 많은 여성들이 안드레아의 말에 동의한다는 듯이 고개를 끄덕였다.

일벌레 남편이란 어떤 사람인가? (일벌레 아내는 없다는 말을 하고 있는 게 아니다. 하지만 이 병은 여자들보다는 남자들이 훨씬 더 잘 걸린다.) 일벌레 남편은 구슬 전부를 같은 자루에다 넣어 버린 사람이다.

그에게는 직업이 곧 삶이다. 어쩌다가 결혼도 하고 어쩌다 보니 아이도 생겼지만 그의 마음을 사로잡는 건 늘 그의 일이다. 그리고 그는 아내가 자신이 이루어 낸 일이나 가족들에게 해 주는 물질적 보상들에 왜 고마워하지 않는지를 이해하지 못한다. 하지만 일벌레들에게 일은 매일 먹을거리를 마련하는 것 이상의 의미가 있다. 그들에게 일은 매일을 살아가는 존재의 이유이다. 그들의 삶에는 균형이 없다.

대개 일벌레들은 자기 일을 즐긴다. 아침이면 그날의 도전과제와 씨름하기 위해 침대에서 벌떡 일어난다. 집에 올 때 그의 가방은 집에서도 그를 바쁘게 만들 일거리들로 가득 차 있다. 그는 항상 바쁘다. 그런데도 만족하는 법이 없다. 남들이 볼 때는 저 정도면 됐지 싶은데 그들에게는 어림도 없다. 기회다 싶은 게 눈에 들어오면 날이 새기 전에 그걸 붙잡아야만 직성이 풀린다.

그는 몸담고 있는 사회에서 대개 존경받는 인물이고, 고용주에게서는 칭찬을 받는 인물이기 십상이다. 반면에 그의 아내는 그를 '완소남(완전 소중한 남편)'으로 평가하지 않는다. 부부관계에 투자하는 게 거의 없을뿐더러 자녀들의 생활에도 전혀 개입하지 않기 때문에 그에 대한 아내의 평가는 비판적일 수밖에 없다.

어느 일벌레의 고백

여기서 스스로 일벌레라고 고백한 사람의 이야기를 하나 들려줄까 한다. 내가 짐을 처음 만난 건 일리노이 주 엘진이라는 곳에서였다. 늘 그렇듯 나는 이야기를 녹음해도 되는지 그의 허락을 먼저 구했다. 이 이야기는 그가 해 준 이야기를 간략하게 줄인 것이다.

"난 뭔가 대단한 일을 해 보겠다는, 즉 대단한 사람이 되겠다는 생각을 가진 수많은 남자 중 하나였습니다. 처음엔 이런 생각으로 시작했죠. 더 열심히 더 똑똑하게 일하면 남보다 앞서 갈 수 있겠구나. 오랜 시간 일하고 내 정신을 거기에 쏟고, 새로운 아이디어를 생각해 낸다면 젊은 시절의 불안정한 상태를 극복하고 내 또래들보다 앞서 나갈 수 있겠다 생각했지요. 몇 년 지나지 않아 나는 사다리를 오르고 있는 자신을 발견했어요. 목표도 달성하고 그에 따르는 보상도 받았습니다. 그런데 거기에 만족할 수 없었어요. 더 많은 일을 해야 할 필요를 느끼곤 했으니까요.

정말 잘나가던 시절이었어요. 그해의 최고 세일즈맨으로 뽑혔을 때 기분이 날아갈 것 같았죠. 모두가 날 우러러본다는 걸 알았으니까요. 많은 사람들이 추구하고 있는 그 목표를 내가 달성했으니 그 기분은 말로 다 표현할 수 없었어요. 하지만 그 순간의 행복한 느낌이 지나가자 정말로 더 앞서 나가야 한다고 누군가가 계속해서 잔소리를 해 대는 것 같은 기분이 들었어요. 실패한 적도, 잘 해내지 못한 적도 물론 있었어요. 그럴 때마다 유일한 답은 더 열심히 일하는 것뿐이라고 생각했죠.

너무나 많은 시간을 일에다 쏟아 부었어요. 아이들이 깨어 있는 걸 본 적이 거의 없을 정도였으니까요. 밤에 조용히 아이 방으로 가서 자식들 자는 얼굴을 보면서 내가 이렇게 열심히 일하는 건 다 이 녀석들에게 더 나은 미래를 보장해 주기 위해서라고 각오를 새롭게 다지곤 했죠. 아이들이 첫 걸음마를 뗐을 때도, 처음으로 자전거를 탔을 때도, 난 아이들 곁에 없었습니다. 조카 녀석이 아이들에게 자전거를 가르치는 기쁨을 내 대신 누렸죠. 그때는 내가 뭘 놓치고 있는지도 몰랐어요. 아들이 두 발 자전거를 타기 시작한 걸 일요일에야 알고서 얼마나 감격스러웠는지! 그 녀석 말에 의하면 보조 바퀴도 달지 않고서 말입니다. 지금은 눈물 없이 그 생각을 할 수가 없습니다만 그때는 너무나 흥분한 나머지 아들에게 제대로 칭찬도 해 줄 수가 없었어요. 그때 나는 속으로 아들도 언젠가 나를 이해해 줄 거라고만 생각했었어요.

마음속에서 울리는 메시지는 노상 '어서 가! 가서 일해라! 일!'이라는 소리뿐이었어요. 아이들과 놀아 줄 시간은커녕 아내와 잠자리를 같이할 시간도 없었을 때였으니까요. 사업상 만나는 사람들 말고는 친구도 없었고, 직장일과 관련된 게 아니면 독서를 할 시간도 없었어요.

그러던 어느 일요일 오후에 아내가 어디를 좀 나가자고 하더군요. 어디를 가는지는 말하지 않으려 했어요. 내가 좋아할 거라는 말만 했죠. '오래 걸리지 않을 거예요. 옷을 갈아입을 필요도 없어요. 가요.'

약간 구미가 당기긴 했어요. 속으로는 이렇게 생각했죠. '자, 이제 아내가 원하는 일을 할 기회가 왔구나. 아내 말대로 함께 가 주면 아내가 오늘 밤 내게 좀 부드럽게 대해 주려나?' 아내는 목적지를 향해 계속 차를 몰았어요.

에이미는 이제껏 내가 본 것 중에 가장 훌륭하고 최신식으로 지어진 은퇴자 시설로 데려갔어요. 잔디밭이 대단히 아름답게 가꾸어져 있었고, 건물들은 너무나 매력적이었어요. 일반적으로 은퇴자 센터라 하면 생각할 만한 칙칙함이라고는 아무 데도 없었죠. 주 건물 안에는 아름다운 샹들리에가 달려 있었고, 한쪽에는 그랜드 피아노 한 대가 놓여 있더군요. 프랑스풍 소파와 의자도 있었어요. 건물 뒤로는 아름다운 골프 코스가 쫙 펼쳐져 있었고요. 에이미는 온갖 종류의 편의시설을 일일이 손으로 가리키며 설명을 시작하더군요. 그래서 내가 물었죠. '날 여기로 데려온 이유가 뭐지? 서른여섯밖에 안 됐고, 은퇴하려면 아직 멀었는데…….' 에이미가 이렇게 대답하더군요. '당신이 은퇴한 뒤에 어떻게 살 것인지 눈으로 그릴 수 있는 이미지를 가지면 좋을 것 같아서요. 당신이 그렇게 많은 돈을 벌어들이면 우린 이런 곳에서 살 수 있을 거 아녜요? 멋지게 살 수 있을 거예요. 당신은 낮에는 골프를 즐기고 밤에는 사랑을 나눌 수 있어요. 영화관에도 가고, 음악회도 갈 수 있어요. 그때 가서는 제대로 된 삶을 즐길 수 있을 거라고요. 이 모든 게 27년만 있으면 가능하단 얘기예요.'

내가 이렇게 말했죠. '여보, 무슨 얘길 하고 있는 거요? 오늘 좀 이상한데.'

'아니에요. 정신 말짱해요. 그런데 난 당신과 제대로 된 삶을 살기 위해서 27년이나 기다리고 싶은 생각 같은 건 추호도 없어요. 그때

쯤이면 아이들은 당신을 잊어버릴 거예요. 나도 너무 늙어서 당신과 잠자리하는 것도 힘겨울 거고요.' 에이미의 목소리는 단호했고, 말은 직설적이었죠. '여보, 난 은퇴 센터가 아니라 지금 당장 당신을 알고 싶어요. 난 과부 노릇하는 데 지쳤어요. 나중에 은퇴자 센터에 가서 살게 되든 말든 그게 무슨 상관이에요? 나는 지금 제대로 된 삶을 살고 싶어요. 지금 의미 있는 삶을 살고 싶다고요. 나는 애들이 당신이 낚시에 데려 갔다고 자랑하는 소리를 듣고 싶단 말이에요.'"

에이미는 말을 계속했다. "당신이 뭘 원하는지 모르겠어요. 하지만 이렇게 멋진 은퇴자 센터에서 사는 게 당신 목표라면 이곳에는 혼자서 살아야 할 것 같군요. 내가 바라는 삶은 이런 게 아니니까요. 난 당신과 지금 제대로 된 삶을 살고 싶어요. 직장을 그만두라는 게 아니에요. 은퇴하기 전에 진짜 삶을 살 방법을 찾아보라는 말이라고요."

에이미의 말에 짐은 깜짝 놀랐다. "아이 때 이후로는 울어 본 적이 없었는데, 그날 오후에 난 울음을 터트리고 말았어요. 18홀 잔디밭 근처에서 그동안의 내 삶이 마음속의 스크린 위를 한꺼번에 스쳐 지나가지 뭡니까? 내가 아무것도 하지 못할 거라던 아버지의 말이 생각난 것도 그때였죠. 아버지의 말이 잘못됐다는 걸 증명하기 위해 보냈던 여러 해의 시간들이 생각났어요. 그리고 무엇보다도 내가 중요한 모든 것을 잃을 위기에 처해 있다는 사실을 그때서야 깨달았어요. 아내를 탓할 순 없었어요. 아내는 진실을 말하고 있었으니까요. 울면서 내가 말했죠. '미안해, 여보. 모든 게 잘못됐다는 걸 이제 알겠어. 난 내가 중요하다고 생각한 일을 했는데, 그게 잘못

이었어.'

그때 이후로 내 삶이 변하기 시작했어요. 한 달 동안 난 내 모든 에너지와 시간을 빼앗는 직장을 어떻게 해야 좋을지 분석했어요. 하지만 그 직장에서 일을 줄이는 건 불가능하다는 결론에 도달했어요. 그게 이미 패턴이 돼 버렸으니까요. 그래서 다른 직장을 알아보기 시작했어요.

새로운 직장을 찾았을 때 떠나는 건 그리 어려운 일이 아니었어요. 그리고 제대로 된 세상을 재발견하는 데 몇 년을 쏟아 부었죠. 생각도 많이 하고, 과거를 뒤돌아보면서 물질적 성공이 어떤 대가를 치르더라도 이룰 만한 가치가 있는 일이라고 생각하면서 몇 년을 보냈던 이유가 무엇이었는가를 알아내려고 애를 썼죠."

짐의 결론은 이것이었다. "인생이 짧다는 걸 이제야 알 것 같아요. 그리고 일과 가정 사이에 균형을 잡지 못한다면 어리석은 일이라는 것도. 또 아무리 많은 일을 해낸다 하더라도 자기들의 일에서 만족을 얻는 사람은 거의 없다는 것도 여러 번 목격했어요. 직장에서 요구하는 목표는 점점 더 커지기 마련이어서 '언젠가는 거기에 도달하겠지.' 하는 확신을 얻기가 힘들어요. 성공하려고 발버둥을 치는 사이에 가족과 아내를 놓치기 십상이죠. 그리고 그걸 알았을 땐 이미 그 모든 걸 잃어버린 뒤이기 쉽고요. 에이미가 내게 억지로 현실을 보게 했던 그날 일어났던 일에 대해 결코 후회하지 않을 거예요."

짐이 이야기를 마쳤을 때쯤 내 눈에도 눈물이 맺혀 있었다는 사실을 고백하지 않을 수 없다. 아내와 아이들이 아직 집에 머물고 있을 때, 일에 지나치게 집착했던 자신의 어리석음에서 깨어났던 한 남자를 만난 기쁨의 눈물이었다. 나는 에이미를 만나 그쪽의 이야기도 듣고 싶었다. 에이미는 무엇 때문에 그런 행동을 하게 됐을까? 그날까지 몇 년 동안 어떤 생각을 하며 살았을까? 에이미 쪽의 이야기는 나중에 하기로 하고 우선 남자들이 일벌레가 되는 동기부터 살펴보기로 하자.

그들의 욕구

우리가 보통 일벌레라고 부르는 사람들을 그렇게 몰아붙이는 그들의 내적 동기는 무엇일가? 우리의 기본적인 욕구를 다시 살펴보자.

우리의 기본적인 욕구
사랑의 욕구
자유의 욕구
인정받고 싶은 욕구
여가의 욕구
하나님과의 화평의 욕구

많은 일벌레들은 깊은 의미의 열등감 때문에 고통을 겪는다. 그 열등감의 씨앗이 뿌려진 시기는 어린 시절이었을 가능성이 크다. 부모들이 "형 좀 봐라! 네 형은 착한데 넌 왜 그 모양이니?" "네 동생도 아는데 넌 모른단 말이야?" "넌 절대로 해낼 수 없는 일이야." 같은 메시지를 전달했을 것이다. 어릴 때부터 그런 말을 듣고 자란 아이는 그 메시지를 자기 속에 내면화시켰을 것이다. 어른이 된 뒤에도 그 메시지는 당연히 그의 마음속에서 활동하고 있다. 그가 그렇게 일에 매달리는 건 열등감을 극복하려는 안간힘이다. 일을 열심히, 그리고 잘 하면 자기 스스로나 다른 사람들에게 자기가 열등하지 않다는 사실을 증명할 수 있다고 생각하는 것이다. 열등감 때문에 일을 과도하게 하는 사람은 동료들에 비해 더 높은 차원에서 일을 하지 않으면 불안하다. 이것은 종종 그가 높은 차원의 자기 목표를 추구하느라 오랜 시간을 소모해야 한다는 사실을 의미한다.

때로 열등감은 일벌레가 완벽주의자가 되도록 이끈다. 일을 끝냈는데도 스스로 만족하는 법이 별로 없다. '이 정도로는 상사를 만족시킬 수 없어.' 그는 이렇게 생각한다. 그래서 그는 이미 흠 잡을 데 없는 그의 보고서를 손보느라고 한 시간을 더 소비한다. 완벽주의 경향은 일벌레들이 집안 문제에 달려드는 법이 거의 없는 또 다른 이유이기도 하다. 그는 집안에서 일어난 문제들은 제대로 해낼 수 없다고 믿기 때문에 일 자체를 시작할 엄두를 내지 않는다. 자신이 실패자라는 사실을 증명하기보다는 아예 시작 자체를 하지 않는 게 낫다고 여기기 때문이다.

많은 일벌레들은 자신들이 사랑받고 있다는 느낌을 갖지 못한다. 그들이 부모에게서 받은 메시지는 "사랑한다, 얘야."가 아니라 "네가 이렇게 이렇게 한다면 널 사랑해 주마."였을 것이다. 그가 침대 정리를 한다면, 설거지를 한다면, 방을 치운다면, 잔디를 깎는다면, 모든 과목에 100점을 받는다면 사랑해 주겠다는 식이다. 그런 조건부적 사랑이 그런 말을 듣고 자란 아이를 일벌레로 만드는 것이다.

그렇다. 일벌레들은 사랑받고 싶은 욕구가 충족되지 못한 데서 태어난다. 상사에게서 칭찬을 받으면 그것이 그들에게 행복감을 가져다준다. 하지만 그들은 정작 자기 인생의 중요한 사람들, 즉 배우자나 자기 자식들에게서 결코 사랑을 받아 본 적이 없다. 짐처럼 자신들의 강박증적 행동에서 깨어나지 않는다면 일벌레들은 사랑의 욕구가 좌절된 채 평생을 살아야 할 것이다.

일벌레들을 몰아붙이는 또 다른 욕구는 성취욕이다. 일벌레들은 자주 다른 사람들의 인정을 받고 싶어 한다. 그 사람들은 지속적으로 가치 있는 뭔가를 성취해 내는 가장 빠른 방법은 일을 열정적으로 해내고, 재산을 불리는 전략을 잘 구사하고, 비싼 가구를 들인 멋진 집을 소유하는 것이라고 믿는다. 번지수를 잘못 찾은 셈이다. 하지만 아직은 그런 사실을 알지 못한다.

부부 싸움이 싫어 퇴근을 미루는 사람들

일벌레들 중에는 배우자를 피하기 위해 일을 도피처로 삼는 사람도 있다. 그들은 자기 자신이나 배우자의 감정과 대면하는 것을 피할 목적으로 바쁘다는 사실을 이용한다. 어떤 사람들은 감정적인 면에서 배우자와 맞닥뜨리기보다는 일하는 게 훨씬 더 쉽다고 생각한다. 이렇게 말한 사람이 있었다. "남자들은 경쟁은 좋아하지만 갈등은 싫어한다." 그런 남자들은 아내와의 충돌을 승자 없는 싸움으로 생각한다.

남편은 아내와 싸울 때 아내가 지는 걸 원치 않는다. 그렇게 되면 아내가 자기를 더 거칠게 대하거나 그렇지 않으면 더욱더 움츠러들게 뻔하기 때문이다. 하지만 그 역시 지고 싶지 않을 것이다. 그렇게 되면 무능력하다고 늘 자기를 깔아뭉개던 자기 부모의 말이 옳았음이 증명되기 때문이다. 그래서 그는 자신을 남편으로서나 아버지로서 무능력하게 만들 아내가 있는 집으로 돌아오는 걸 피해 사무실에 머문다. 일벌레들은 심술이 난 아내를 만날 생각을 하는 것만으로도 아내가 잠들 때까지 사무실에서 일할 수 있는 힘을 얻는다. 당신이 자신을 무능력하다고 간주하는 사람이라면 아내가 그 생각에 동의하는 것보다 더 무서운 일이 어디에 있겠는가? 열심히 일한 덕택에 그는 자신이 성공했다는 확신을 가까스로 갖게 되었다. 그런데 그런 중에 아내가 자기를 비난하고 부모들이 자기에게 했던 소리를 되풀이하는 걸 듣고 싶어 할 리가 없다. 아내의 비난이 오래 계속되었다면 그는 자기는 결코 아내를 기쁘게 할 수 없다는 결론을 이미 내려 버렸을지도 모른다. 그럴 경우 그는 자신의 성공과 인정의 척도인 일에다 자기 에너지를 몽땅 쏟아 붓는 편을 택할 것이다.

일하는 아내들도 일벌레가 될 가능성이 있다. 그런 아내들 역시 남편으로부터 숨거나 남편과의 갈등을 피하기 위해서 직장이나 사무실 혹은 집의 서재에 머문다. 또 어떤 경우에는 남편의 험한 욕설을 피해 일벌레가 되는 여자들도 있다. 그들은 남편과 떨어져 있기 위해 오랜 시간 일하는 편을 택한다.

비난을 피하기 위해 일하는 문제에 이르면, 심지어는 교회 일을 하는 것조차도 일종의 도피처가 될 수 있다. 목사들이 종종 이 범주에 속한다. 그들은 강박증에 가까운 집착으로 하나님을 섬기는 일에 헌신한다. 하나님을 그들에게 완전하기를 요구하거나 그도 안 되면 적어도 악한 행위보다는 선한 행위를 더 많이 하라고 요구하는 분으로 보는 관점 때문에 그들은 하나님을 기쁘게 한다는 명목 하에 손에서 일을 놓지 못한다. 아이러니하게도 그런 태도는 기독교의 참된 교리에 어긋난다. 그러나 많은 목사가 부모의 책망 어린 시선이나 완벽주의적 기대의 눈으로 성경을 읽고 하나님을 섬기는 일에 전력 질주한다.

어느 목사의 부인이 내게 이렇게 말한 적이 있다. "제 남편은 간음을 저지르지 말라고 가르치면서 정작 자신은 간음을 저지르고 있어요. 다른 여자와 간음했다는 말이 아니에요. 교회가 그의 여자가 됐거든요. 나는 그의 가정부에 불과해요. 어떻게 저렇게 훌륭한 목사님이 있냐며 다들 그를 칭찬하기에 바빠요. 그는 언제든 '이용 가능한' 사람이거든요. 하지만 난 교인들과 생각이 달라요. 그가 다른 사람들에게는 그렇게 많은 시간을 내주면서 자기 가족들에게는 무심한 게 하나님을 기쁘게 한다는 생각은 들지 않으니까요."

나는 그 말을 듣고 그 부인이 자기 남편의 귀와 마음을 함께 사로잡을 수 있는 행동을 취하도록 도와주었다. 그 부인은 남편에게 5만 명이 모이는 '프라미스 키퍼스(Promise Keepers)' 집회에 참석하기를 요청했다. '프라미스 키퍼스'란 전국적인 남성 운동의 이름으로

이 운동은 가정 내에서 남편의 책임감을 강조한다. 그곳에서 그 목사는 흑인 풋볼 선수가 흑인 가정에서 남성의 역할이 얼마나 중요한지에 관해 이야기하는 걸 들었다. 그때 자신이 가정에서 역할을 제대로 하지 못한 것을 책망하는 하나님의 목소리가 번개처럼 그의 가슴을 쳤다. 뒤에 연사가 그곳에 참석한 남자들에게 옆에 서 있는 다른 남자들에게 돌아서서 서로 잘못을 고백하라고 요구하자 이 목사는 동료 목사에게 자기 아내와 자녀들에게 한 잘못을 고백했다. 그 일이 그의 목회직과 결혼 생활에서 획기적인 전환점이 되었음은 물론이다.

에이미의 이야기

일벌레들이 책임감 강한 사람임에는 틀림없다. 그 사람의 그런 점이 처음에는 배우자를 매료시키는 점으로 작용했을 수도 있다. 예를 들면, 에이미는 은퇴자 센터의 잔디밭에서 극적으로 짐에게 경고하기 전 짐과 보냈던 세월들을 이렇게 묘사했다.

"결혼 당시 짐은 스물네 살이었고, 난 스물세 살이었어요. 나는 짐에게 푹 빠졌어요. 성실한 남자가 제 이상형이었거든요. 그는 대학을 졸업한 이후로 많은 걸 이뤄 내고 있었고, 난 우리가 정말로 멋진 삶을 함께 살 수 있을 거라고 생각했어요. 연애할 때 짐은 내가 꿈꾸던 바로 그런 사람이었어요. 친절하고 예의바르고 사려 깊고,

늘 내 말에 귀를 기울이고…… 그래요, 잘생긴 것까지도 말이에요. 난 짐이 완벽한 남편이 될 거라고 생각했어요.

결혼한 지 두 해 동안은 정말 신났었죠. 집을 사고, 가구를 들여놓고, 새로운 생활에 적응하느라 정신없이 바빴어요. 그 뒤에 짐이 승진을 했어요. 그 순간부터 모든 것이 변하기 시작했죠. 우린 더 많은 돈을 벌었지만 얼굴을 볼 수 있는 시간은 점점 더 줄어들었으니까요.

난 짐이 일에다 그렇게까지 시간을 쓰는 게 싫어서 그의 일이 나보다 더 중요한 것 같은 기분이 든다고까지 얘기한 적이 있어요. 짐은 내게 언제까지나 그런 식으로 일하지는 않을 거라면서 그렇게 많은 시간을 일해야 하는 건 고작 2, 3년 정도면 될 거라고 했어요. 그게 일시적인 현상이라면 내가 기꺼이 희생해야겠다고 생각했죠.

그해에 아기가 태어났고, 난 아기를 돌보는 데 몰두했어요. 그해에는 시어머니와 친정 엄마가 많이 도와주셔서 그럭저럭 버틸 수 있었어요. 실제로 그분들의 도움이 없었다면 어떻게 살았을지 모르겠어요. 휴식이 필요할 때는 양가 부모님들이 자주 아기를 돌봐 주었어요. 그 덕분에 두세 번은 짐과 함께 점심 식사를 한 적도 있었어요. 소중한 시간들이었죠. 하지만 시부모님이 다른 곳으로 이사 가고, 친정 엄마도 병이 나면서부터 상황이 달라지기 시작했어요. 그때야말로 정말로 짐이 필요한 때였어요. 하지만 짐은 날 위해 그곳에 있지 않았죠. 3년이 지났지만 상황은 점점 더 악화될 뿐이었어요.

짐한테 그런 이야기를 하면 자기가 그렇게 힘써 일하는데 고마워하는 마음이 없다고 날 탓하곤 했어요. ‘당신과 아기를 위해 내가 그렇게 애써 일하는데 고마워해야 하는 거 아니오?'라고요.

고마운 마음이 들지 않은 건 아니었어요. 다만 우리가 정상적인 삶을 살고 있다는 생각이 들지 않았을 뿐이에요. 짐이 과도하게 일에 파묻혀 산다는 생각이 들었고, 내가 그의 우선순위 목록에 포함되어 있지 않다는 생각이 들었죠."

그다음 몇 년 동안 에이미는 공격적인 방식과 수동적인 방식 사이에서 줄다리기를 했다. "짐에게 날 더 이상 사랑하지 않는다고 분노에 차서 잔소리를 한 때도 있었어요. 심지어는 다른 여자가 생긴 게 아니냐고 따지기도 했죠. 그가 그런 직업을 가진 걸 후회하며 살게 될 거라고 악담을 퍼붓기도 했고요. 나는 그의 일에 대해서 불평을 늘어놓았고, 그의 상사들을 헐뜯었어요. 그렇게 많은 시간을 일에 매달리게 하는 회사의 고위층들을 신뢰할 수 없다는 말도 했죠. 그리고 나서는 꽤 오랜 기간 짐과 대화하기를 거부한 적도 있었어요. 짐 때문에 내가 얼마나 불행한지를, 내가 얼마나 고통받고 있는지를 행동으로 알려 주고 싶었던 거죠. 하지만 고통은 점점 더 심해졌어요. 나는 계속해서 절망 속으로 끌려들어 갔고요. 결국 짐이 날 더 이상 사랑하지 않는다고 진짜로 믿게 됐죠."

부드러운 사랑, 강한 사랑

사람들의 행동 뒤에 숨은 내적 동기들에 관해 설명한 책을 읽고 난 뒤 에이미에게 변화가 찾아왔다.

"난 짐의 행동이 나와는 아무 상관도 없고 오히려 그의 문제라는 걸 깨닫기 시작했어요. 우리가 데이트할 때 그가 내게 들려주었던 말도 기억났어요. 아버지가 그의 학교 성적이나 운동 능력에 관해 비난을 늘어놓았다는 게 생각난 거예요. 토요일에 세차를 해 놓으면 자기 아버지가 나와서 그가 깜빡 놓친 부분들을 지적하곤 했다고 하더군요.

그의 아버지는 칭찬이라곤 모르는 사람이었대요. 난 짐이 그렇게 많은 시간을 일하게 된 동기는 자기 아버지에게 '나도 할 수 있다'는 걸 보여 주려는 데 있다는 걸 알았어요. 그는 자신의 존재를 증명하려고 발버둥치고 있었던 셈이에요. 나는 그의 계획이 순조롭게 진행되고 있다는 것도 알았어요. 직장에서 그가 거둔 성공은 그가 다른 사람들에게서 그렇게 원했던 인정을 받게 해 주었거든요. 나는 짐이 성공으로 행복해 한다고 믿었어요. 그런데 문제는 내가 거기서 소외되었다는 느낌이 든다는 거였죠."

에이미는 또 자신의 비판적인 태도가 짐의 아버지가 짐에게 했던 태도와 비슷하다는 사실도, 그리고 자기가 그의 일에 관해 헐뜯는 말을 늘어놓을 때마다 그를 점점 더 멀어지게 한다는 사실도 깨달았다. 그래서 비난조의 말들을 멈추고 그의 일에 관해 칭찬을 하기로 마음을 먹었다.

"그때부터 전 짐에게 사람들이 그의 회사에 대해서 하는 좋은 소리들을 들려주기 시작했어요. 이런 말들이었죠. '당신의 상사가 당신을 몹시 자랑스러워한다더군요. 당신이 내린 그 결정으로 회사가 수천만 달러는 아꼈을 거라고들 하더라고요.' 또 짐이 나와 아이들을 부양하는 것에 대해서도 고마운 마음을 표현하기 시작했어요. 그가 정말로 필요로 한다고 믿었던 인정을 해 주기 시작한 거죠.

몇 달에 걸쳐 우리 두 사람 사이의 상황이 나아지기 시작했어요. 싸우지도 않았고, 함께 외식하러 나간 몇 번은 그이도 정말로 즐거워하는 것처럼 보였어요. 하지만 짐이 일의 패턴을 바꾸지는 않더라고요. 부정적이었던 태도를 고치고 칭찬을 해 주는 등 내 태도는 변했는데, 그런 행동도 짐에게서는 어떤 변화도 이끌어 내지 못하고 있었어요.

그래서 우리 관계에서 내가 너무나 불행하다는 사실과 이런 상태를 계속하고 싶진 않다는 생각을 전달할 수 있는 독특한 방법을 찾아 봤어요. 지난 몇 달간 행동을 변화시킴으로써 부드러운 사랑은 어느 정도 표현했다고 생각했어요. 그리고 이젠 강한 사랑을 보여 줄 때라는 생각이 들었어요.

은퇴자 센터에 가서 내가 하려고 한 말들을 가기 전에 여러 번 연습했어요. 나는 부드럽게 진심을 담아 이야기했어요. 물론 단호하게 이야기했죠. 감사하게도 남편이 내 이야기에 귀를 기울이지 뭐겠어요?"

나중에 짐은 에이미와 함께 결혼 상담을 받으러 가자는 데 동의했다. 그리고 그 상담을 통해 그는 시간을 덜 요구하면서도 균형 잡힌 삶을 시작할 수 있는 자유를 주는 다른 직장을 알아볼 결심을 하게 되었다. 에이미는 그것과 더불어 짐이 취했던 아주 급진적인, 그렇지만 그들의 결혼 생활에 아주 유익했던 변화들을 떠올렸다.

눈을 반짝이며 에이미가 말했다. "전 지금은 정말로 짐과 은퇴자 센터에서 살게 될 날을 기대하고 있어요. 제대로 된 삶을 살기 위해 그 나이까지 기다리지 않아도 되니 얼마나 좋은지 모르겠어요.”

짐은 이렇게 말했다. “우리가 그 은퇴자 센터에서 살 수 있는 경제력을 가질 수 있을지 잘 모르겠어요. 하지만 상관없어요. 어디에 있든지 이제 우리는 우리의 관계를 즐길 생각이니까요.”

나는 에이미가 강한 사랑의 태도로 접근하기에 앞서 부드럽고 온유한 사랑을 보여 주려고 애쓴 것이 주효했다고 믿는다. 에이미가 인정받고 싶고 자존감을 얻고 싶은 짐의 내적 욕구를 알아차리지 못했다면, 아버지의 비난이 짐을 일벌레로 만들었음을 이해하지 못했다면, 그래서 그의 일에 대한 비난조의 말들을 칭찬의 말로 바꾸지 않았더라면, 은퇴자 센터 골프 코스에서의 그의 반응이 그렇지 않았을 가능성도 있었을 것이다. 나는 강한 사랑보다 부드러운 사랑이 선행되어야 한다고 믿는다.

사랑은 다른 사람이 좋아하는 게 무엇인지 관심을 갖는 것이라는 사실을 기억하는 것이 좋겠다. 배우자의 행동을 이해하려고 노력하는 것, 즉 배우자를 몰아붙이는 내적 동기가 무엇인가를 이해하는 것이 그 첫걸음이다. 그러고 난 다음에는 그런 부정적 태도에 대한 과거 당신의 반응이 사실상 그 문제를 더 악화시킨 것은 아닌지 자문하는 일이 필요하다. 대부분은 절망에 빠진 결혼 생활에서 긍정적인 변화의 주역이 되려면 배우자의 행동을 제대로 이해함으로써 먼저 당신 자신의 태도를 변화시키는 일이 있어야 한다.

참된 삶은 당신이 배우자를 향한 당신 자신의 태도에 책임을 지도록 격려한다는 사실도 잊지 않는 것이 좋다. 당신의 배우자가 일벌레라면 그의 행동에 대한 당신의 비난조의 태도를 솔직하게 인정하라. 그러나 당신의 부정적인 태도가 부정적인 행동으로 이어지게 해서는 안 된다. 에이미처럼 긍정적인 변화의 주체가 되기를 바라고, 당신의 불완전함을 인정하며, 당신이 배우자를 변화시킬 수는 없지만 배우자에게 영향을 미칠 수는 있다는 참된 삶의 원리를 깨닫는 것이 중요하다.

당신 자신의 사고방식이나 부정적인 반응들을 변화시킬 때 비로소 당신은 자유롭게 새로운 접근방식을 취할 수 있다. 그럼으로써 당신은 사랑이 강한 힘을 발휘할 수 있는 길을 여는 셈이다.

당신은 늘 당신만 옳단 말이죠?

_독선적인 배우자

배우자의 지나치게 독선적인 성격이 파탄지경에 이른 결혼 생활의 원인인 경우가 많다.

조디는 내 고등학교 때 친구였다. 하지만 몇 년 동안 서로 얼굴을 보지 못하고 살았다. 조디가 대학에 간다고 떠난 뒤 결혼해서 다른 주(州)로 이사 가 살았기 때문이었다. 그래서 세인트루이스에서 있었던 결혼 세미나에서 조디를 만났을 때 그 기쁨은 말로 표현할 수 없었다. 하지만 그동안 밀린 이야기들을 하면서 조디를 만난 기쁨은 곧 슬픔으로 바뀌었다. 조디는 로저라는 남자와 27년간의 결혼 생활에서 느꼈던 고통을 이야기했다. 로저는 성실한 남자로 일에서는 성공했지만 결혼 생활에서는 실패한 사람이었다. 조디는 생각과 감정, 욕망을 함께 나누면서 삶에 닥치는 문제들을 한 팀이 되어 함께 헤쳐 가는, 동반자로서의 결혼 생활을 꿈꾸었다. 하지만 로저는 병적으로 독선적인 사람이었다. 그는 팀워크라는 개념 자체가 없는 사람이었다. 그의 아버지 역시 극단적으로 남을 억누르는 사람이었고, 그는 자기 아버지의 모습을 그대로 답습하고 있었다.

조디는 이렇게 설명했다. "남편은 포트녹스(미국 켄터키 주의 금괴 보관소―옮긴이)의 경비라도 되는 것처럼 돈을 꼭 틀어쥐고 있고, 난 푼돈조차도 일일이 남편에게 타서 써야 해. 그리고 남편은 내가 외출하고 들어가면 내가 뭘 했는지 어디에 있었는지를 꼬치꼬치 캐물어야 직성이 풀리는 사람이야. 그리고 매사에 마지막 결정을 내리는 사람은 자기가 아니면 안 된다고 생각해. 남편이 다른 사람들과 어울리는 걸 싫어하기 때문에 우리가 다른 사람과 어울리는 일은 거의 없다고 봐야 해. 아이들에게도 자기가 정해 준 대학에 가지 않으면 학비를 대 주지 않겠다고 말할 정도니 말 다했지 뭐. 게리, 난 새장 속에 갇힌 새나 우리에 든 햄스터 같은 기분이 들어. 내겐 이제 더 이상 날아오를 날개가 없어."

대화를 더 나누면서 나는 조디가 지난 몇 년간 갑작스런 불안장애를 겪었다는 사실을 알게 되었다. 느닷없이 몰려오는 이 증상을 조디는 이렇게 표현한다. "갑자기 숨이 턱턱 막히고 가슴이 꽉 죄어들어. 그러면서 숨이 막힐 것 같은 기분이 드는 거야. 아무런 예고 없이 일어나기 때문에 그때는 정말 아무것도 할 수가 없어." 느닷없이 찾아오는 이런 증상 때문에 조디는 상담을 받게 되었다. 상담자는 그런 증상이 조디가 결혼 생활에서 느끼는 스트레스와 직접적으로 관련되어 있을 수 있다고 말했지만 조디는 그 사실을 인정하고 싶지 않았다. 하지만 속으로는 그가 옳다는 걸 알고 있었다. 수년 동안 조디가 겪었던 정신적 스트레스가 신체적 증상으로 나타나고 있는 것이었다. 그 상담자는 조디에게 의사에게 가서 약을 처방받아 복용하라고 권했다. 하지만 조디나 의사 둘 다 그러한 방법이 조디의 문제에 대한 근본적인 처방이 될 수는 없다는 사실을 잘 알고 있었다. 조디의 결혼 생활에는 변화가 필요했다.

꼭 부모처럼

배우자를 지배하려고 하는 사람들은 도대체 어떤 사람들인가? 사회에서 아주 존경받는 사람들 가운데 속해 있는 경우가 많으며, 보통 자신들의 행동이 독선적이라는 사실을 알지 못한다. 그들은 그저 자기들에게는 지극히 정상적으로 보이는 삶의 양식을 따라 행동하고 있을 뿐이다. 어린 시절에 봐 왔던 모델을 따라 살고 있거나 그들의 성격에 씌어진 대본을 충실히 따르고 있는 것이다.

조디의 남편 로저는 첫 번째 경우에 해당한다. 그의 아버지는 독재자의 전형이었다. 그는 가족들을 먹여 살렸고 그것을 이유로 집안을 좌지우지했다. 어머니가 결정할 수 있는 일이라곤 아이들을 어떻게 입힐 것인가와 가족들에게 뭘 먹일 것인가 하는 것뿐이었다. 그 영역에서조차 아버지는 때때로 어머니를 비난했다. 그 밖의 다른 결정들은 전부 아버지의 권한이었다. 그의 아버지는 성공적인 남자였고, 또 집안단속을 잘 하는 사람이라는 자부심이 대단했다. 그 사회에서 자기 아이들과 아내까지도 존경의 대상이었다. 온 가족이 그 지역 교회의 적극적인 교인이었고, 로저의 아버지는 종종 자신의 지배적인 행동을 '남편이 아내의 머리'라는 성경의 명령과 연관시켜 말했다. 그의 아버지는 자신감이 넘쳐 흘렀고, 자신이 원하는 무슨 일이든 일어나게 할 수 있는 능력 있는 남자로 알려져 있었다.

결혼 초기에 로저의 어머니는 남편의 권위적인 행동에 관해서 불평을 토로했지만 그건 로저가 태어나기 전까지였다. 아이들이 태어난 뒤에 로저의 어머니는 아이들을 기르느라 정신없이 바빴고, 자신의 운명을 받아들였다. 남편이 돈을 잘 벌어다 준다는 사실에 만족했고, 그의 결정에 어떤 이의도 제기하지 않았다. 그의 결정이 설령 마음에 들지 않는다 해도 그런 생각은 마음에만 담아 두었다. 어느 정도 시간이 흐르자 그녀의 고통스런 감정도 가라앉았다. 남편과 정서적으로 친밀한 관계를 유지한 건 아니었지만 자신의 결혼 생활은 자기가 아는 다른 모든 여자들의 결혼과 별반 다를 것이 없겠거니 생각했다.

로저는 자신이 어려서부터 봐 왔던 아버지의 모델을 그대로 따르고 있었다. 성실하게 일했고 가족들을 잘 부양했다. 그랬기 때문에 조디가 불평하는 이유를 이해하지 못했다. 자기는 자기 역할을 잘하고 있는데, 조디는 왜 자기 역할을 기꺼이 감당하려 하지 않는가 말이다.

조디가 자기에게 반발할 경우에도 그는 절대로 자신의 행동이 독선적이라는 사실을 인정하지 않으려 했다. 남자라면 당연히 해야 할 일을 하고 있을 뿐이라고 생각했다. 그는 왜 조디가 자기 행동에 대해 고마워하는 것 말고 다른 생각을 할 수 있는지 이해할 수 없었다. 조디가 어떻게 감사하지 않을 수 있는가? 자기보다 더 나은 남자가 어디 있다고! 안됐지만 로저는 자기 마음을 변화시킬 수 없었다. 조디와 대화를 나눈 지 2년 뒤에 나는 조디에게서 로저와 이혼하고 '멋진 남자'와 재혼했다는 편지를 받았다.

타고난 성격

자신의 독선적인 행동 패턴을 인정하지 않으려는 또 다른 종류의 사람이 있다. 심리학자들은 이런 성향의 사람을 대개 지배적인 혹은 권위적인 성격을 가진 사람이라고 부른다. 이 사람은 부모의 모델을 답습하는 사람은 아니다. 자신의 성격에 씌어 있는 대본에 따라 행동하는 사람이다.

사회나 직장 혹은 교회에서 지도자가 되는 사람들 중에 이런 이가 많다. 이들은 주로 주도권을 쥐고, 문제를 해결하고, 결정을 내리고, 일이 이루어지게 만드는 사람들이다. 그들은 활동가이자 선동가다. 그들은 대개 자신감이 충만해 있고, 자신들이 뭔가를 성취할 수 있다고 믿는다. 어떤 힘든 일을 주더라도 해내고야 마는 사람들이다. 그들은 결과를 만들어 낸다. 하지만 권위적인 그들은 사람들의 감정을 고려하지 않는다. 자기 자신의 감정이든 혹은 다른 사람들의 감정이든 마찬가지다. 그들의 태도는 "당신의 느낌이 어떻든 그게 무슨 상관인가? 그냥 일을 밀고 나가면 되지.” 하는 식이다.

지배적인 사람들은 대개 관계 지향적이 아니라 목표 지향적인 사람들이다. 그들은 일이 이루어지도록 만든다. 하지만 그 과정에서 사람들에게 상처를 주는 경우가 많다. 그렇지만 그들은 그 정도의 상처는 목표에 도달하기 위해 지불해야 하는 대가의 일부쯤으로 생각한다. 지배적인 사람은 상대가 틀렸다는 사실을 가지고 논쟁을 하거나 상대를 굴복시킬 준비가 되어 있다. 그리고 그런 사람들은 때때로 위협적인 수단을 사용하기도 한다. 목표에 도달하기 위해 수단과 방법을 가리지 않는 것이다.

이런 종류의 사람은 지향점에 대해선 아주 완고하다. 그들은 “유일하게 해야 할 일은 과업을 끝내는 것이고, 그 일을 할 때는 내 방식대로 해야 하고, 그리고 그것도 지금 당장 해야 한다.”는 태도를 갖는다. 이런 사람들은 대개 의무나 책임감에 의해 움직인다. 일단 일을 하겠다고 받아들이고 나면 그들은 “우리가 이걸 왜 하는 거지?”와 같은 질문으로 스스로를 괴롭히지 않는다. 그리고 실행에 착수한 뒤에는 “이렇게 하는 게 최선의 방법인가?”와 같은 질문을 함으로써 일의 속도가 느려지는 것도 원치 않는다. 일을 성취하는 것과 가능한 한 빨리 하는 것이 그들의 모토다. 결과적으로 이들은 사회나 회사에서 많은 일을 해낸다.

남을 지배하려는 성격을 가진 사람이 결혼하면 그 사람은 그 성격을 결혼 생활 안으로 끌고 들어가 자기 내키는 대로 한다. 이런 성격의 사람에게는 결혼에 이르는 자체가 하나의 과업이었다. 결혼 전에 이 사람은 결혼이라는 목표에 도달하기 위해 필요한 일이라면 물불을 가리지 않고 한다. 하지만 결혼을 하고 그 과업이 성취된다. 이제 또 다른 과업을 이룰 때가 된 것이다. 보통 결혼을 하고 난 뒤에 이런 성향의 사람에게는 극적인 행동의 변화가 일어나기 마련이다. 결혼식이 끝나자 자신과 결혼했던 그 남자도 영원히 사라져 버렸다고 많은 아내들이 입을 모으는 이유가 바로 여기에 있다.

결혼 생활에서 지배적인 성향의 사람은 결정을 빨리 내리지만 그 결정 과정에 배우자를 참여시키는 일은 거의 없다. "그 일로 그 사람을 괴롭힐 이유가 뭐가 있겠어요? 이 일은 나 혼자서도 할 수 있는 일인데. 그 사람의 에너지는 다른 곳에 쓰게 하면 돼요."가 그 사람의 태도다. 배우자가 그 결정 과정에 왜 자기를 참여시키지 않느냐고 따지기라도 하면 그게 왜 문제가 되느냐는 식으로 깜짝 놀란다. "그건 내가 처리할 수 있는 일이었어. 왜 그 문제에다 당신 시간을 쓰고 싶어 하는지 모르겠는걸." 권위적인 사람은 자신이 배우자를 통제하는 게 아니라 다만 효율적으로 일하고 있을 뿐이라고 생각한다.

필립, 당황하다

필립은 권위적인 성격을 가진 사람이었다. 젊었을 때 그는 이미 나이 오십이 되면 은퇴할 계획을 미리 세워 두었다. 엔지니어로서 좋은 직장에 다녔고, 승진도 아주 빨랐다. 직장에서 자기가 이룬 업적들을 자랑스러워했고, 직장에서 자금을 운용하는 자신의 능력을 가정 경제에서도 발휘해 엄격하게 예산을 세워 생활했다. 그러면서 집안 살림에 충분하게 돈을 쓰고 있다고 생각했다. 그는 다달이 여가생활을 위해 쓸 수 있는 돈은 물론 자신과 아내의 '용돈'까지도 정해 두었다. 은퇴를 위해 만반의 준비를 해 나가는 데서 예산을 세우는 일은 아주 효과적이었다.

그런데 문제는 아내 샐리가 거기에 동의하지 않는다는 데 있었다. 필립은 아내의 반대를 자신의 지도력에 대한 반대이자 자신의 능력에 대한 도전으로 여겼다. 한번은 샐리에게 기꺼이 그 예산에 대해서 설명해 주려고 한 적도 있었다. 하지만 그때도 샐리가 동의하지 않자 화를 내면서 더 이상 말을 하지 않게 되었다. 자기 계획이 착착 진행되고 있는 마당에 왜 그렇게 법석을 떤단 말인가? 그리고 마침내 샐리도 더 이상 그 이야기를 하지 않게 되었고, 그는 샐리의 침묵을 암묵적인 동의로 받아들였다. 그래서 그의 효과적인 계획을 집안의 다른 살림살이에도 적용했다.

그는 집안에서 쓰이는 설비와 기구들을 어떻게 하면 가장 효율적으로 사용할 수 있을까를 알기 위해서 가정용품들을 일일이 분석했다. 그런 다음에 샤워기마다 물을 절약할 수 있는 절수장치를 달았다. 전력회사에서 할인 혜택을 많이 받기 위해 창문을 고쳐 달기도 했다.

벽난로 위에는 열효율을 높이는 필터를 달았다. 나중에 가서는 그것마저도 나무를 때는 난로로 바꿨다. 머릿속에서 난방비가 엄청나게 절약될 거라는 계산이 나왔던 것이다. 샐리의 분노가 폭발한 시점이 바로 그때였다. 하지만 결국에는 그의 주장과 논리가 샐리의 반대를 잠재웠고, 그는 아무 일도 없었다는 듯 다음 과제로 넘어갔다.

집안의 설비 전체를 효율적으로 만든 뒤에 그는 자신의 기술을 투자의 영역에 적용했다. 그는 안전하면서도 엄청난 이윤을 남길 가능성이 있는 곳에 투자를 시작했다. 이번에도 샐리가 반대했지만 그때쯤 샐리는 자기가 이길 가능성은 전혀 없다는 사실을 알고 있었다. 그래서 자기 목소리를 냈다가도 금방 입을 다물어 버렸다.

필립은 이제 중요한 영역들은 거의 다 장악한 셈이었다. 좋은 직장에 다녔고, 보수도 상당했다. 집안의 하드웨어는 이제 효율적으로 돌아가고 있었다. 투자도 잘 했다. 50세에 은퇴하겠다는 그의 계획은 착착 진행되고 있었다. 자신이 독재자라는 사실을 필립이 받아들일 리가 없었다. 그는 스스로 너무나 자연스럽게 느껴지는 일을 하고 있을 뿐이었다.

어느 날 필립의 깔끔하게 잘 정돈된 세계에 천지를 뒤흔드는 일이 일어났다. 퇴근하고 집에 왔더니 샐리의 옷과 대부분의 가구가 없어지고, 식탁 위에 편지만 한 장 달랑 놓여 있었다.

필립에게

당신을 사랑한다고 말할 수 있다면 좋겠지만 지금 이 시점에서 내 감정이 어떤지 사실 나도 잘 모르겠어요. 우리가 결혼한 지 벌써 21년이 되었네요. 결혼 초기의 몇 년은 정말로 행복했던 것 같아요. 하지만 그때 이후로 나는 당신이 점점 더 독선적인 사람이 되고 있다고 느꼈어요. 최근에 들어서는 내가 당신 삶의 일부가 아니라는 생각까지 들었고요. 당신은 매사에 내 의견을 묻는 법이 없고, 설령 내가 의견을 말한다 해도 무시하기 일쑤였어요. 당신은 집안을 효과적으로 운영한다고 생각했겠지만 샤워기의 물줄기가 얼마나 약한지 몸에 묻은 비누를 씻어 낼 수가 없을 정도가 됐어요. 나무 난로는 또 어떻고요. 그 난로 때문에 기침을 멈출 수가 없어요. 그래서 결심했죠. 효율적으로 돌아가는 집은 당신한테 주고, 난 물도 마음껏 쓸 수 있고, 실내 공기도 쾌적한 아파트로 나가겠다고 말이에요.

당신이 가족을 잘 부양하고, 성실한 남편이라는 건 잘 알아요. 지금쯤 당신이 내가 집을 나간 이유가 뭔지 궁금해 할지도 모르겠다는 생각이 드는군요. 그것이야말로 지난 몇 년간 당신이 내 말을 전혀 듣지 않았다는 사실을 보여 주는 명백한 증거라고 생각해요. 난 그동안 당신한테 나도 당신 삶의 일부가 되게 해 달라고, 나를 인격체로 대우해 달라고, 내 아이디어도 가치 있게 여겨 달라고 간청했어요. 그런데 우리 결혼 생활에서 의미가 있었던 아이디어라곤 오직 당신의 것뿐이었어요. 내 감정과 사고는 아무짝에도 쓸모없는 것이었어요. 어쩌면 당신이 옳을지도 모른다고, 그리고 오랜 동안 내겐 쓸모 있는 생각이나 좋은 감정이란 없다고도 생각해 봤어요. 하지만 이젠 알겠어요. 당신이 틀렸다는 걸. 생각하고 느낄 권리는 누구에게나 있는 거잖아요? 결혼하면 서로가 서로의 생각과 감정을 존중받아야 하는 거 아닌가요? 서로 자기 감정을 표현할 자유가 있는 거 아닌가요? 그런데 저는 당신한테서 존중받는다는 느낌을 받은 적이 없어요. 오랜 세월 당신은 날 어린아이로 취급했어요.

그리고 어린아이 취급받는 게 이제 지겨워졌어요. 난 어른으로 대접받고 싶거든요. 하지만 당신하고 있으면 내가 어른이 될 수 없다는 걸 알아요. 그래서 당신을 떠나려고 해요.

내가 돌아올 거라고 기대하지 마세요. 오래 생각해서 결정한 일이니까요. 당신이 결코 변하지 않으리라는 거 잘 알고 있어요. 어쩌면 당신은 변할 수 없는 사람일지도 몰라요. 그래서 내 여생을 더 이상 당신과 함께 보낼 수 없을 것 같아요. 당신이 계획했던 대로 나이 오십에 은퇴하길 바랄게요. 그리고 당신의 독선적인 성격을 좋아해 줄 다른 사람을 찾아보세요. 하지만 그 사람이 나는 아니라는 사실만은 분명히 알아 두면 좋겠네요.

샐리

필립은 그날 밤 편지를 열 번쯤 읽었다. 자기 눈이 의심스러웠다. 자기가 그런 편지를 읽고 있다는 사실을 믿을 수가 없어서였다. 도대체 샐리가 무슨 말을 하고 있는 거지? 뭐? 독선적인 성격이라고? 내가 누구를 위해 그 모든 일을 했는데? 실제로 그는 그런 일들을 하면서 은퇴한 뒤에 자기들이 멋진 노후를 함께 즐기는 모습을 그려 보기도 했다. 그리고 자기 부부가 지금도 행복한 삶을 살고 있다고 생각했다. '샐리는 도대체 왜 집안을 효율적으로 운영하려는 내 노력을 헐뜯는 거지? 무슨 얘기를 하고 있는 거야? 뭐, 자기를 어린아이처럼 취급했다고? 그게 도대체 무슨 말이지? 내가 자기 말을 안 들었다는 뜻인가? 듣기는 했지. 다만 샐리가 원하는 게 최고의 방법이 아니라고 생각해서 그대로 하지 않은 것뿐이었어.'

필립은 그날은 샐리를 찾으려 해도 아무 소용 없으리라는 걸 알았다. 샐리가 저지른 일에 관해 자기나 샐리 모두 생각할 시간이 필요하다고 생각했다. 그래서 우선 잠을 제대로 자고, 어떤 전략을 취할지는 그다음 날 결정하기로 했다. 놀랍게도 그는 그날 밤 잠을 푹 잤다. 그는 곧 그럴듯한 대책을 세울 자신이 있었고, 만일 자기가 샐리와 이야기를 나눌 수만 있다면 이번 일은 샐리가 잘못한 일이고, 이제 집에 돌아올 필요가 있다는 사실을 이해시킬 자신도 있었다.

그다음 날, 그는 어떻게 하면 샐리를 찾아서 이야기를 할 수 있을까를 생각하느라고 대부분의 시간을 보냈다.

점심시간에 그는 수색 작전에 돌입했다. 그는 먼저 샐리가 어디에 있는지를 알 만한 샐리의 친한 친구에게 전화를 걸었다. 하지만 그 친구는 알려 주지 않으려 했다. 그래서 필립은 재빨리 그다음 작전을 개시했다. 그는 자기가 얼마나 깊은 상처를 받았는지, 그리고 샐리가 어떻게 그런 짓을 저지를 수 있는지 믿을 수 없다고 이야기했다. 그리고 지금 샐리와 이야기를 나누는 게 얼마나 필요한 일인지를 강조한 뒤에 그 친구에게 샐리가 자기에게 전화할 수 있는지 물어봐 달라고 했다. 그 친구는 그렇게 하겠다고 했고, 필립은 그의 첫 번째 계획이 어느 정도 성공했다고 생각했다.

하지만 그날 밤 샐리가 전화를 해 오지 않자 필립은 점점 더 초조해졌다. 하지만 겁에 질린 것처럼 보이고 싶지 않아서 샐리의 친구에게 전화하고 싶은 마음을 꾹 참고, 텔레비전에서 풋볼 경기를 보기로 했다. 그러면서 그날 밤 샐리가 전화를 하지 않으면 다음 날 또 다른 친구에게 전화를 걸어야겠다고 마음먹었다. 일주일 동안이나 샐리를 찾으려는 노력을 기울였는데도 그는 샐리를 찾지 못했다.

그다음 주에 그는 그 지역의 법원으로부터 이혼 서류를 받았다. 그는 샐리의 편지가 놓여 있던 그 식탁에 다시 앉아 이번에는 샐리가 보내 온 이혼 서류를 읽어야 했다. 지난번 편지에 비해 훨씬 더 공적이며, 비인격적이고, 감정과는 무관한 서류였다. 이번에도 그의 반응은 "믿을 수가 없어. 샐리가 나한테 왜 이러는지 알 수가 없어."였다. 그는 혼잣말로 또 이렇게 중얼거렸다. '자기가 무슨 짓을 하고 있는지 모른단 말인가? 수년 동안 내가 해 왔던 모든 일이 엉망진창이 되고 말 텐데도? 자기가 그 모든 걸 내던져 버리고 있는 줄 아는 거야 모르는 거야? 우리가 세운 목표에 거의 도달할 참이었는데, 어떻게 이런 짓을 할 수가 있는 거지? 다른 남자가 생기지 않았다면 이럴 리가 없어!' 전에는 단 한 번도 그런 생각을 해 본 적이 없었다. 그는 샐리와 늘 붙어 다니던 친구에게 전화를 걸어서 이혼 서류를 받았다고 말하고, 단도직입적으로 물었다. "샐리에게 다른 남자가 생긴 거예요? 그렇지 않다면 샐리가 그런 짓을 저지를 리가 없어요."

"필립, 샐리에게 다른 남자가 없다는 건 내가 보장할 수 있어요. 샐리의 편지를 다시 읽어 봐요. 그러면 샐리가 왜 그랬는지를 이해하게 될 테니까요. 샐리는 아주 오랫동안 통제를 받아 왔다고 느꼈고, 감정적으로 더 이상 견딜 수 없는 한계상황에 이르렀다고 생각하고 있어요. 샐리가 옳은지 그렇지 않은지는 잘 모르겠어요. 하지만 샐리의 현재 상태가 그렇다는 건 분명해요."

"이해가 안 가요. 내가 한 모든 일이 샐리를 위한 일이었는데……." 필립이 이렇게 말하자 친구가 그 말을 받아 이렇게 말했다.

"샐리의 생각은 다른 것 같아요, 필립."

그다음 날 필립은 자기도 변호사를 찾아야겠다고 마음먹었다. '샐리가 원하는 게 이혼이라면 나도 내 자신을 보호해야겠어. 그렇지 않으면 샐리가 내 재산을 몽땅 가져가 버릴 수도 있으니까.'

그래서 이번에는 두 변호사 사이에서 법적 분쟁이 시작되었다. 그동안 필립을 앞으로 나아가게 하는 힘은 은퇴라는 목표였다. 하지만 필립은 이번 일이 벌어지자 이제는 은퇴를 50세에 하기는 어렵겠다고 생각했다. 이 모든 일이 수습되고 난 55세 정도가 은퇴 시기로 적당할 거라고 마음을 고쳐먹었다. 그다음 달 내내 필립은 일에 전념하고, 집안을 말끔하게 정돈하고, 교회의 모임에 참석하는 등 바쁘게 지냈다. 그는 이 이혼이 자기의 생각이 아닐뿐더러 샐리가 도대체 왜 그런 행동을 하게 됐는지 자기는 이해할 수 없다는 사실을 모두에게 알리고 싶어 했다.

샐리가 떠난 지 6주가 지날 때까지도 필립은 아직도 샐리를 만나거나 샐리에게서 연락을 받지 못하고 있었다. 그런데 어느 날 밤 월마트에 갔다가 우연히 샐리를 만나게 되었다. 필립과 샐리는 누가 먼저랄 것도 없이 동시에 눈이 마주쳤다. 필립은 천천히 샐리를 향해 걸어갔다. 샐리에게 가까이 가자 그가 "잘 있었소?"라고 인사했고, 샐리도 인사에 답했다. 둘은 한참 동안 아무 말 없이 서로를 쳐다보고 있었는데, 그 짧은 시간이 마치 영원처럼 길게 느껴졌다고 했다. 그런 뒤에 필립이 이렇게 말을 걸었다. "샐리, 난 이 일이 왜 이렇게 됐는지 도무지 이해할 수가 없소. 당신이 도대체 왜 이런 식의 방법을 택했는지 모르겠소만 내가 아는 건 아직도 당신을 사랑하고 있다는 거요. 우리 만나서 이야기 좀 합시다.” 놀랍게도 샐리가 그러자고 했다.

금요일 밤 둘은 저녁 식사를 함께했다. 식사 도중에 둘은 직장 생활을 어떻게 하고 있는지를 화제 삼아 이야기를 해 나갔다. 밥을 먹고 난 뒤 필립은 샐리에게 지금 이 상황이 얼마나 말이 안 되는지, 그리고 수년 동안 자기가 쌓아 온 모든 것들을 잃어버릴 것이라는 사실에 관해 한바탕 설교를 늘어놓았다. 그는 또 샐리에게 이 일로 아이들이 얼마나 고통을 당할 것인지에 관해서도 이야기했다(아이들은 지금은 다 자라서 성인이 되어 있었다). 그는 또 이혼은 그리스도인이라면 절대로 해서는 안 되는 일이라는 사실을 상기시키고, 하나님에 대한 샐리의 믿음에 관심을 표현했다.

필립이 설교를 끝냈는데도 샐리는 그의 어떤 주장에도 가부간에 반응을 보이지 않았다. 오히려 샐리는 필립에게 오랜 동안 자기가 필립에게 하고 싶었던 말을 하기 시작했다. 샐리는 필립의 독선적인 영향력 아래서 살아가면서 느꼈던 고통을 쏟아 놓았다. 샐리는 그의 그런 행동 때문에 자신의 삶이 짓뭉개져 버렸다고 했다. 샐리는 여러 가지 예를 들면서 말했다. 그러는 중에 그동안 느꼈던 고통과 상처, 그리고 좌절감이 다시 그녀에게 되살아나는 듯했다. 샐리는 그 고통을 말로 표현해 냈다. 샐리가 말을 끝내자 필립은 한참 동안 말이 없었다. 그렇게 한참을 있다가 필립은 고개를 저으면서 부드러운 목소리로 천천히 말했다. “당신이 그렇게 느꼈으리라고는 상상도 못했소.” 그 말에 샐리는 이렇게 대답했다. “수도 없이 이야기했었어요, 필립. 당신한테 얼마나 여러 번 이야기했는지 몰라요.”

“당신이 그런 말 한 기억이 없어요.” 필립이 이렇게 말했다.

그 말을 듣고 난 샐리가 말했다. “가야 할 시간이 됐어요.”

식당 앞에서 필립이 이렇게 요청했다. “샐리, 둘이서 문제를 해결할 순 없을까? 나는 변할 수 있소. 집으로 와서 함께 노력해 봅시다.”

“당신이 변하기만 바라고 산 게 벌써 몇 년째인지나 알고 있어요? 하지만 그런 일은 일어나지 않았어요. 좋아지기는커녕 당신은 점점 더 나빠졌어요. 더 이상 당신과 함께 사는 건 불가능해요. 변한다는 게 말같이 쉬운 줄 아세요? 그게 그렇게 쉬웠다면 당신은 벌써 몇 년 전에 변할 수 있었을 거예요.”

필립은 그 문제로 샐리를 더 밀어붙이지 않았다. 하지만 그날 밤 자기를 만나 줘서 고마웠고, 정말로 좋은 대화를 나눴다는 인사를 잊지 않았다. 그들은 각자 자기 차로 가서 반대 방향으로 차를 몰았다.

기나긴 여정

샐리가 집을 나간 뒤로 필립이 샐리의 얼굴을 본 건 그때가 처음이었다. 그 후 둘은 몇 달에 걸쳐 저녁 식사를 여러 차례 함께했다. 그때마다 필립은 샐리에게 이혼 신청을 취소하고 집으로 들어오라고 간청했다. 샐리는 매번 자기들 관계에는 희망이 없다는 대답을 되풀이했다. 마침내 어느 날 밤 샐리가 이렇게 말했다. “필립, 당신이 정말로 그렇게 생각한다면 독선적인 성격을 가진 사람들을 전문적으로 치료하는 상담가에게 심리 상담을 한번 받아 보면 어떻겠어요? 그동안 우리가 많은 대화를 나누었는데도 당신이 내 말을 제대로 이해하고 있다는 생각이 안 들어서 그래요. 당신이 상담을 받는다고 해서 내가 돌아갈 거라는 확답은 못해요. 하지만 당신이 상담을 받지 않으면 내가 집으로 돌아가는 일은 절대로 없을 거라는 것만은 확실해요."

2주 후에 필립은 상담을 통해 자신을 발견하는 기나긴 여정을 시작했다. 그동안 필립이 심리학이나 인간관계에 대한 책을 읽은 적은 단 한 번도 없었다. 하지만 몇 주 사이에 그는 전혀 몰랐던 자신의 모습을 발견하면서 동시에 샐리가 왜 그렇게 통제받고 억압받는다고 생각했는지를 이해하기 시작했다. 얼마쯤 시간이 지나자 그는 샐리에게 사과하고, 자기를 어떻게 생각하는지 샐리의 생각을 듣기 시작했다. 그리고 마침내 샐리가 왜 그런 행동을 취했는지를 인정하기에 이르렀다. 자신의 행동이 얼마나 강압적이었는지를 깨달았던 것이다. 그는 샐리에게 다시는 집으로 돌아오라고 억지로 권하지 않겠다고 말했다. 그러면서 결혼 생활을 돌이킬 수 있는 가능성이 있는지 알아보기 위해 둘이서 결혼 상담을 받아 보면 좋겠다는 마음을 표현했다.

샐리는 2주 동안 자신의 심리상담가와 더불어 생각하고, 기도하고, 이야기를 나눈 뒤에 결혼 상담을 시작하는 데 동의했다. 7개월 뒤 샐리와 필립은 서로에 대한 자기들의 결혼 서약을 재확인하기에 이르렀고 이내 샐리가 집으로 돌아왔다. 샐리에게 자기가 항복했다는 생각이나 필립한테 자신이 이겼다는 느낌 같은 건 없었다. 하지만 둘이서 함께 자신들의 결혼 생활의 문제뿐 아니라 해답도 발견했다는 사실에 깊은 신뢰감을 가질 수 있었다. 그 과정을 통해 둘 다 엄청난 성장을 이루었다. 그리고 샐리는 앞으로 둘이서 함께하는 삶은 이전과는 완전히 달라질 거라는 사실에 대한 믿음을 가질 수 있었다.

이 모든 일이 일어난 게 벌써 10년 전이다. 필립과 샐리 둘 다 그때부터 지금까지가 자신들의 결혼 생활 가운데 가장 행복했던 10년이었다는 데 이의를 제기하지 않는다. 또 둘 중 누구도 은퇴를 고려하지 않고 있다. 그들은 하루하루의 삶을 가장 유용하게 사용하기 위해 애쓰면서 서로 도와 가며 결혼 생활을 해 나가고 있다.

그렇다면 필립은 권위적인 성격을 고쳤을까? 그렇지 않다. 하지만 그는 이제 자신의 그런 성격을 알고, 남을 억누르려는 그 성격을 통제해야 한다는 사실을 이해한다. 그는 또한 자신의 행동이 남들에게, 특히 샐리에게 어떤 영향을 미칠 것인가를 아주 민감하게 살피고 있다. 그가 바라는 건 샐리를 통제하는 게 아니다. 샐리는 지금은 자신의 느낌을 필립과 마음껏 나눌 수 있게 되었기 때문에 필립의 말이나 행동이 자기를 거스르는 경우에도 필립의 반응을 두려워하지 않고 그 문제에 대해 필립과 직접 이야기를 나눌 수 있다. 지금은 자기가 그런 얘기를 꺼내면 필립이 다음과 같이 말할 거라는 사실을 예상할 수 있기 때문이다. "그 얘기 좀 해 봐요. 당신이 뭘 생각하는지, 당신이 뭘 느끼는지 이

해하고 싶으니까." 필립과 샐리는 두 사람이 서로를 존중하고, 서로
의 차이를 인정하고, 배우자의 생각과 감정에 진심으로 관심을 가지
며, 서로의 유익을 위해 하나의 팀으로 함께 일하려고 할 때 그 관
계가 얼마나 충만해질 수 있는지를 발견해 나가고 있다.

샐리의 행동에서 관찰할 수 있는 중요한 두 가지 사실을 짚어 보자.

필립을 떠나기 전 샐리는 넉 달 동안 상담을 받고 있었다. 샐리는
자기 상담자에게 수년 동안 자신이 경험했던 고통과 좌절감, 그리고
이중적인 감정들을 털어놓았다. 샐리는 상담을 받는 동안 필립의 강
압적 행동에 의해 완전히 추락했던 자신감과 자기 존중감을 회복하
기 시작했다. 그러면서 샐리는 참된 삶의 원리들을 적용할 수 있을
만큼 감정적으로 강해졌다. 자기 태도에 대해서는 자신이 책임지는
자세를 취했고, 자기의 사고방식이 자기의 행동에 영향을 미칠 거라
는 사실을 깨달았다. 그리고 자신이 남편을 변화시킬 힘은 없지만
그에게 영향을 미칠 수는 있을 거라는 사실도 알았다. 남편에게 자
기의 감정을 이야기해 보려고 안간힘을 썼지만 그 모든 노력이 수포
로 돌아간 상황에서, 샐리는 자기가 집을 떠나는 것이 필립에게서
긍정적인 반응을 이끌어 낼 거라는 사실까지는 몰랐다. 하지만 그
런 노력을 하지 않으면 안 된다고 생각했다.

샐리는 자신의 행동이 감정의 지배를 받아서는 안 된다는 사실
을 이해했다. 샐리의 가장 지배적인 감정은 두려움이었다. 내가 집을
나가는 행동이 자녀들에게는 어떤 영향을 미칠까? 사람들은 뭐라
고 생각할까? 경제적인 면에서 내가 과연 잘 버텨 낼 수 있을까? 감
정에 굴복했다면 샐리는 강한 사랑의 힘든 단계를 밟지 못했을 것이

다. 하지만 샐리는 자신의 감정에 지배를 받아서는 안 된다는 사실을 알고 있었다. 또 자기 역시 완전한 아내는 되지 못했지만 자신의 그런 불완전함을 인정하는 것이 곧 자신이 패배자라는 걸, 힘겨운 결혼 생활이 전적으로 자기 탓이라는 걸 의미하지는 않는다는 사실도 알았다. 필립을 떠나는 것이 필립에 대한 사랑을 표현하는 최선의 방법이라고 생각하면서 샐리는 그 결과가 좋기를 기도했다. 하지만 오랫동안 독선적인 배우자와 살아 왔던 사람들이 심리상담가의 조언 없이 샐리가 취했던 방식을 취한다는 건 거의 불가능하다.

내가 두 번째로 관찰한 것은 오랫동안 배우자를 심하게 억압했던 권위적인 사람은 쉽사리 변하지 않는다는 사실이다. 샐리가 떠나고 났는데도 필립은 거의 변하지 않았다. 샐리가 떠난 직후 필립의 노력은 어떻게든 샐리를 집으로 돌아오도록 하기 위해 교묘한 전략을 짜는 데만 맞춰져 있었다. 이 시점에서 필립에게는 그 문제의 본질에 대한 이해가 전혀 없었다. 그는 그저 그의 성격에 입력된 대로 행동하고 있을 뿐이었다. "문제가 있으면 고치면 되지."라는 식의 목표 지향적 태도 말이다. 샐리는 이런 압력에 굴하지 않았고, 집으로 돌아가겠다는 어떤 희망의 말도 주지 않았다. 샐리에게는 필립이 언젠가는 자기 자신의 문제점을 발견하고 그 문제와 씨름하리라는 어떤 확신도 없었기 때문이었다. 하지만 샐리는 이 관계를 치유하기 위해서라면 극약처방이라도 써야 한다는 사실을 알았다.

독선적인 배우자를 어떻게 상대해야 할까?

독선적인 배우자가 긍정적인 변화를 일으키도록 영향을 미칠 수 있는 행동 중 별거보다 덜 과격한 게 있을까? 대답은 '예스'다. 당신은 샐리가 취했던 강한 사랑의 방법을 취하기 전에 그런 방법들을 먼저 써 보는 게 좋을 것이다. 하지만 반대로 그러한 배우자에게 취하게 되는 부정적인 태도들도 있다. 첫 번째 부정적인 접근방식은 기 싸움이다. 기본적인 태도는 "두 사람이 이 게임을 할 수 있다. 당신이 나를 통제하려고 한다면 나는 당신과 끝까지 싸울 것이다."이다. 이 방식은 통제하려는 당신의 배우자를 말로 이기려는 동안에 엄청난 분노와 핏대 올린 말싸움으로 이어지기 십상이다. 독선적인 배우자와 언쟁을 하면 할수록 당신의 목소리도 점점 더 높아진다. 누구도 이기는 사람은 없다. 하지만 기 싸움은 계속된다. 그 싸움이 일단 끝나면 그다음 며칠 동안은 둘 다 되도록 아무 일에도 개입하지 않은 채 조용히 지내려는 노력이 이어진다. 하지만 마침내 또 다른 기 싸움이 시작되고, 논쟁은 계속된다. 많은 부부들이 여러 해 동안 이런 패턴을 따라 살았다. 이런 기 싸움은 힘겨운 결혼 생활을 영속화한다.

두 번째 부정적인 접근방식은 내가 '복종의 방식'이라 부르는 것이다. 이런 접근방식의 기본 태도는 "권력자에게 복종함으로써 충돌을 피한다."는 것이다. 무슨 대가를 치르더라도 평화를 유지하겠다는 태도다. 이런 태도는 본질적으로 당신을 권위적인 배우자의 요구에 종으로 전락시킨다. 하지만 종의 태도를 취한다고 해서 평화가 유지되는 건 아니라는 데 모순이 있다. 그런 태도가 결국은 당신 안에서 치열한 전쟁을 불러일으키기 때문이다. 당신과 배우자는 겉으로는 평화로운 관계를 유지한다. 하지만 그런 상태는 사실상 진실과는 한참 거리가 멀다. 이런 태도 역시 힘겨운 결혼 생활을 영속화한다.

독선적인 성격을 가진 배우자의 필요는 물론 내 자신의 필요를 이해하는 데 근거해서 당신은 그런 배우자를 다루는 좀 더 건전한 방법을 찾을 수 있다.

무엇보다 먼저, 당신은 지나치게 독선적인 사람은 자유에 대한 욕구를 과도하게 채우려는 사람이라는 사실을 이해해야 한다. 자유에 대한 욕구는 합법적이다. 그렇지만 당신 남편이 자신의 자유에 대한 욕구가 어떻게 아내의 자유를 뺏는가에는 아무 관심도 없고 오로지 자신의 자유만 추구한다면 그는 가학적이며 독선적인 남편이라 할 수 있다. 당신이 독선적인 남편에게 영향을 미칠 수 있는 긍정적인 해결책을 찾고 있다면 당신은 먼저 배우자의 자유에 대한 욕구를 처리해야 한다. 그리고 당신에게도 자유를 추구하는 욕구가 있다는 사실을 분명히 밝혀 주어야 한다.

둘째로, 당신은 독선적인 배우자의 인정받고 싶어 하는 욕구를 이해하고 그 요구에 반응할 줄 알아야 한다. 독선적인 배우자의 자존감은 자기들이 얼마나 성공적으로 살아가고 있는가에 달려 있다. 그들은 자신이 세워 놓은 과업이나 목표에 도달하는 경우가 많으면 많을수록 높은 자존감을 누린다. 독선적인 아내는 자신의 실패를, 목표에 도달하지 못한 것으로 해석해서 “나는 패배자야!” 하고 생각한다. 당신이 독선적인 패배자에게 영향을 미치고 싶다면 당신은 먼저 자유를 추구하는, 그리고 인정받고 싶어 하는 배우자의 내적 욕구를 인정해 주어야 한다.

많은 이들이 성공적이라고 입증했던 방법 하나를 제안해 보겠다.

독선적인 배우자에게 언쟁을 통해 영향을 미치려고 해서는 안 된다. 그런 배우자와 언쟁을 벌이는 것은 불에다 기름을 붓는 격이다. 그 배우자는 이미 자신의 목표에 도달해야 할 동기가 충분한 사람이다. 당신과의 언쟁은 그가 목표에 도달하는 데 또 하나의 장애물에 불과하다. 당신의 그런 태도는 그의 엔진에 불을 붙여서 그로 하여금 당신과의 논쟁에서 이겨서 자신의 길이 최선이라는 사실을 보여야겠다는 결심을 굳히게 할 뿐이다. 게다가 독선적인 배우자에게 영향을 미칠 수 있을 만큼 언쟁을 오래 끌고 나가는 것도, 또 언쟁을 제대로 해 나가는 것도 쉽지 않은 일이다.

내가 가장 유용하다고 판단하는 방법은 동의함으로서 영향을 미치는 방식이다. 독선적인 배우자의 말에 동의를 하되 배우자의 논리에 끌려 들어가지 않아야 가능한 방식이다.

"그의 논리에 동의하라고요? 절대로 그런 일은 못하겠어요."라며 반대할 사람도 있을 것이다. 하지만 실제로 당신은 독선적인 당신 배우자의 논리에 거의 매번 동의할 수밖에 없다. 그들의 논리가 그들의 관점에서는 하나도 그르지 않기 때문이다. 필립의 경우에도 에너지와 돈을 절약하기 위한 아이디어는 돈을 절약한다는 점에서만 보면 흠 잡을 데가 없는 생각이었다. 따라서 샐리가 이렇게 말한다면 동의함으로써 영향을 미치는 한 가지 방법이 될 것이다. "필립, 돈을 절약하려고 그렇게 애쓰다니 정말 고마워요. 그리고 50세에 은퇴하려는 것도 훌륭한 목표라고 생각해요. 절수형 샤워기를 달면 돈을 절약할 수 있는 건 사실이에요. 그런데 문제는 내 머리카락에서 샴푸를 없애는 데 무려 30분도 더 걸린다는 거예요. 당신이 돈을 절약하려는 걸 나도 돕고 싶어요. '절수형 샤워기'를 통해 얼마가 절약되는지를 계산해 주면 내가 그 돈을 매달 식료품비에서 절약해 볼게요. 돈을 절약한다는 관점에서 보면 '절수형 샤워기'는 정말 좋은 아이디어임에 틀림없지만 실용적인 관점에서 볼 때는 그것 때문에 내가 너무 힘들어서 그래요."

그가 다른 문제들에 관해 계속해서 자기주장을 편다면 샐리는 그의 모든 주장에 동의하되 그건 너무 불편해서 자기가 기꺼이 희생하고 싶은 마음이 들지 않는다고 주장해야 한다. 그러고 나서도 필립이 일주일 안에 샤워기를 바꾸지 않는다면 배관공을 불러 전에 쓰던 것으로 바꿔 다는 것도 한 가지 방법이다. 쓸데없는 데 돈을 낭비한다고 투덜거리긴 하겠지만 필립이 절수형 샤워기를 다시 설치하는 일은 없을 것이다.

동의에 의해 배우자에게 영향을 미치면서도 스스로가 통제받는 것을 허용하지 않는 태도야말로 독선적인 배우자에게 엄청난 영향을 미칠 수 있다. 우선, 이런 접근방식은 독선적인 배우자의 인정받고 싶어 하는 욕구나 자존감을 건드리지 않기 때문이다. 당신이 그의 아이디어가 나쁘다고 주장하고 있는 건 아니다. 만약 그렇다면 틀림없이 그는 그 말을 자신에 대한 비난으로 받아들이고 자기 아이디어가 더 가치 있다는 사실을 증명하기 위해 싸우려 들 것이다. 동의에 의해 영향을 미치는 것은 실제로 불에 기름을 붓기보다는 말다툼을 몰아내는 효과가 있다. 그 방법은 실제로 배우자의 자존감을 북돋아 주기도 한다. 그런 태도는 그의 목표를 재확인시켜 주고, 일단 그의 아이디어에 동의함을 보여 주기 때문이다.

그렇지만 이때 독선적인 배우자가 당신을 통제하지 못하게 해야한다는 사실은 대단히 중요하다. 당신에게도 결정을 내릴 자유가 있다는 사실을 입증할 때 당신은 당신의 행동을 통해 자유는 양방통행이며, 인간이라면 누구나 어느 정도는 자유를 필요로 한다는 사실을 배우자가 이해할 수 있도록 도울 수 있다. 당신은 한계 없는 자유를 요구하고 있는 것도 아니고, 그만큼의 자유를 독선적인 배우자에게 양보하고 있는 것도 아니다. 일단 당신에게도 당신 자신의 마음이 있다는 사실과 배우자의 제한적인 관점에 의해 통제를 받지 않을 것이라는 사실을 알게 되면, 제아무리 독선적인 배우자라 할지라도 당신의 자유를 존중하지 않으면 안 된다는 생각을 하지 않을 수 없을 것이다. 이 방식이 일정 기간 지속적으로 적용되면 많은 독선적인 배우자들이 균형 잡힌 삶을 살도록 도움을 얻을 수 있다.

독선적인 배우자들에게 긍정적으로 영향을 미치는 또 다른 방식은 능력을 자극하는 방식이다. 스포츠계나 비즈니스계에서 실력 있는 코치와 감독들은 늘 이런 원리를 따라 선수나 직원들의 능력을 극대화하는 방법을 쓴다. 이 원리는 결혼 생활에서도 마찬가지로

적용되며, 독선적인 배우자에게 큰 영향을 미친다. 독선적인 배우자
는 주로 눈에 보이는 성과에 치중하기 때문에 주어진 목표를 이루
려는 도전에는 반응을 잘 하는 편이다. 따라서 독선적인 배우자라
도 도움을 구하는 요청에는 대환영이다. "전략을 짜는 일에서라면
당신을 따라올 사람이 없잖아요. 프로젝트가 하나 있는데 도와줄
수 있겠어요? 내 친구 하나가 나한테 자기랑 자기 남편이 결혼 생활
을 제대로 하려면 어떻게 해야 하는지 아이디어를 좀 생각해 주면
좋겠다고 해서 말이에요. 아이디어가 몇 가지 있긴 한데, 당신도 좀
생각해 보고, 다음 주에 당신과 내 아이디어를 서로 나눠 보면 어떨
까요?"

당신은 당신의 독선적인 배우자가 생각해 온 아이디어를 보고 입
을 다물지 못할 것이다. 그가 생각해 온 아이디어는 이런 것들이기
쉽다. 결혼에 관한 책 읽고 토론하기, 풍성한 결혼 생활을 위한 세미
나 참석, 매일 부부간에 대화할 시간을 마련하기, 일주일에 한 번씩
데이트하기, 특별한 경우가 아닐 때도 배우자에게 선물하기, 함께 산
책하기, 서로에게 고맙다고 표현하기 등등. 일단 리스트가 만들어져
서 그것을 당신의 친구에게 주고 난 뒤에 당신은 이것들 중 몇 가지
를 당신 자신의 결혼 생활에도 적용해 볼
수 있다. 그가 낸 아이디어에서 나온 것들
이기 때문에 당신의 배우자 역시 그런 활동
을 하는 데 협조적일 가능성이 크다.

독선적인 배우자들은 과업을 완성하는 데 목표를 두고 있기 때문
에 기꺼이 책을 읽고 세미나에 참석하려고 한다. 이것을 정보를 얻

는 수단으로 보기 때문이다.' 당신의 독선적인 배우자의 타고난 기술을 써서 결혼 생활을 개선시킬 수 있다면 그 결과로 인한 혜택은 배우자뿐 아니라 당신 자신도 누릴 수 있다. 그러나 독선적인 배우자는 결혼 생활의 풍성함은 자기 배우자가 변화하는 데서 온다는 관점을 갖기가 쉽다는 점을 기억해야 한다. 당신은 결혼 생활을 개선하려는 노력에서조차 당신 배우자의 억압적인 힘을 느낄지도 모른다. 위에서 이야기한 바 있는 동의를 통한 접근방식에 의해 영향력을 행사할 때가 바로 이럴 때다. 그의 아이디어에 동의하라. 하지만 그가 당신을 노예처럼 취급하지 못하게 하라.

간단히 말하자면 독선적인 배우자와 논쟁을 벌이고 싸우는 것이야말로 최악의 시나리오다. 독재적인 배우자와의 말싸움에서 당신이 이길 승산은 거의 없다. 기껏해야 그 싸움을 길게 끌 수 있을 뿐이다. 동의에 의해, 그리고 배우자의 능력을 발휘하게 함으로써 영향을 미치는 것이야말로 제대로 영향을 미칠 수 있는 좋은 방식이다. 두 방식 다 친절하지만 확고한 태도로 자신이 배우자에게 통제되는 것을 거절하는 태도를 이면에 깔고 있다. 독선적인 배우자에게서 긍정적인 변화를 이끌어내는 주역이 되기를 원하는 사람은 모름지기 자기 자신의 태도에 대해서는 자신이 책임을 지는 태도를 가져야 한다. 그리고 기억하라. 당신은 결코 배우자를 변화시킬 수 없다. 다만 그에게 영향을 미칠 수 있을 뿐이다.

내게는 말도 하려 하지 않는다니까요

_대화를 거부하는 배우자

질은 자유롭고, 사랑스럽고, 정이 많고, 잘 웃는 성격이었다. 질의 사무실에서는 보통 질이 휴식을 취하는 시간에 다른 비서들도 휴식을 취하려고 애썼다. 질의 긍정적인 태도가 그들을 즐겁게 해 주기 때문이었다. 하지만 내 사무실에 찾아온 질에게는 웃음기가 없었다. 평소엔 명랑하던 그녀의 얼굴에서 오랫동안 안에 담아 두었던 눈물이 폭포수처럼 쏟아져 내리고 있었다. "마이크가 나한테 말을 안 하려고 해요. 진짜로 말을 안 해요." 질은 훌쩍이며 말을 이었다. "그의 그런 태도에 마음이 갈기갈기 찢어지는 것 같아요. 전 보통 때는 명랑한 성격이에요. 아무 사람하고나 스스럼없이 어울리고 어떤 환경에서나 잘 적응하거든요. 하지만 마이크가 나하고 말을 안 하려고 할 때는 도무지 어떻게 해야 할지 모르겠어요. 뭐가 잘못됐냐고 물어도 아무 말도 듣지 않은 사람처럼 묵묵부답이에요. 그래서 어젯밤에 제가 이렇게 말했어요. '마이크, 이야기 좀 해요. 계속 해서 이렇게 지낼 순 없잖아요.' 그랬더니 일어나서 밖으로 나가 버리지 뭐겠어요."

"이런 일이 얼마 동안 계속되었습니까?" 내가 물었다.

"지난 일요일 밤 이후로 그래요. 그때 제가 주말을 직장 동료 두 명과 해변에 가서 좀 지내다 오면 안 되겠냐고 물었거든요. 동료의 부모님이 해변에 별장을 한 채 가지고 있어서 우린 돈 한 푼 안 내도 되거든요. 제가 동료들하고 함께 지내면서 쉬기에 이보다 더 좋은 기회가 어디 있겠어요? 그런데 그 말을 듣고 마이크는 미친 듯이 화를 냈어요. 결혼한 여자가 감히 동료들하고 바닷가에 가다니 말이 되냐고, 갈 거면 자기랑 함께 가야 한다면서요. 남편은 이렇게 말했어요. '직장 동료들과 함께 가고 싶은 이유가 도대체 뭔데? 내가 모르는 무슨 일이 있는 거야?'

채프먼 박사님, 전 마이크에게 충실하지 않은 적이 없어요. 그런 생각조차 해 본 적이 없어요. 그런데 그가 뭣 때문에 저를 비난하는 거죠? 난 그에게 유치한 짓 좀 그만두라고, 당신이 내게 바닷가에 갈 수 없다고 말할 권리가 어디 있냐고 대들었죠. 자기도 매주 토요일마다 친구랑 사냥을 가면서 저한테 어떻게 그런 말을 할 수 있는 건지 모르겠어요.

게다가 전 금요일 퇴근 후에 떠나서 일요일 저녁이면 집에 와 있을 예정이에요. 그가 날 그리워할 시간조차 없다고요. 그날 밤 우린 화가 난 채 자리에 들었고, 그날 이후로 마이크는 내게 한 마디도 하지 않았어요. 그런 상태가 어젯밤까지 딱 일주일째였어요."

"전에도 이런 식으로 말을 하지 않은 적이 있었습니까?"

"두세 번쯤 있었어요. 하지만 대개는 하루나 이틀 정도였어요. 이렇게 오래 끈 건 이번이 처음이에요."

"이렇게 다투지 않았을 때는 말을 잘 하는 편인가요?"

"글쎄요. 저만큼 말을 많이 하는 편은 아니에요. 조용한 편이죠. 하지만 말을 안 하는 건 아니에요. 보통 때는 불만이 별로 없어요. 하지만 이렇게 말을 하지 않고 있으니 미칠 것 같아요."

"지금 마이크에 대한 심정이 어떤가요?"

"이해를 못하겠어요. 그가 내 삶을 통제하려고 하는 것 같은 기분이 들어서요. 그 사람이 왜 그러는지 모르겠어요. 지난 가을에 자기는 친구들하고 낚시하러 간다고 일주일이나 나가 있었으면서. 그때도 난 화를 내지 않았어요. 나한테는 그이가 그러는 게 별로 문제가 안 되거든요. 그 사람이 친구들하고 보내는 시간만큼 나도 내 친구들과 시간을 보내는 게 필요하다고 생각해요. 내가 내 친구들하고 바닷가에 가는 게 왜 그 사람을 그렇게 화나게 만드는 거죠? 그리고 그가 왜 나하고 말을 안 하는 건지 모르겠어요."

"마이크가 이 문제로 날 만나서 얘기하고 싶어 할까요?"

"그렇지 않을 거예요, 박사님. 자신의 문제를 다른 사람에게 이야기하는 건 약한 모습을 보이는 거라고 생각하니까요. 남편은 늘 자기 자신의 문제를 스스로 해결할 수 있다고 말하곤 했거든요."

"질, 당신이 오늘 날 만나러 오는 건 그가 알고 있나요?"

“아뇨, 알았다면 놀라서 나자빠졌을걸요.”

내 남편의 욕구를 들여다보자

질과 마이크는 결혼한 지 1년밖에 안 된 부부다. 그들이 결혼 전에 내가 맡았던 예비 부부 세미나에 함께 참석했던 관계로 나도 마이크의 성격에 관해 조금은 알고 있었다. 그래서 질에게 이렇게 말했다. “나중에 내가 마이크에게는 따로 이야기할 필요가 있을지도 모르겠지만 우선은 이렇게 한번 해 봅시다. 결혼 생활 가운데 많은 행동들은 채워지지 않은 감정적 욕구가 동기로 작용하는 경우가 많습니다. 질, 당신이 오늘 내 사무실을 찾은 것도 알고 보면 당신의 삶에서 채워지지 않은 욕구가 있어서 그런 것처럼 말입니다. 당신은 마이크와의 사이에 친밀하고 개방적이고, 서로를 아끼고, 사랑하는 관계를 원하고 있는데 지금 당장은 그런 관계를 갖지 못하고 있지 않습니까? 우리 모두는 사랑받는다는 느낌을 갖고 싶어 합니다. 하지만 이 순간에 당신은 마이크가 당신을 사랑하고 있다는 느낌을 받지 못하고 있어요. 한발 더 나아가 마이크가 당신의 행동을 통제하려 하고 있다고 느끼고 있질 않습니까?

우리 모두가 가지고 있는 또 다른 욕구는 자유에 대한 욕구입니다. 마이크가 당신을 가지 못하게 하려고 애쓸수록 당신에게서 자유롭다는 느낌을 앗아 가게 됩니다. 그래서 당신의 가장 깊은 곳에 있는 감정적 욕구 두 가지가 채워지지 않고 있는 셈이죠. 자유와 사랑에 대한 욕구 말입니다."

나는 이 두 가지 욕구가 채워지지 않음에 따라 질이 상처를 받았을 뿐 아니라 분노와 실망감, 좌절감, 그리고 그 밖의 다른 감정들도 경험했을 거라는 사실을 이야기했다. "당신의 반응은 그 문제에 관해 내게 털어놓고 해결책을 찾으려 한 것입니다. 제가 한 얘기가 모두 이해가 되십니까?"

"예, 무슨 말씀인지 알겠어요."

"이제, 마이크 역시 감정적인 욕구를 가진 사람이라는 사실을 이해해야 합니다. 그의 행동 역시 채워지지 않은 욕구라는 관점에서 설명될 수 있겠지요. 그 역시 당신에게 사랑받고 싶은, 그리고 자신이 당신의 삶에서 가장 중요한 사람이기를 바라는 마음이 있을 것입니다. 내 추측으로는 마이크는 그 순간에 그걸 느끼지 못한 것 같습니다. 그는 당신이 바닷가에 함께 가려는 직장 동료들이 자기보다 당신에게 더 중요하다고, 그리고 당신이 그들을 자기보다 더 사랑한다고 느꼈을 수 있어요. 그래서 그의 가장 기본적인 감정적 욕구, 즉 사랑의 욕구가 그 순간에 채워지지 않은 것이죠."

나는 그의 침묵이 결국 그녀에게 그만의 방식으로 다음과 같이 이야기하는 것이라고 설명했다. "이건 그냥 넘어갈 단순한 문제가 아니오." 그의 침묵은 또 질이 바닷가에 가지 못하게 조종하려는 시도일 가능성도 있었다. "그는 어쩌면 이런 방식을 어렸을 때나 십대 때 자기 부모에게 써먹었는지도 모릅니다. 이런 방식을 써서 부모의 뜻을 꺾고 자기 뜻을 관철시켰을 수도 있어요."

"연애할 때 두 번쯤 봤어요. 그가 말을 안 하니까 그의 어머니가 결국 그의 뜻대로 해 주고 말더군요."

"그러면 우린 결국 마이크의 삶에서 변화될 필요가 있는 후천적인 행동을 발견한 셈이군요. 이상적인 상태는 질, 당신이 그의 감정적 욕구를 채워 주면서 동시에 당신 자신의 자유를 유지하는 것이 되겠군요. 건강한 결혼 생활에서 배우자들은 상대방의 감정적 욕구를 채워 주는 법을 배우는 법입니다. 이런 욕구가 어느 정도로 채워지는가가 건강한 결혼 생활의 척도가 된다고 볼 수 있으니까요. 당신이 원하는 게 바로 건강한 결혼 생활이라고 생각하는데, 맞지요?" 질이 고개를 끄덕였다.

그런 뒤에 나는 질에게 마이크가 가장 중요하다고 생각하는 사랑의 언어가 뭔지를 알고 있는지를 물었다. 결혼 준비 강좌에서 우리는 5가지 사랑의 언어를 놓고 토론한 적이 있었다. 질은 남편의 가장 중요한 사랑의 언어는 신체적 접촉이라고 자신 있게 말했다. 그래서 나는 질에게 지난달의 생활을 돌이켜 보기를 요구했다. "이 질문에 대답해 주면 고맙겠어요, 질. 지난 4주 동안 마이크가 가장 중요하게 여기는 사랑의 언어로 이야기를 걸었을 때 어느 정도 효과를 보았나요?"

질은 잠깐 동안 생각하더니 이내 이렇게 말했다. "박사님, 지난달에는 우리 둘 다 너무 바빠서 내가 그의 언어를 사용해서 이야기한 적이 별로 없었던 것 같아요. 사실 그 점에 대해서는 생각해 보지 않았는데, 이제 보니까 박사님이 무슨 얘기를 하시는지 알겠어요. 마이크의 사랑 탱크가 텅 비어 있는 것 같아요. 그래서 내가 바닷가에 간다고 하니까 위협을 느꼈나 봐요. 이제 보니 사랑받지 못하고 있다는 느낌에다 내가 자기를 버렸다는 느낌까지 받은 것 같아요.”
(이런 순간이 바로 심리상담가가 기다리는 통찰의 순간이다. 즉, 내담자들
이 자신들의 문제를 정확히 인식하고 자신들이 뭘 해야 할지를 이해할 때
말이다.)

그런 패턴이 자리 잡지 않도록 하라

그런 뒤에 나는 다음과 같이 제안했다. “집에 돌아가서 마이크에
게 이렇게 말해 보면 어떨까요? ‘마이크, 내가 당신을 얼마나 사랑
하는지 당신이 알아줬으면 좋겠어요. 지난 일요일 밤에 싸운 뒤로
우리 관계에 관해 많이 생각해 봤어요. 그러면서 지난 몇 주간 당신
이 가장 중요하게 여기는 언어를 사용해서 내가 말한 적이 별로 없
다는 걸 알았어요. 그러고 싶어 그랬던 게 아니라 너무 바빠서 당신
하고 시간을 함께 보내면서 사랑을 표현할 여유가 없었던 것뿐이에
요. 내가 바닷가에 가는 걸 당신이 반대하는 이유는 내가 당신의 사
랑 탱크를 채워 주지 못한 데 있는 것 같아요. 처음에는 당신이 내
삶을 통제하려 한다고 생각했지만 지금은 그게 사실이 아니라는 걸
알게 됐어요.

당신이 친구랑 낚시를 하러 떠날 수 있는 자유를 누리는 것처럼
당신도 내가 친구들하고 시간을 보낼 수 있는 자유를 주고 싶어 한
다는 걸 나도 알아요. 이번 주 내내 당신이 내게 말을 하지 않은 것
때문에 내가 얼마나 큰 고통과 상처를 받았는지 알아줬으면 좋겠어

요. 그런 당신의 태도가 결국은 당신이 날 사랑하지 않는다는 걸 의미한다고 느꼈으니까요. 당신이 날 인격체로 대우하지 않는다는 느낌이 들었어요. 당신의 침묵이 정말 싫어요. 이것도 알아줬으면 해요. 너무나 고통스러우니까 그런 행동은 제발 그만뒀으면 좋겠어요. 그리고 당신이 그런 침묵으로 내 행동을 통제하는 걸 나도 가만히 보고만 있지 않을 거라는 사실도 이번 참에 말해 두겠어요.

친구들하고 바닷가에 가기로 한 건 다음 달이니까 그 주말이 되려면 아직 3주나 남았어요. 그 안에 당신에게 내 사랑을 보여 줄게요. 안아 주고, 키스도 하고, 관계도 많이 가지도록 노력할게요. 마이크, 사랑해요. 그리고 우리 인생에서 소중한 이 한 주를 낭비해 버린 게 정말 후회스러워요. 자, 이제 화해하는 뜻으로 키스하고 안아 주면 안 될까요?'

마이크가 이런 태도에도 반응을 보이지 않는다면 이렇게 말해 보세요. 나한테 전화해서 약속을 잡으라고 말이에요. 더 이상 침묵으로 일관하는 태도를 견딜 수 없다고 말하면서 말입니다. 당신이 내게 전화해서 예약을 잡을 경우엔 마이크에게 이야기해서 함께 오도록 해요. 오지 않으려고 하면 혼자라도 오세요. 마이크가 당신이 날 만난다는 사실을 알게 되었으니까 다음 날 내가 마이크에게 전화해서 나와 그 상황을 이야기해 보자고 요청해도 될 테니까요. 마이크는 날 존중하니까 내가 전화하면 올 거라고 생각해요."

이번에도 질은 고개를 끄덕였다. "저도 그렇게 생각해요, 박사님. 하지만 전 앞에 말씀하신 방법을 먼저 써 보고 싶어요."

"좋아요. 언제든 내가 마이크에게 전화할 마음이 있다는 걸 기억해 둬요. 그리고 그의 침묵이 계속되도록 내버려 둬선 안 된다는 걸 말하고 싶군요. 그런 태도는 자연스럽지도 않을뿐더러 사랑의 욕구가 채워지지 않은 데 대한 반응으로 보기에도 건전한 방법은 아니니까요. 이런 행동 패턴이 두 사람의 관계 속에 자리를 잡도록 허용해선 절대로 안 됩니다.”

2주 후에 나는 공적인 모임에서 친구들과 이야기를 나누고 있는 질을 만났다. 질은 내게로 오더니 웃으며 이렇게 말했다. “그 방법이 통했어요. 바로 그날 밤에 남편이 말을 하기 시작하더군요. 자기가 얼마나 내게 고약하게 굴었는지 미안하다고 말했어요. 그런 식의 반응은 건강한 방법이 아니라는 걸 깨달았대요. 그리고 자신도 다시는 그런 행동을 하지 않기를 바란다고 하더군요. 제가 그이의 사랑 탱크를 가득 채워 줬나 봐요. 결국 다음 주에 바닷가에 갈 수 있게 된 걸 보면 말이에요. 마이크도 그러라고 했고, 동의하고 나서도 기분이 좋아 보였어요.”

“즐거운 시간 보내요!” 나는 이렇게 말하면서 마이크와 질이 서로를 침묵으로 대하는 고통스런 경험을 통해 자기 자신뿐 아니라 서로에 대해 엄청나게 많은 것들을 배웠다는 사실을 확신한 채 자리를 떠났다.

질과 마이크의 이야기에서 용기를 주는 사실 한 가지는 질이 침묵으로 일관하는 배우자를 다루기 위해 결혼 초기에 긍정적인 행동을 취했다는 사실이다. 질은 참된 삶의 원리를 자신의 삶에 적용시켰다. 자기 자신의 태도에 대한 책임은 자기에게 있고, 자기의 태도가 마이크를 향한 자신의 행동에 영향을 미쳤다는 사실도 깨달았다.

또 마이크에 대한 여러 가지 부정적인 감정에도 불구하고 그와의 문제를 해결하기 위해 긍정적인 단계를 밟을 수 있었다. 자신의 행동이 그에게 좋은 영향을 미칠 수 있다는 사실을 알았기 때문이었다. 질은 또 자기 자신에게뿐 아니라 마이크에게도 자기가 마이크의 사랑의 언어로 대화하지 않았다는 사실을 인정했다. 하지만 그렇다고 해서 그것이 곧 결혼 생활에 완전히 실패했다는 사실을 인정하는 걸 의미하진 않는다는 사실도 알았다. 마지막으로 질은 사랑이 두 사람 사이에 강력한 힘을 발휘할 수 있는 가능성을 열어 놓았다.

이렇게 오래 마이크가 질에게 침묵으로 대한 것은 그때가 처음이었다. 질은 내게 도움을 구하러 왔다가 그 문제를 이해하고, 그 문제를 다룰 수 있는 통찰력과 전략을 얻었다. 그런 문제들은 결혼 초기에 해결하는 것이 이상적이다. 하지만 불행하게도 많은 부부들이 그런 침묵이 장기간의 결혼 생활 속에 자리를 잡도록 내버려 둔다.

남성들의 전유물이 아니다

결혼 세미나에서 나는 말을 하지 않는 것이 남성들의 특성이냐는 질문을 자주 받는다. 보통은 대부분의 남자들이 아내들보다 말을 적게 하는 편이긴 하지만 대화를 하지 않는 쪽이 항상 남자들이라고만은 볼 수 없다.

늘 부슬부슬 비가 내리는 시애틀의 한 세미나에서 나는 웨인이라는 남자를 처음 만났다. "시애틀에서 여름이 온 걸 알 수 있는 방법: 조금 더 따뜻한 비가 내린다." 나는 그의 티셔츠에 쓰인 글귀를 보고 웃음을 터트렸지만 그의 이야기를 들으면서는 웃을 수가 없었다.

"박사님, 전 결혼한 지 5년 됐어요. 결혼 생활은 비교적 순탄한 편이었어요. 유일한 문제라면 제 아내 수전이 모든 걸 안에다 담아 두고 자기 생각이나 감정을 나하고 나누려 하지 않는다는 것 정도였죠. 수전은 특히 부정적인 생각이나 감정일 경우에 더 말을 하지 않는 편이에요. 자기 생각이나 감정이 환영받지 못하는 환경에서 자라서 그런 것 같아요. 부정적인 감정을 이야기하면 왜 그런 감정을 느끼면 안 되는가에 대해서 일장연설을 들어야 했다고 하더군요. 자기 생각이 아버지의 생각과 다르면 아버지는 수전이 틀렸다고 딱 잘라서 말했다는 이야길 들었어요. 그 결과 수전은 자기 생각이나 감정을 안에다만 담아 두는 버릇이 생긴 것 같아요.

수전에게 나는 자기 아버지가 아니라는 사실을 누누이 이야기했어요. 제가 남의 말을 잘 들어주는 편이거든요. 전 쉽사리 화를 내지도 않고, 수전에게 소리를 지르지도 않아요. 심지어는 교회에서 평신도 상담 과정을 밟기도 했어요. 정말로 수전이 마음을 열도록 도와주고 싶거든요. 하지만 이 시점에선 그게 불가능해요."

"한번 굳어진 버릇은 고치기가 쉽지 않은 법이죠. 하지만 웨인, 당신은 올바른 방향으로 가고 있어요. 수전에게는 당신이 거기에 있으면서 자기 말을 들어주고, 비난하지 않을 거라는 확신이 필요할 거라는 생각이 드는군요." 나는 이렇게 말하면서 수전이 세미나에 함게 와 있는지를 물었다.

"그럼요. 수전이 자진해서 오겠다고 해서 얼마나 기뻤는데요."

"가능하면 다음 휴식 시간에 수전을 만나고 싶군요."

수전을 만나서 그녀에게 웨인이 한 이야기를 대충 들려주자 수전은 이렇게 대답했다. "박사님, 저도 웨인에게 마음을 열고 싶은 마음이 굴뚝같아요. 정말 그러고 싶어요. 그게 그이뿐 아니라 날 위해서도 중요한 일이라는 걸 알고 있으니까요. 하지만 부정적인 생각이나 느낌을 나누면 내가 나쁜 사람이라는 걸 드러내는 것 같은 기분이 들어요. 부정적인 생각이나 감정을 가져선 안 되잖아요?"

"가장 이야기하기 어려운 감정이 뭔가요?"

"분노요. 화가 나지 않았으면 좋겠어요. 다음으로는 우울한 거요. 때로 아주 기분이 우울해요. 내가 그런 기분을 느낀다는 것 때문에 나 자신이 미워질 때도 있어요."

나는 웨인의 이야기를 통해 수전이 교회에서 아주 적극적으로 활동하고 있다는 사실을 알고 있었다. 그래서 그녀에게 이렇게 말했다. "예수님도 종종 분노를 느끼셨고, 우울해 하기도 하셨다는 사실을 알고 있나요?" 수전은 충격을 받은 듯 이렇게 물었다. "정말이에요?"

"그럼요. 분노와 우울함은 인간의 일반적인 감정입니다. 그런 걸 느낀다고 해서 나쁜 사람이 되는 건 아니에요. 분노는 당신이 당신 자신이나 어떤 사람이 부당하게 대우받았다고 느낄 때 내부에서 생겨나는 감정이에요. 분노는 의와 정의를 추구하는 감정이라고 해야겠지요. 분노는 잘못된 감정이 아닙니다. 성경에서도 하나님은 악인에게 매일 진노하신다고 가르치고 있어요(시 7:11). 그리고 예수님도 십자가에 달리시기 전 몇 시간 동안은 우울해 하셨어요(마 26:37). 하지만 그분은 우울함이 그분의 행동을 지배하게 내버려 두진 않으셨어요. 부정적인 감정은 죄가 아닙니다. 그런 감정들은 우리가 인간이라는 사실과 우리가 삶에서 어떤 상황과 맞닥뜨리면 우울해지거나 슬퍼진다는 사실을 말해 줄 뿐이지요.

중요한 것은 부정적인 감정 때문에 잘못된 행동을 하도록 내버려 두지 않는 것이에요. 그런 감정을 웨인이나 다른 사람과 나누는 건 그 감정들이 당신의 행동을 지배하도록 내버려 두지 않는 긍정적인 과정의 일부입니다.

부정적인 감정이나 생각을 믿을 만한 친구와 나누는 것 자체가 그것들을 떨쳐 버리는 과정의 일환일 수 있어요. 감정은 왔다가 가는 것이니까요. 하지만 그걸 안에다 담아 두고 있으면 그 안에 그냥 머무는 경향이 있어요."

침묵의 장벽을 깨다

나는 수전에게 내가 여러 해에 걸쳐 많은 사람들에게 제안했던 방법을 권했다.

"침묵의 장벽을 깨뜨리기 힘들다고 생각하면 당신의 감정이나 생각을 편지로 써 보세요. 많은 경우에는 그런 감정을 말하기보다 편지로 쓰는 게 훨씬 더 쉬울 때가 있으니까요. 편지를 쓰는 게 편안해지고, 당신의 배우자가 그 편지를 읽고 이해하고, 당신에게 위로와 격려를 준다면 당신은 결국 당신의 감정이나 생각을 말로 표현하는 법을 배우게 될 거예요. 편지를 쓰는 건 당신의 내적 자아와 터놓고 대화하는 법을 배우는 획기적인 행동이 될 거예요.”

수전은 웨인과의 관계에서 자신의 마음을 여는 것이 중요한 문제라는 사실을 알고 있기 때문에 그 방법을 써 보겠다고 했다.

수전은 참된 삶의 원리를 적용함으로써 감정, 특히 부정적인 감정에 대해 자기가 취하는 태도는 자기 책임이라는 사실을 이해했다. 그리고 그런 태도가 결혼 생활에서 자신의 행동에 얼마나 많은 영향을 미쳤는지도, 웨인에게 얼마나 많은 고통을 주었는지도 깨달았다. 그리고 그 부분에서의 자신의 부족함을 인정하면서도 그렇다고 해서 그것이 결혼 생활에서 자신이 패배자라는 것을 뜻하는 건 아니라는 사실도 알았다. 마침내 수전은 사랑의 힘을 발휘하여, 자신의 감정과 대면하고 편지를 통해서 웨인과 그 감정을 나누기 시작했다.

6개월 뒤에 나는 웨인에게서 편지를 한 통 받았다. 수전에게 조언을 해 주어서 너무나 고맙다는 편지였다. 수전은 정말로 그 세미나가 끝난 직후에 자기에게 편지를 썼으며, 웨인이 내게 편지를 쓸 무렵에는 말로 자신의 감정과 생각을 자기에게 이야기할 수 있게 되었다고 했다.

나는 웨인에게 답장을 보내어, 수전이 그런 침묵의 패턴을 끊을 수 있었던 것은 웨인이 말과 행동을 통해 진심을 다해 듣는 태도를 보여 주었기 때문에 가능했다는 사실을 확인시켜 주었다. 그가 수전의 생각과 감정을 무시하거나 수전에게 화를 냈다면 수전은 즉시 입을 닫아 버렸을 것이다. 웨인은 수전을 변화시키려 하는 대신 수전에게 영향을 미칠 수 있다는 참된 삶의 원리를 자신의 삶에 적용시켰다. 웨인은 긍정적 변화의 주역이 되는 동시에, 수전의 이야기를 들어줌으로써 아내를 향한 사랑이 영향력을 발휘하도록 하는 길을 선택했다.

루의 이야기

많은 이들이 배우자가 어떤 반응을 보일지 두려워하기 때문에 침묵이라는 굴속으로 들어가 버리는 게 현실이다.

내게 이렇게 말했던 어떤 남편이 생각난다. "아내는 늘 자기가 옳다고 주장해요. 그래서 난 입을 다물어 버리죠. 집에 돌아오면 나는 늘 텔레비전을 보거나 신문을 읽는 데 몰두하곤 해요. 아내가 나한테 말 좀 하라고 해도 계속해서 텔레비전을 보거나 신문만 읽어요. 내 생각이나 아이디어를 이야기하기라도 하면 아내는 기다렸다는 듯 왜 그런 식으로 생각하면 안 되는지를 이야기하곤 하니까요. 뉴스에 대해서 뭐라고 하면 늘 내 반대편에 서요. 그날 일어난 일에 관해 의견을 말했을 때 아내는 단 한 번도 내 편을 든 적이 없어요. 결혼한 뒤로 줄곧 그랬어요. 그래서 난 입을 다무는 것이 더 안전하다는 결론을 내렸어요. 내가 무슨 말을 할 때마다 물고 늘어지는 아내의 태도를 더는 견딜 수가 없었거든요."

그 남자의 아내인 베스에게 이야기했더니 베스는 자기 남편인 루는 독단적이고 고집불통이며, 그의 의견의 대부분은 잘못됐다고 생각하고 있었다. 그리고 자기는 남편이 다른 관점으로 볼 수 있기를 바라는 뜻에서 그렇게 행동한 것이라고 했다. 또 자기가 남편의 의견에 동의하지 않을 때 남편이 왜 그렇게 방어적인 모습을 보이는지 이해할 수 없다고 말했다. 베스는 남편의 그런 태도를 유치하다고 판단하고, 말로도 그렇게 표현했다. 루는 자기가 무슨 말을 할 때마다 베스의 공격에 직면하게 되리라는 두려움 때문에 급기야 말문을 닫고 말았다.

나중에 루와 더 깊은 이야기를 나누면서 나는 루가 자기 의견을 표현하는 게 허용되지 않는 환경에서 자랐다는 사실을 알게 되었다. 그의 부모는 "아이들은 존재할 뿐 의견을 말해선 안 된다."는 철학을 가진 분들이었다. 루가 자기 생각을 말할 때마다 루의 아버지는 기다렸다는 듯 그의 생각의 잘못된 점을 지적하곤 했다.

어른이 되어 루는 여러 방면에 걸쳐 다양하게 책을 읽었고, 자신이 세계에서 벌어지고 있는 일들에 대해서 건전한 관점을 가지고 있다고 느끼고 있었다. 그는 자신이 그런 지식을 가지고 있는 것이 자랑스러웠다. 이것이 자신의 자존감을 높이고, 자기 아버지에게서 받았던 자신에 대한 부정적인 메시지들을 극복하는 방법이었다. 하지만 아내가 자기 아이디어에 제동을 걸자 그것이 그의 자존감에 심한 타격을 입혔다. 그것이 루가 방어적인 태도를 취하고 마침내 말문을 닫아 버린 이유였다.

의견이 달라도 좋다

시간이 좀 걸리긴 했지만 우리는 베스가 생각을 직접 내뱉기보다는 질문의 형태로 이야기한다면 루가 그걸 덜 공격적으로 받아들일 거라는 데 생각이 미쳤다. "이 관점에 대해서는 어떻게 생각하세요?"라는 말이 아내가 자기 생각을 직접적으로 표현하는 것보다는 루가 받아들이기에 훨씬 더 쉬웠다.

신중한 상담을 거친 뒤에 루는 아내가 자기와 다른 의견을 표출하는 것은 자기를 공격하기 위해서 계획적으로 그런 건 아니라는 사실을 깨닫기에 이르렀다. 또 그는 사람들은 서로 다른 의견을 가지고서도 서로를 좋아할 수 있고, 상대방에게 우리와 다른 의견을 표현할 자유를 줄 때 그들에게 인간으로서의 자유를 준다는 사실도 알게 되었다.

루는 자기 아내가 자기를 반대하는 게 아니라는 결론을 내리고 난 뒤에는 다시 입을 열기 시작했다. 베스는 인간으로서의 자유를 원했고, 설령 자기 의견이 남편의 의견과 다르다 할지라도 그 의견을 표현하고 싶어 했다.

루는 아내에게 말하는 것과 관련해서 자신의 태도에 대한 책임이 자기에게 있다는 사실을 깨달았다. 그리고 이제 그런 태도가 어떻게 키워져 왔고, 자기 결혼 생활에 어떤 영향을 미쳐 왔는지를 이해했다. 그는 자신의 부정적인 감정이 아내가 했던 말들을 부정적으로 이해하는 데 영향을 미치지 않게 하는 길을 택했다. 자신이 이 부분에서 부족함이 있었다는 사실을 인정하면서도 결혼 생활에서 완전히 패배자는 아니라는 사실도 이해했다. 더욱이 그에게는 베스에 대한 사랑이 있었기 때문에 기꺼이 그 영역에서의 부족함을 채워 나가려 했다.

채워지지 못한 감정적 욕구 찾기

배우자가 말문을 닫은 데는 여러 가지 이유가 있다. 그들이 말로 생각을 나누려 하지 않는 데는 자신들의 내부에서 일어나고 있는 일에 그 뿌리가 있다. 대개는 부부 관계에서 자신들의 욕구가 충족 되지 못한 데 원인이 있다. 그것이 말문을 닫아 버린 배우자의 마음 속 분노를 자극했을 수 있다. 그의 침묵은 이런 분노를 표현하는 하나의 방식이다. 침묵을 통해 그는 이렇게 말하고 있는 셈이다. "난 당신이 싫어. 그래서 나도 당신을 인간취급하지 않을 거야."

말문을 닫은 배우자가 의식적으로 이런 생각을 하고 있다고 말하는 건 아니다. 남편이나 아내가 말문을 닫은 데는 내면의 감정적 이유가 있다는 사실을 이야기하는 것이다. 말문을 닫은 당신 배우자의 내면에 있는 감정, 그리고 그런 감정을 불러일으킨 요소를 알아낼 수만 있다면 당신은 배우자의 침묵을 깨뜨릴 수 있는 방법을 찾을 수 있을 것이다.

결혼 생활에서 긍정적인 변화를 일으키는 주역이 되기를 구하는 배우자라면 마땅히 이런 질문을 할 것이다. "배우자에게 충족되지 않은 감정적 욕구가 있어서 나를 거부하는 건가?" 다음에 나오는

'배우자의 기본적인 욕구 채우기'라는 특별한 질문들에 답해 보라.

이 질문들 중 하나에 대해서라도 '예'라는 대답을 한다면 배우자의 충족되지 못한 욕구와 그의 침묵의 원인을 찾아낼 수 있을지도 모른다. 당신이 도전한다면, 당신의 배우자가 그런 감정적인 욕구를 만족시키도록 돕는 방법을 찾는 동시에 당신 자신의 온전함을 유지하고, 당신 자신의 감정적인 욕구를 채우는 방법을 찾을 수 있을 것이다.

배우자의 기본적인 욕구 채우기

인간의 5가지 기본적인 욕구가 사랑, 자유, 인정, 여가, 하나님과의 평화였음을 기억하라. 그리고 마음속으로 최대한 정직하게 다음 질문에 답해 보라.
1. 배우자에게 조건적 사랑("당신이 ~한다면 당신을 사랑할게.")을 표현한 적이 있는가?
2. 배우자의 삶을 통제함으로써 배우자의 자유를 침해하려고 한 적이 있는가?
3. 말이나 행동을 통해 배우자가 소중히 여기는 가치에 관해 비난한 적이 있는가?
4. 여가를 위한 배우자의 욕구를 가로막은 적이 있는가?
5. 하나님과의 평화를 찾는 배우자의 노력을 방해한 적이 있는가?

대화의 패턴을 바꾸는 법

변화의 주역이 되는 또 다른 방법은 스스로에게 이렇게 묻는 것이다. '내 대화의 패턴 때문에 남편(아내)이 내게 말을 거는 게 어려워질까?' 부정적인 대화의 패턴은 배우자를 침묵으로 이끌 수 있다. 이런 침묵의 해결책은 대화의 패턴을 바꾸는 길밖에 없다.

여기에 당신 스스로 배우자와의 대화가 부정적이지 않은지 확인하기 위해 던질 수 있는 몇 가지 질문이 있다. 각각의 질문에 정직하게 대답해 보라.

- ▶ 배우자에게 자주 불평과 같은 형태의 반응을 보이는가?
- ▶ 배우자가 말을 할 때 그의 말을 뚝 자르고 내 말을 한 적이 있는가?
- ▶ 배우자가 혼자 있고 싶어 할 때 대화를 하도록 강요한 적이 있는가?
- ▶ 부부간의 사적인 대화 내용을 다른 사람에게 털어놓은 적이 있는가?
- ▶ 내 자신의 필요나 욕구를 요구하듯 이야기한 적이 있는가?
- ▶ 배우자가 나와 다른 의견을 제시할 때 그 즉시 그의 의견을 고쳐 주려고 한 적이 있는가?

이런 질문들 중에 어느 하나에라도 '예'라는 대답을 했다면 지금이야말로 부정적인 대화의 패턴을 변화시킬 수 있는 기회다. 패턴을 변화시키는 게 말처럼 쉬운 일은 아니겠지만 그것만이 대화를 거부하는 당신 배우자의 입을 열게 할 유일한 방법이기 때문이다.

부정적인 대화의 패턴을 변화시키는 가장 좋은 방법 중 하나는 듣는 기술을 개발하는 것이다. 배우자의 말을 듣는 법을 통해서 배우자를 이해하겠다는 진지한 의지를 드러낸다면 당신은 열린 대화의 분위기를 만들어 낼 수 있을 것이다. 당신이 배우자에게 "당신이 하는 말에 관심 있어요."라는 생각을 전할 수 있는 방법에는 여러 가지가 있다. 배우자의 말을 듣는 것만으로도 가능하다. 배우자가 이야기할 때 배우자에 대한 깊은 관심을 표현하도록 하라. 가능한 한 눈을 맞추라. 텔레비전을 끄라. 책이나 잡지를 내려놓으라. 그리고 당신의 배우자에게 집중적인 관심을 쏟으라. 이런 모든 행동들은 배우자에게 "당신의 말이 소중해요."라는 메시지를 전달한다.

배우자의 아이디어를 당신이 고쳐야 하는 견해로 보기보다는 하나의 정보로 받아들이는 태도가 수용의 분위기를 만들어 낸다. 그렇다고 해서 그런 당신의 태도가 당신이 배우자의 모든 생각에 동의한다는 사실을 의미하지는 않는다. 그건 단순히 당신이 배우자도 그런 생각을 가질 자유가 있다는 사실을 인정한다는 것을 의미한다.

당신의 분노를 조절하고, 배우자의 말을 들어주는 태도가 또한 부부 사이의 대화를 진전시킨다. 요란스럽게 언성을 높이는 건 늘 대화의 흐름을 막을 뿐이다. 당신 자신의 말로 배우자의 말을 되풀이해 보는 '되새기며 듣기' 연습을 해 보라. "당신이 이런 뜻으로 말하고 있는 건가요?" 그리고 "내가 듣기로는 당신이 이러이러한 말을 하고 있는 것 같은데……"란 말은 당신의 배우자가 자기가 하고 있는 말을 계속하도록 도울 수 있는 표현들이다. 때때로 그런 말들은 당신이 배우자의 메시지를 이해했다는 사실을 말해 주기도 하다. "이해할 수 있을 것 같아요. ……당신이 뭘 말하고 있는지 알겠어요. ……그건 말이 되네요." 이런 말들이 배우자에게 계속해서 말을 할 수 있도록 부추기는 경향이 있다. 우리의 말을 듣고 싶어 하면서 우리의 의견을 무시하지 않는 사람을 만나면 우리의 생각과 느낌을 더 잘 전달할 수 있다는 건 상식이다.

대화를 거부하는 배우자에게 긍정적인 변화를 불러일으키는 또 다른 방법 가운데는 책을 읽거나 지역의 대학이나 교회에서 제공하는 대화법 강좌를 듣는 일이 포함될 것이다. 당신의 배우자가 그런 과정에 참여하거나 책을 읽는 일에 동참한다면 더 좋은 일이다. 그러나 배우자가 동참하기를 기다리고만 있어선 안 된다. 당신이 주도권을 쥐어야 한다. 필요하다면 당신의 감정과 반대로 움직여라. 하지만 대화를 하지 않으려는 이유에는 어떤 것들이 있는지 당신 자신의 이해를 넓힐 수 있는 일을 해야 한다.

배우자의 입을 열기 위해 과거에 했던 모든 노력이 다 수포로 돌아갔다면 이제 새로운 접근법이 필요한 때다. 참된 삶의 원리가 당신의 결혼 생활에서 작동하도록 하라.

남편이 말을 할 때마다
가슴에 비수가 꽂히는 기분이에요
_말을 함부로 하는 배우자

"당신은 저능아야. 교육도 받을 만큼 받았다면서 어떻게 이렇게 바보 같은 짓을 하는 거지? 다른 사람들을 속여서 학위를 받았나 보군? 내가 당신처럼 바보 같았다면 부끄러워서 아침에 자리에서 일어날 생각도 못했을 거야."

그 말들에 베티는 계속해서 얻어맞고 있는 기분이었다. 베티가 남편 론에게서 이런 말을 들은 게 이번이 처음은 아니었다. 더 큰 비극은 베티가 그 말이 사실이라고 믿게 되었다는 데 있었다. 베티는 하루의 대부분을 침대에 누워 있어야 할 만큼 심각한 우울증을 앓고 있었다. 그녀는 남편의 언어폭력의 희생자였다.

우리는 부부 관계에서 신체적 학대로 인한 비극적인 상황에 대해서는 익히 알고 있다. (그런 폭력을 어떻게 다룰 것인가에 대해서는 11장에서 다룰 것이다.) 여기서는 언어적 학대가 신체적 학대만큼이나 참담한 결과를 가져온다는 사실을 이해하려고 한다. 언어적 학대는 존경과 신뢰, 격려, 그리고 친밀함 같은 건강한 결혼 생활의 중요한 요소들을 모조리 파괴한다.

누구라 할 것 없이 우리들 대다수는 성질을 이기지 못하고 나중에 후회하게 될 거칠고 날카로운 말들을 퍼붓게 되는 때가 있다. 그러나 영적으로나 감정적으로 성숙해지면 우리는 이런 행동이 옳지 않다는 사실을 인정한다. 그러고 나면 배우자에게 슬픔을 토로하고 용서를 구하고, 부부 관계는 치유되기 시작한다.

반면에 언어폭력을 행사하는 배우자는 용서를 구하는 일도 없거니와 언어폭력이 부적절한 일이라는 사실 자체를 인정하지 않는다. 전형적으로 이런 사람은 그러한 폭력을 행사하게 만든 책임을 배우자에게 돌린다. "그런 소리를 들을 만하니까 들은 거지!"가 이들의 일반적인 태도다.

언어폭력은 말을 다른 사람을 처벌하기 위해, 혹은 자신의 행동이나 결정을 정당화하기 위해, 그렇지 않으면 그러한 행동에 대한 책임을 상대방에게 떠넘기기 위해 설계된 폭탄이나 수류탄으로 사용하는 일종의 전쟁이다. 폭력적인 언어는 독성이 있는 비하로 가득 차 있어서 상대를 기분 나쁘게 하고, 상대로 하여금 자신이 뭔가 잘못됐다고, 무기력하다고 느끼게 만든다.

언어폭력은 무엇에 의해서나 시작될 수 있다. 표정이나 목소리의 톤, 깨진 접시, 혹은 아기의 울음소리 등 그 어떤 것도 언어폭력 배우자가 들고 있는 총의 방아쇠를 당길 수 있다. 언어폭력을 쓰는 배우자는 자기 배우자에게 벌을 주고, 배우자를 왜소하게 만들고, 통제하려 한다. 언어폭력의 가해자는 자기도 모르게, 그리고 지속적으로 언어폭력을 행사하면서도 배우자의 상처받은 감정 따위는 안중에도 없다.

'언어폭력(verbal abuse)'은 20세기에 새롭게 등장한 용어지만 사실 고대로부터 내려온 고질병이다. 고대 이스라엘의 지혜로운 왕이었던 솔로몬은 "어리석은 자는 그 노를 다 드러내어도……"(잠 29:11), "죽고 사는 것이 혀의 힘에 달렸나니……(잠 18:21)"라는 말을 남긴 것으로 보아 말의 힘을 정확하게 인식하고 있었던 게 분명하다. 실제로 폭언은 죽음에까지 이르게 할 만한 엄청난 파괴력을 가지고 있다. 폭언은 영혼을 죽이고, 관계를 파괴한다. 장기간 폭언에 시달려 온 이들은 대부분 이렇게 말한다. "내 감정은 이제 죽고 없어요. 전에는 늘 상처와 분노를 느끼곤 했죠. 하지만 지금 내가 느끼는 건 증오뿐이에요."

학대 받은 배우자들 대다수는 주디스와 비슷한 입장일 것이다. 주디스는 자기 이혼 담당 변호사에게 이렇게 말했다. "어떻게 해야 할지 알 수 없었어요. 남편은 늘 사소한 트집을 잡아내서 분노를 폭발시키곤 했으니까요. 화장지걸이에 화장지를 아래쪽이 아닌 위쪽에서 풀리게 걸어 두었다고 난리를 피우는 식이었어요. 늘 아주 사소한 일들로 폭언이 시작되었어요. 싸우기도 했고, 울기도 했고, 이혼을 하겠다고 강짜를 부려 보기도 했어요. 하지만 내가 어떻게 해도 그는 관심조차 두지 않았죠. 매사에 날 비난하기만 했어요. 모든 일이 내 잘못이라는 거였죠. 이젠 무슨 일을 해야 할지 모르겠어요."

언어폭력의 포화로 고통을 겪는 주디스를 비롯한 수많은 이들에게 희망은 있는 걸까?

나는 희망이 있다고 믿는다. 하지만 그 희망은 요술 지팡이의 형태로 오지는 않을 것이다. 그건 어쩌면 러닝머신에 더 가까울 수도 있다. 러닝머신은 당신이 열심히 그리고 일관되게 움직이기를 요구한다. 그런 힘든 노력에 비해 진전은 거의 없다. 하지만 결국 당신은 노력한 만큼의 보상을 경험할 것이다.

언어폭력을 삶의 한 방식으로 사용하는 대부분의 사람들은 낮은 자존감으로 고통을 받는 사람들이기 쉽다. 감정적으로 언어폭력을 행사하는 사람들은 겉으로 보이는 것처럼 강하고, 자신감 넘치고, 자부심에 찬 그런 사람이 아니다. 속으로 그는 사실상 어른이 되려고 필사적으로 노력하는, 자신의 가치를 증명하기 위해 혼신의 힘을 다하지만 적절치 못한 방법으로 싸우는 어린아이 같은 기분을 느낀다. 그는 다른 사람들을 끌어내림으로로써 자기 자신의 자존감을 떠받치려고 안간힘을 쓰는 사람이다.

자신도 잘 의식하지 못하지만 언어폭력을 행사하는 많은 사람들에게는 완벽하게 보이고 싶어 하는 욕구가 있다. 그런 사람들은 대개 사회적으로 인정받아야 한다는 목표를 신성하게 여긴다. 그런 사람들은 그렇게 인정을 받으려면 완벽함이 필요하다고 생각하기 때문에 아주 사소한 비난이라도 자신의 자존감을 위협한다고 여긴다. 그런 이유 때문에 그 사람은 모든 논쟁에서 이겨야 한다는 강박관념을 가지고 있다. 완벽함에 조금이라도 못 미친다는 사실을 인정하는 것이야말로 그 사람이 가장 두려워하는 사실, 즉 자신이 무가치하다는 사실을 인정하는 것이 되기 때문이다.

언어폭력의 가해자들 뒤에는 언어폭력을 행사했던 부모들이 있는 경우가 많다. 그 사람은 자기 부모와 같은 방법으로 분노를 표출한다. 하지만 내면에 축적되어 있던 부모를 향한 분노를 자기 배우자에게 폭발시킴으로써 그의 문제는 한층 더 악화된다.

언어폭력 가해자들에 대한 모든 해결책은 현실적으로 어떻게 분노를 다스려야 하는가 하는 문제 전체를 다루어야 한다.

욕구는 인정하되 행동은 거부하라

언어폭력을 행사하는 남편이나 아내의 태도를 고치고 싶다면 당신은 먼저 그의 내부에 있는 영적, 감정적 욕구의 정당성을 이해하고 받아들이는 자세가 필요하다. 당신의 배우자는 자존심이 강하고 삶의 목적, 그리고 성취욕이 있으며 이런 영역에서 인정받고 싶은 욕구를 가지고 있다. 하지만 그의 그런 욕구를 채워 줄 요량으로 그의 파괴적인 행동을 받아들임으로써 그를 도우려 해서는 안 된다. 배우자의 언어폭력으로 깊이 상처를 입은 사람은 대개 자기방어의 자세를 취하기 마련이며, 그럴 경우 언어폭력의 동기가 되는 언어폭력 행사자들의 내적 욕구를 건드리는 것은 어려워진다.

더 나은 방식은 배우자의 내부에 있는 감정적인 욕구를 인정하고 이것을 그의 언어폭력에 대한 당신의 반응으로 녹여내는 것이다. 남편의 지독한 언어폭력에 시달리고 난 뒤에 마리는 남편 밥에게 이렇게 말했다. "나한테 그런 식으로 이야기하고 나서 당신도 굉장히 비참한 기분일 거예요. 당신의 고통을 함께 나눴으면 좋겠어요. 내게 그렇게 심하게 퍼붓는 걸 보면 당신의 고통도 보통 심각한 게 아닌 것 같으니까요. 당신에게 도움이 되고 싶어요. 하지만 당신이 상처나 분노를 그렇게 파괴적인 방식으로 표현하면 당신을 도울 수가 없어요. 저한테 편지를 쓰면 어떨까요? 당신이 뭘 느끼는지, 그리고 그것이 얼마나 심각한지에 대해서 말이에요. 그걸 알면 당신 곁에서 당신이 원하는 배우자가 되어 드릴 수 있을 거예요." 마리는 이 말을 통해 밥의 내적인 투쟁을 인정하는 한편, 남편의 언어폭력적 행동은 온당치 못하다는 사실을 이야기하고 있었다.

이런 건전한 접근방식은 남편의 비판적인 말들을 사실로 믿은 아내들로서는 취하기 어려운 방식이다. 베티가 바로 그런 경우였다. 남편에게 조롱을 받고, 자기가 멍청하고 무가치하고 무능하며, 나쁜 아내요 자격 없는 엄마라는 이야기를 들으며 살아 온 아내는 이런 메시지가 자기 자아를 가득 채우게 내버려 둔다. 언어폭력이 심해질수록 피해자 아내는 남편의 말이 옳다고 믿는 데서 시작해서 마침내 자기는 더 나은 대접을 받을 자격이 없다는 데까지 나아간다. 그러다 종내에는 상황을 개선할 모든 노력을 그만두기에 이른다. 그런 아내의 남편은 이렇게 말할지도 모른다. "누구도 당신을 원치 않을 텐데 내가 당신을 데리고 살아 주는 것만도 고마워해야 할 거요." 주변에 남편의 말에 이의를 제기할 사람이 아무도 없기 때문에 아내는 남편의 말을 사실로 믿기에 이른다.

　이런 아내가 취할 수 있는 첫 번째 행동은 자기 남편의 그런 태도를 친구나 상담자에게 털어놓는 것이다. 먼저, 그 아내는 남편에게서 듣는 부정적인 메시지들을 거부하고, 자신의 자존감을 되찾을 수 있어야 한다. 그때 가서야 자신의 결혼 생활에 긍정적인 변화를 불러일으킬 수 있다. 자신의 상처 입은 자존감을 치료하지 않고 내버려 둔다면 그녀는 남편에 대해서 건설적인 행동을 취할 감정적 에너지를 가질 수가 없다. 이 장에서 다루게 될 건설적인 제안들을 시행할 준비를 갖추기 전에 이런 아내는 개인적으로 상담을 받는 일이 필요하다.

배우자를 믿어 주는 사람

　언어폭력을 행사하는 배우자들이라 할지라도 그 안에는 가치 있는 인간이 존재한다. 아무리 악마 같은 행동을 하더라도 그 속에 하나님의 형상과 내재된 가치를 지니고 있다. 결혼 전에 당신을 매료시킨 긍정적인 이미지가 바로 그것이었을지도 모른다. 그의 성격이나 행동에서 가치 있는 뭔가를 보았다면 바로 그것이었을 것이다. 언어폭력을 행사하는 당신의 배우자도 연애할 때는 그만의 장점으로 당신의 욕구의 어떤 부분을 충족시켜 주었을 게 틀림없다. 지금이야말로 언어폭력을 행사하는 배우자의 사자 같은 얼굴 이면에는 당신이 아끼고 사랑했던 순한 양이 존재한다는 사실을 기억할 때다.

당신은 양과 결혼하면서 앞으로 그 사람 속에서 사자가 출몰할 거라는 사실은 꿈에도 몰랐을 것이다. 하지만 지금이야말로 그 사자의 이면에는 아직도 양이 있고, 하나님과 다른 사람들의 도움으로 그 양이 다시 주도권을 쥐게 될 거라는 사실을 믿어야 할 때다. 당신이 할 일은 그 양이 사라지지 않게 만드는 것이다. 당신은 양이 존재한다는 사실을 믿어야 한다. 그 양을 먹이고 사자를 굶겨 죽이는 건 배우자의 몫이다. 하지만 당신이 배우자 안에 양이 존재한다는 사실을 믿으면 이로 인해 당신의 배우자는 사자를 제거하는 힘든 일을 할 용기를 얻을 것이다.

아직은 언어폭력이 시작될 기미가 보이지 않던 어느 조용한 날 밤, 메릴린이 남편 제프에게 이렇게 말했다. "지난 며칠 동안 우리 관계에 대해서 생각해 봤는데요, 연애할 때 당신이 내게 얼마나 친절하게 해 주었는지가 생각났어요. 당신의 따뜻한 손길, 친절한 말투, 웃는 얼굴, 그 시절에 우리가 얼마나 행복했는지가 다 기억나더라고요. 그런 것들 때문에 당신을 그렇게 깊이 신뢰했었나 봐요. 당신이 내면에 훌륭한 자질들을 많이 가지고 있다는 걸 저는 알아요. 당신이 심한 말을 해서 내게 상처를 입힐 때면 그런 희망을 잃을 때도 있긴 해요. 하지만 당신이 어떤 사람인가는 제가 잘 알아요. 내가 믿는 건 당신 속에 있는 바로 그 사람이에요. 그리고 마음속으로 나는, 내가 결혼한 남자는 당신이 정말로 되고 싶어 하는 내면의 그 사람이라는 사실을 믿어요. 하나님의 도움과 당신의 의지만 있다면 당신은 틀림없이 그 목표에 도달할 수 있을 거예요."

이렇게 말함으로써 메릴린은 제프에 대한 믿음을 표현했다. 메릴린은 제프에게 인간이라면 누구나 필사적으로 원하는 것, 즉 자신을 믿어 주는 사람, 다시 말해 우리에게도 좋은 성품이 있다는 사실과 그 좋은 성품들이 언젠가는 우리 삶 속에서 번성할 수 있다는 사실을 믿어 주는 사람이 되어 주고 있다. 언어폭력의 가해자는 이미 낮은 자존감으로 고통을 겪고 있는 상태이기 때문에 긍정적인 말들은 그 사람에게 스스로에 대한 긍정적인 감각을 불러일으킨다. 제프가 자신에 대한 믿음을 갖는다면 그리고 하나님의 능력이 그에게도 역사한다는 사실을 믿는다면 그는 당연히 메릴린이 기억하고 있는 예전의 그 사람으로 되돌아갈 수 있을 것이다.

당신 자신의 감정을 이야기하라

배우자의 거친 말들에도 전혀 상처를 받지 않는 것처럼 행동하면 언어폭력을 행사하는 배우자를 도울 수가 없다. 그렇다 해도 가해 배우자에게 반격하거나 보복하는 것은 정당한 해결책이 될 수 없다. 당신이 상처를 받았다는 사실을 인정하고 도움을 구하는 것이 해결책이다. 가해 배우자에게 당신은, 당신 역시 인간이며 폭력적인 말들은 당신에게 깊은 상처를 준다는 사실을 상기시킬 필요가 있다.

신체적인 영역에서 보면 당신이 견딜 수 있는 고통의 정도에는 한계가 있다. 그 이상이 되면 병원에 가야 한다. 정서적인 영역에서도 똑같은 원리가 적용된다. 당신이 상담자나 친구, 혹은 목회자를 찾아가 이야기하게 된 것은 바로 언어폭력에서 받은 내적 고통이 극심하기 때문이다. 그 사실을 배우자에게 숨겨서는 안 된다. 배우자는 당신이 상처를 받고 있고, 그 고통이 너무 커서 다른 사람에게 이야기하지 않을 수 없다는 사실을 알고서 살아갈 필요가 있다. 그 사실을 알고 나면 당신의 배우자는 당장은 더 심한 폭력을 행사할지도 모른다. 하지만 그것이 궁극적으로는 치유의 첫걸음이 될 것이다.

생각에 잠긴 마크가 수전에게 이렇게 말했다. "당신하고 하고 싶은 이야기가 있소. 이 말을 한다는 게 쉽진 않지만 너무 힘들어서 이야기하지 않을 수가 없군요. 지난 몇 주간 난 가슴이 갈기갈기 찢기는 것 같은 고통 속에서 살아 왔소. 그동안은 아이들 앞에서 표현하지 않으려고 애를 써 왔고, 지금까지는 당신에게도 그 이야기를 꺼내지 않으려고 해 왔소만. 당신이 퍼부은 폭언이 내게 얼마나 엄청난 고통을 가져다줬는지 모를 거요. 거기에 내가 어떻게 반응해야 할지 나도 사실 잘 모르겠소. 당신의 말이 다 틀리다는 건 아니오. 그리고 맞는 말에 대해선 노력할 마음이 없는 것도 아니오. 하지만 그 밖의 것들은 당신이 화가 나서 한 말들이라 지나치게 과장되어 있다는 기분이 들었소. 누구의 도움도 받지 않은 채 계속해서 이렇게 당신의 폭언을 견디면서 살아갈 자신이 없소.

당신하고 정말로 잘 지내고 싶은 게 솔직한 내 심정이오. 하지만 내가 이렇게 상처를 깊이 받은 상황에서는 당신에게 반응을 보이기가 쉽지가 않아요. 그래서 상담자를 만날 약속을 잡았소. 당신이 나와 함께 갈지 어떨지 잘 모르겠지만 난 도움을 받지 않으면 안 될 것 같아서 그렇게 한 거요. 난 당신을 믿어요. 그리고 지난 몇 달간의 당신 행동이 당신의 진짜 성격이라고는 생각하지 않는단 말이오. 하지만 난 이 고통을 더 이상 견딜 수가 없을 것 같소.”

마크는 도움의 길을 찾아 나섰고, 어쩌면 수전도 그와 동행할지 모른다.

전략대로 해 나가라

언어폭력의 문제가 일단 테이블 위에 놓이면 당신은 언어폭탄에 반응할 전략을 개발해야 한다. 배우자가 동의하면 당신은 배우자와 전략을 함께 세울 수도 있다. 상담을 받으러 간다면 상담자가 전략을 세울 수 있게 도와 줄 것이다. 배우자가 상담을 받는 것도, 그 문제에 관해 당신과 이야기를 나누는 것도 거부한다면 당신은 혼자서 전략대로 해 나가면서 그 사실을 배우자에게 알려야 한다.

메건이 침착한 태도로 베리에게 이렇게 말하는 것이 한 예가 될 것이다. “당신에게 내가 어떤 결정을 내렸는지를 얘기해 주고 싶어요. 당신도 알다시피 당신이 나한테 비판적이고 날 무시하는 말들을 퍼부어 델 때 내가 얼마나 깊은 상처를 받았는지 전에 당신한테 얘기한 적이 있었을 거예요. 그런 일이 한번 있고 나면 그 고통에서 헤어나는 데 며칠 혹은 몇 주가 걸리기도 해요. 그래서 그때 난 이렇게 결심했어요. 당신이 다음에 또 화를 내고 내게 소리를 지르기 시작하면 얼마간 당신에게서 떠나 있어야겠다고 말이에요. 회복할 시간이 필요하니까요. 우리가 서로 떨어져 있으면 내 감정도 더 빨리 치유될 거라는 생각이 들어요.

내가 왜 당신을 떠나 있으려 하는지 이해해 주세요. 당신을 버리려는 게 아니라 우리 둘 사이에 자리 잡은 파괴적인 양상을 바로잡을 건설적인 행동을 취하고 있는 거라는 걸 말이에요. 당신의 언어폭력을 더 이상 견딜 수가 없어요. 당신도 그런 사람이 되는 걸 원치는 않을 거라고 믿어요. 당신 안에 다른 사람이 있다는 것도 알아요. 난 그 사람을 믿고, 하나님께서 도우시면 당신도 당신이나 내가 알고 있는 그런 당신의 좋은 모습을 되찾을 거라고 믿어요.

당신을 믿는 마음도 있고, 당신이 원하는 그런 사람이 되게 도울 수 있을 만큼 강한 사람이 되려고 하는 마음도 있어요. 그걸 알려 주고 싶어서 당신에게 이런 말을 하는 거예요."

처음 그 말을 들은 베리는 화가 나서 길길이 뛸지도 모른다. 반대로 마음을 가라앉히고 미안하다는 말을 할 수도 있다. 그의 반응이 어떻든 메건은 그가 다시 성질을 부리는 즉시 자신의 계획대로 하면 된다. 이틀 혹은 사흘 정도 남편을 떠나 친구나 가족들과 지내는 것은 베리에게 생각할 시간을 주는 동시에 그로 하여금 자신의 언어폭력의 심각성을 깨달을 기회를 주는 것이다. 그 이후 베리가 메건을 말로 또 학대하는 일이 생기면 메건은 이 전략을 되풀이해서 사용할 것이다.

이 전략을 썼는데도 베리가 상담을 받게끔 할 수 없다면 메건은 또 다른 단계를 밟을 필요가 있다. 계획을 세워서 그 계획을 일관성 있게 추진해 나가는 것이 무엇보다도 중요하다.

언어폭력이 통할 기회를 주어선 안 된다. 언어폭력을 쓰는 배우자의 요구를 들어준다는 건 결국 그런 배우자의 행동을 부추기는 결과밖에 안 된다. 언어폭력의 가해자가 언어폭력이 성공적이었다고 생각하게 해선 절대로 안 된다. 일반적으로 보아 과거의 폭력적인 양상은 성공적이었을 공산이 크다. 부부 사이에 언어폭력이 확고하게 자리를 잡고 들어앉은 이유가 바로 그것이다. 하지만 당신이 이제 그것들이 더 이상 활동할 수 없게 만들어야겠다고 마음먹는다면 그것이야말로 그 양상을 깨뜨리는 첫걸음을 뗀 것으로 생각해도 될 것이다.

당신은 배우자에게 이렇게 말할 수 있다. "과거에 당신이 폭언을 퍼부을 때마다 당신이 원하는 대로 해 주어서 당신의 행동을 부추긴 면이 있다는 걸 깨달았어요. 이젠 그게 잘못됐다는 걸 알게 됐어요. 앞으로는 당신이 내게 폭언을 퍼붓거나 말로 날 공격할 때마다 당신의 그런 행동에는 반응하지 않을 거라는 걸 알아 두세요. 혹시 당신이 내게 친절하게 요구해 온다면 당신의 요구를 생각해 보고 나서 당신이 바라는 대로 해 줄 수도 있어요. 하지만 당신이 버럭버럭 소리를 지르고 거칠게 이야기하면, 당신 뜻대로 해 줌으로써 당신이 독재자가 되도록 부추기는 짓은 더 이상 하지 않을 거예요." 그런 말을 한 이상 그 말을 일관성 있게 실천하는 게 중요하다.

생각해 보기

언이폭력을 행사하는 당신의 배우자의 문제를 당신은 어떤 방법으로 고치려 하는가?

변화시킬 수는 없더라도 영향은 줄 수 있다

참된 삶의 첫 번째 원리가 자신의 태도에 대해서는 자기가 책임을 져야 한다는 것이었음을 기억하라. 따라서 당신이 언어폭력의 희생자라면 당신은 무엇보다도 폭력 남편의 부정적인 메시지들을 믿는 일에 반기를 들어야 할 것이다. 아무리 남편이 부정적인 메시지를 보내오더라도 당신 자신의 가치를 확고히 믿어야 한다. 당신 스스로를 가치 있는 사람으로 여길 때만 당신은 부부 관계를 변화시킬 수 있는 긍정적인 조치를 취할 수 있다. 당신이 배우자의 언어폭력적인 행동을 변화시킬 수는 없지만 그의 행동에 영향을 미칠 수는 있다는 사실을 상기하라.

언어폭력은 가해자 자신의 낮은 자부심과 분노를 건설적인 방법으로 해결할 수 없는 자신의 무능력을 드러낸다는 사실을 기억하라. 그런 사실을 알고 난 뒤에 당신은 자유롭게 가해자의 언어폭력에 대처할 수 있는 좀 더 긍정적인 방법을 찾아볼 수 있다.

당신의 감정이 당신의 행동을 지배하지 않게 해야 한다는 원리도 기억하는 게 좋겠다. 당신의 상처, 분노, 증오는 당신에게 포기하라고 부추길 것이다. 하지만 당신은 그것보다는 건설적인 행동을 취하는 동시에 당신의 부정적인 감정을 없애는 쪽으로 움직여야 할 것이다. 당신이 완벽하지 않다는 사실을 인정해야 한다. 그렇다고 해서 그것이 곧 당신이 패배자라는 걸 의미하는 건 아니다. 당신 자신의 실패를 인정하고 나면 당신은 배우자를 아무런 조건 없이 사랑하는 고도의 길을 자유롭게 선택할 수 있다.

참된 삶은 사랑의 능력을 선을 이루는 가교로 인정한다. 무조건적 사랑은 배우자가 보답을 하든 말든 그를 사랑과 존경으로 대한다는 걸 의미한다. 기억하라. 사랑은 감정이 아니다. 사랑은 적절한 행위를 수반하는 태도다. 예를 들면 이렇게 말하는 것이 사랑이다. "나는 당신이 좋아하는 게 뭔지를 눈여겨볼 생각이에요. 당신을 어떤 식으로 도울 수 있을까요?" 그렇다고 해서 사랑이 폭력적인 행동마저 눈감아 준다고 생각하면 큰 오산이다. 신약성경에서조차도 하나님은 자녀를 사랑하지만 징계하라고 말씀하신다. 실제로 하나님은 자신의 사랑으로 말미암아 자녀를 징계하신다(히 12:5-7). 사랑은 때로는 단호한 것이다. 사랑은 부적절한 행동에 대해 책임을 묻는다.

사랑은 이렇게 말한다. "난 당신을 너무 사랑하기 때문에 여기 앉아서 당신이 나와 당신 자신을 파괴하는 걸 가만히 지켜보고 있을 수만은 없어요. 그게 당신을 위해서도 좋지 않다는 건 분명해요. 난 그런 과정엔 절대로 협조하지 않을 거예요." 사랑은 아무리 힘들다 해도 사랑하는 사람의 유익을 위해 건설적인 행동을 취하는 것이다.

위에서 내가 한 제안들을 따라 한다고 해서 당신의 배우자가 자신의 행동을 변화시킬 거라고 믿는가? 불행히도 나는 당신에게 이를 보장해 줄 수가 없다. 당신이 다른 사람의 선택을 결정할 수는 없다. 하지만 당신 자신이 현명한 선택을 할 수는 있다. 배우자가 무책임한 상태에 있을 때조차도 당신 자신은 책임감 있는 사람이 될 수 있다. 당신이 배우자의 행동에 대해서까지 책임을 질 필요는 없다는 사실을 기억하라. 당신은 당신 자신의 행동에 대한 책임만 지면 된다. 당신이 배우자를 언어폭력을 행사하는 사람으로 만들지는 않았기 때문이다. 하지만 그 폭력에 어떤 식으로 반응할 것인가를 선택하는 건 당신 몫이다. 사람들은 일반적으로 언어폭력에 대해서 보복(맞불작전), 항복(포기하고, 발 깔개로 전락하기), 그리고 부인(잘못된 게 아무것도 없는 것처럼 행동하기) 등의 반응을 보인다. 하지만 이 중 어느 것도 건전한 반응이라고 볼 수 없다.

한 농부와 그 아내의 이야기

다니엘을 만난 건 아이오와 주에서 열렸던 결혼 세미나에서였다. 그는 양돈업자였고, 사업에서 대단한 성공을 거두었다. "돼지를 길러 돈을 버는 게 행복한 결혼 생활을 보장해 준다면야 제가 그런 결혼 생활을 했겠지요." 그는 이렇게 말하고는 계속해서 말을 이어 갔다. "나는 스스로를 굉장히 강한 사람이라고 생각하고 있습니다. 무슨 일이 일어나도 끄떡도 하지 않는 편이지요. 하지만 아내의 계속되는 비판 때문에 저는 파멸될 지경에까지 이르렀습니다. 다른 사람들이 날 건드리면 돼지 등에 붙은 물방울처럼 단숨에 쓸어 버리면 됩니다. 하지만 아내가 날 비난할 때면 내 심장에 비수를 꽂는 기분이 듭니다.

아내는 아주 부정적인 사람이에요. 나에게뿐 아니라 다른 사람에게도 마찬가지로 대합니다. 삶의 전반적인 태도가 그래요. 그러니 우울한 게 당연하지요…… . 아내의 삶은 불행하기 짝이 없습니다. 그런데 이제는 내 삶마저 비참하게 만들려고 하는군요. 그래서 저는 되도록이면 집에 머물지 않고, 아내 곁에 얼씬거리지 않으려고 애를 쓰게 됩니다. 그게 해결책이 아니라는 건 알고 있습니다. 하지만 아내의 그런 태도가 부부간의 성생활이나 모든 일에 영향을 미쳤습니다. 아내를 떠나고 싶은 생각은 없습니다. 아내에게 도움이 필요하다는 건 알고 있지만 어떻게 도와야 할지 알 수가 없습니다."

다니엘의 이야기를 들은 뒤에 나는 그에게 어떻게 하면 자신의 결혼 생활에서 긍정적인 변화를 가져오는 주체가 될 수 있는지 상담을 받아 보라고 진지하게 권했다. 하지만 그는 가장 가까이에 있는 상담자만 해도 80킬로미터나 떨어져 있다며 난색을 표했다. 나는 그래도 그만한 가치가 있는 일이라고 그를 설득했다.

2년 뒤 결혼 세미나가 있어 다시 아이오와를 방문했을 때 다니엘을 만났고, 그의 말에 큰 격려를 받았다. (그는 그 세미나에 참석하기 위해 230킬로미터를 운전해 와야 했다.) 이번에는 그의 아내와 함께였다. 다니엘은 잠깐 쉬는 틈에 내게 지난 2년간 일어났던 일을 이야기해 주었다.

상담 중에 다니엘이 맨 먼저 발견한 것은 아내의 비판적인 말이 왜 자신을 그렇게 고통스럽게 했는가 하는 것이었다. 그가 그런 통찰력을 갖게 된 데는 두 가지 요소가 있었다. 그에게 도움을 주었던 첫 번째 사실은 결혼하기 전 가족들의 삶을 회상하는 데서 왔다. 어린 시절 다니엘은 무슨 일을 해도 아버지의 기준을 만족시킬 수 없었던 아이였다. 그래서 그는 늘 자신을 무가치한 존재로 느끼면서 자랐다. 소년 시절에 그의 마음속에서는 이런 생각이 테이프를 틀어 놓은 듯 반복되었다. '어른이 되면 성공할 거야. 아버지의 생각이 틀렸다는 사실을 보란 듯이 증명하겠어. 동료들에게서 인정을 받고 말겠어.' 어른이 되었을 때 다니엘은 그 꿈을 이루었다. 열심히 일하고 헌신한 성과가 나타났다. 그는 농부로서 성공해서 그 지역에서뿐 아니라 그 주 전체에서도 유명인사가 되었다. 그는 동료 농부들의 존경을 한 몸에 받았다. 하지만 그가 가장 인정받고 싶은 대상이었던 자기 아내는 그의 아버지의 메시지를 앵무새처럼 따라 하고 있었다. 평생 동안 아버지의 부정적인 메시지를 극복하기 위해 그렇게 애썼는데 그 메시지가 매일 눈앞에서 다시 그를 노려보고 있었던 셈이다.

다니엘이 자신을 이해할 수 있게 도왔던 두 번째 요소는 자신의 최우선적인 사랑의 언어는 칭찬의 말이라는 사실을 발견한 것이었다. 진짜로 그가 사랑받고, 인정받고 있다고 느끼게 만든 건 다름 아닌 칭찬의 말이었다. 그러므로 그의 아내가 칭찬의 말 대신에 악담을 퍼부으면 그건 아내가 자신에게 적대적이고 낯선 언어로 말하고 있는 것이나 마찬가지였다. 그의 사랑 탱크가 텅 비어 있었던 차라 아내의 말은 그에게 더욱더 깊은 상처를 주었다. 아내의 비난 섞인 말들은 사랑 탱크 그 자체를 뚫는 총알과도 같았다. 다니엘은 감정적으로 완전히 황폐화되었다.

다니엘은 또 자기 아내의 욕구가 무엇인지에 대해서도 새롭게 알았다. 데비는 충족되지 않은 감정적 욕구 때문에 그런 행동을 하고 있었던 것이다. 그는 아내의 가장 중요한 사랑의 언어는 함께 보내는 시간이라는 사실을 배웠다. 성공한 농부가 되겠다는 악착같은 욕망 때문에 그는 농장에서 많은 시간을 보내고 있었고, 아내를 위해 쓸 시간이 거의 없었다. 결혼 초기에 데비는 그에게 함께 시간을 보내자고 매달렸다. 함께 나가서 영화도 보고, 교회 소풍도 가고, 여름에는 휴가도 가고, 이틀쯤은 재미로 도시에 나가 즐거운 시간을 보내자고 했다. 하지만 그는 너무 바빠서 그런 '하찮은 일'을 하는 데 쓸 시간은 내주지 않았다.

하지만 그때서야 그는 자기가 아내가 가장 중요하게 여기는 사랑의 언어로 아내에게 이야기를 하지 않았다는 사실을 깨달았다. 뿐만 아니라 데비의 비난 섞인 말들은 사랑을 구하는 절망적인 부르짖음이었다는 사실도 그때서야 알았다. 데비의 언어폭력은 결혼 생활에 대한 절망감에서 비롯된 것이었고, 데비가 성관계에 흥미를 잃은 것은 그녀가 그에게서 감정적인 사랑을 전혀 느끼지 못했다는 적나라한 증거였다.

"이런 깨달음이 생기자 건설적인 행동을 취할 수 있게 됐어요. 나는 데비에게 상담자를 통해 내 자신과 우리 결혼 생활에 대해 많은 것들을 배웠다는 사실을 털어놓았어요. 그러면서 여러 가지 면에서 내가 좋은 남편이 아니었다는 사실을 깨달았고, 하나님이 도우신다면 그런 상황을 변화시키고 싶다고도 고백했어요.

그날 아침 근처에 있는 호숫가로 소풍을 가고 싶다고 말하자 아내는 충격을 받은 것 같더군요. 도저히 믿을 수 없어 하는 눈치였어요. 하지만 아침에 할 일을 끝내고 샤워를 하려고 들어갔더니 아내는 소풍 준비를 하고 있더군요. 우리는 그곳에서 세 시간쯤 산책하고, 앉아서 이야기하면서 시간을 보냈습니다. 나는 아내에게 지난 몇 년간 함께 시간을 보내지 못해서 미안하다고 말하고 앞으로는 달라지고 싶다고 했습니다. 아내는 마음을 열고 그동안 자기가 얼마나 힘들었는지를 이야기하면서 내 관심을 끌어 보려고 애걸복걸하던 때를 상기시키더군요. 그때는 그런 말들이 비난으로 들리지 않고, 아내의 사랑의 욕구에 대한 진정한 표현으로 생각되더군요. 오후가 끝날 때쯤 우리는 서로 끌어안고 키스하기에 이르렀어요. 연애할 때로 되돌아간 것 같은 느낌이더군요."

다음 몇 달간 다니엘은 몇 번에 걸쳐 아내와 함께 시간을 보낼 수 있는 멋진 계획들을 세웠고, 그런 시간을 보낸 밤마다 그날 있었던 일을 함께 이야기하면서 아내와 대화하고 아내의 이야기를 들었다. 그는 아내가 멍하니 누워서 보내는 시간이 하루가 다르게 줄어든다는 사실을 눈치챘다. 또 아내는 성적인 면에서도 훨씬 더 적극적인 반응을 보였다. 아내의 얼굴 표정부터 확 달라졌다. 말만 했다 하면 쏟아내던 비난의 말들은 점점 빈도가 줄어드는가 싶더니 마침내 사라졌다.

데비 역시 『5가지 사랑의 언어』를 읽고, 다니엘의 가장 중요한 사랑의 언어는 칭찬의 말이라는 사실을 알았다. 다니엘과 함께 보낸 멋진 시간으로 사랑 탱크를 가득 채운 뒤라 데비가 다니엘에게 칭찬의 말을 해 주는 건 그다지 어려운 일이 아니었다.

데비는 그다음 결혼 세미나에 다니엘과 함께 참석해서 그 변화가 자기에게 어떤 의미가 있었는지를 이야기했다. "다니엘이 상담을 받은 뒤에 우리의 결혼 생활이 완전히 달라졌어요. 올해 우리 둘이서 함께 이 세미나에 오게 돼서 얼마나 신이 나는지 몰라요. 우리 둘 다에게 도움이 될 수 있는 뭔가를 배울 거라는 걸 알고 있어서 그런 것 같아요." 다음날 세미나를 끝내고 돌아가면서 데비는 이렇게 말했다. "작년에 남편에게 무슨 일이 일어난 건지 이제야 알겠네요. 다니엘은 우리 결혼 생활에서 새로운 희망을 보았던 거였어요. 얼마나 좋은지 모르겠어요. 여기서 배운 걸 적용해 봐야겠다는 마음에서 집으로 돌아가고 싶은 생각뿐이에요."

다니엘이 참된 삶이라는 수준 높은 길을 선택했기 때문에 그 부부는 결혼 생활에서 성장으로 가는 길 위에 서게 되었다. 결혼 생활에 대한 부정적이고, 절망스런 감정에도 불구하고 그는 도움을 찾아 나섰고, 자신의 태도와 행동을 변화시켰으며, 긍정적인 변화의 주체가 되었다. 그는 무엇보다 먼저 우리가 배우자를 변화시킬 순 없지만 우리의 긍정적인 행동들이 배우자의 행동에 심오하고 긍정적인 영향을 미칠 수 있다는 사실을 발견했다.

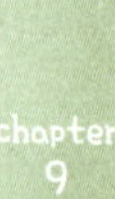

아내의 한숨에 억장이 무너집니다

_우울한 배우자

유능한 40대 사업가인 존은 자기 사업체를 키우느라 동분서주하고 있었다. 그리고 최근에 와서 지금까지 애써 노력한 결실이 나타나는 것을 볼 수 있었다. 하지만 내 사무실을 찾아온 존에게는 행복한 표정이 없었다.

"박사님, 전 허리가 휘도록 열심히 일했습니다. 지난 3년간 얼마나 스트레스를 많이 받았는지 모르실 겁니다. 사업이 성공하지 못할 거라고 말하는 사람들도 있었지만 전 확고한 결심으로 사업을 끌고 왔습니다. 그리고 이제야 사업이 자리를 잡아서 한숨 돌린 참입니다. 다음 몇 년간은 전망이 괜찮을 것 같습니다. 그런데 문제는 사업이 아니라 제 아내입니다.

아내는 언제나 불행하고 슬픈 표정을 짓고 있습니다. 아내가 웃는 걸 본 지가 언제인지 기억조차 할 수 없을 정도예요. 게다가 매사에 부정적이고 비관적이랍니다. 지난해 내내 그리고 올해 전반기까지도 내 사업이 망할 거라고 비관적으로 말해 왔어요. 오전에는 아무 일도 하지 않고 침대에 누워서, 오후 시간은 그냥 집안 여기저기에 앉아서 시간을 보냅니다. 의욕이라곤 없는 사람처럼 보여요. 아이들이 집에 돌아오면 간식을 준 다음에 학교생활이 어땠는지 몇 마디 주고받는 거 말고는 입을 여는 법도 별로 없고요. 매일 저녁식사도 밖에서 사 들고 들어가야 합니다. 요리할 에너지가 없다더군요. 그리고 저녁식사를 우리랑 함께하는 날도 거의 없습니다. 지난해에만 20킬로그램 가까이 살이 빠졌다고 하더군요. 잠이 오지 않는다고 밤새 일어났다 앉았다를 반복하는 바람에 저까지도 잠을 제대로 잘 수가 없습니다. 게다가 매사에 걱정을 입에 달고 삽니다.

솔직하게 말씀드리면 제 삶은 너무나 비참합니다. 저보다는 관심을 더 받는 게 사실이지만 불쌍한 건 아이들입니다. 아이들도 지금쯤 엄마가 뭔가 잘못됐다는 걸 눈치챘을 거예요. 애들 엄마는 매 순간 너무나 우울해 보이니까요."

자신의 처지를 이렇게 간략하게 설명하는 중에 존은 우울증의 일반적인 증상에 대해서 전부 설명한 셈이 되었다. 우울증에 빠진 사람들의 일반적인 증상은 기분은 슬프고, 생각은 부정적이고, 행동은 무기력하다. 신체적으로는 식욕이 없고, 살이 빠지고, 잠을 자지 못하거나 지나치게 많이 자고, 성관계에 대한 의욕을 상실한다. 이런 특성들에 일반적으로 불안이 동반된다. 그래서 우울증에 빠진 사람들은 대부분 두려움과 불안, 그리고 우유부단함을 보이기 마련이다.

남녀를 불문하고 우울증에 빠진 배우자와 사는 많은 사람들이 존의 얘기가 남의 얘기 같지 않다고 생각할 것이다. 불행하게도 그 중 많은 이들은 우울증의 원인과 치료 방법에 대한 이해가 거의 없다. 그들은 자기 배우자가 왜 그 상태를 탁 털고 일어나서 제대로 된 삶을 살아가지 않는지 모르겠다고 말한다. 이런 이해의 부족이 우울증에 빠진 이들에게 좌절감과 위태로운 마음을 자극한다. 배우자의 비난조의 말은 실제로 그 문제를 더욱더 악화시킨다.

우울증의 3가지 유형

우울증을 이해하는 것은 단순한 문제가 아니다. 우울증에는 많은 유형이 있는데, 각각의 유형마다 특별한 원인이 있는 것은 물론 여러 가지 차원의 우울 증세를 드러낸다. 우울증 전반에 관한 논문을 쓰는 것은 이 책의 목적에서 벗어나는 일이지만 여기서 우울증에 관한 간단한 설명 정도는 할 수 있으리라 본다. 우울증의 3가지 유형을 이해하는 것이 치료에 큰 도움이 되기 때문이다.

먼저, 신체적 질병의 부산물로 생기는 우울증이 있다. 예를 들면, 당신이 지독한 감기에 걸렸다면 사무실에서 무슨 일이 일어나고 있는지에 신경을 쓸 마음의 여유가 없을 것이다. 자리보전하고 누워 가능한 한 오래 자고 싶은 마음뿐 바깥 세상에 대한 관심이 모두 사라진다. 당신은 일시적으로 정전 상태가 된다. 그리고 당신의 마음과 감정은 우울한 상태로 옮겨 간다. 그것만이 현실 세계에서 놓치고 있는 것들에 대한 불안을 끊기 어려운 당신을 보호할 수 있는 가장 자연스런 방법이기 때문이다. 다행스럽게도 독감이 지나가고 나면 우울한 기분은 호전되기 시작한다. 신체적 증상이 사라진 뒤 하루 혹은 이틀 동안 우울한 기분이 더 머무는 경향이 있기는 하다. 그래서 마음이 정상 상태로 되돌아가기까지는 며칠이 더 걸리는 경우가 대부분이다.

두 번째 종류의 우울증은 종종 외부 상황이나 환경에서 오는 스트레스 때문에 생기는 상황적 우울증 혹은 반응적 우울증이다. 이런 유형의 우울증은 특별히 삶의 고통스러운 상황으로 야기된다. 이런 우울증이 일어나는 대부분의 상황 이면에는 상실감이 있다. 예를 들면 이혼이나 죽음으로 배우자를 잃거나 직장을 잃거나 자식을 대학에 보냈거나 부모와 사별하거나 우정을 잃거나 돈이나 건강을 잃은 뒤에 나타나는 경우가 많다. 우울증은 또 행복하고 만족스런 결혼에 대한 꿈을 잃거나 한때 배우자에게 느꼈던 사랑의 감정을 상실하거나 결혼이 바랐던 만큼 만족스럽지 않은 데서 오는 상실감으로 인해서도 생길 수 있다.

세 번째 유형은 몸속의 생화학적 이상이 원인인데, 이로 말미암아 마음과 감정이 불균형한 상태가 됨으로써 발생한다. 이 우울증은 내인성 우울증(endogenous depression)이라고 불린다. '내인성'이라는 말은 '몸 안에서부터 생긴'이라는 말이며, 몸 안의 생화학적 변화가 그 원인이 된다. 이 우울증은 신체적 질병에 해당한다.

생물학적인 우울증에는 여러 가지 형태가 있다. 뇌와 직접적으로 관련된 경우는 뇌의 전자 전달 물질 혹은 신경화학 전달 물질에 이상이 생긴 것이다. 또 내분비계 이상과 관련되어 생기는 경우도 있다. 내분비계의 분비기관들(갑상선, 부갑상선, 흉선, 췌장, 뇌하수체, 부신, 난소, 생식선)은 여러 가지 기능을 수행하기 위해 혈액 속으로 호르몬을 분비한다. 이렇게 분비되는 호르몬의 양이 너무 적거나 너무 많으면 우울증을 유발한다.

신진대사의 이상도 우울증을 일으킬 수 있다. 몸은 음식물을 흡수해서 저장한 다음에 에너지로 사용될 수 있을 정도로 잘게 부순다. 이런 신진대사계에 문제가 생기면 우울증이 발생할 수 있다. 예를 들면, 심한 저혈당은 불안과 우울증을 유발한다.

남성보다 여성의 우울증 발병률이 높은 건 생물학적 이유 때문이다. 여성의 생식기관들은 기분을 좌우하는 것으로 알려져 있다. PMS로 알려진 월경 전 증후군(premenstrual syndrome)은 생리가 시작되는 시기에 오는 우울증으로, 자주 일어나는 증상이다. 또한 지금 의사들은 월경 전 불쾌 장애(PMDD, premenstrual dysphoric disorder)로 인해 어떤 여성들이 더 심한 고통을 겪는다는 사실을 인정한다.[1] 월경 전 증후군 가운데서도 좀 더 심각하고, 환자를 무기력하게 만드는 형태가 바로 이 증세다. 폐경기의 여성도 우울증을 한차례씩 앓는 경우가 많다. 여성호르몬 수치의 차이가 여자들의 기분에 영향을 미친다는 사실은 잘 알려져 있다.

생물학적 원인을 가진 우울증이 대부분 약으로 치료될 수 있다는 것은 기쁜 소식이다. 하지만 나쁜 소식도 있다. 이런 종류의 우울증은 전체 우울증 가운데 3분의 1뿐이라는 사실이다. 이보다 더 일반적인 우울증은 상황적 우울증이다. 상황적 우울증이 오래 지속돼서 신체의 생화학적인 부분에 영향을 미치기 전까지는 이런 우울증을 치료하는 약은 없다. 이런 우울증은 약으로 치료할 수 없다. 원인이 무엇이든 간에 우울증이 오랜 기간 지속되면 뇌에 있는 신경화학 물질에 문제를 일으킬 수 있다. 이때에 이르러서야 비로소 약물을 이용한 치료가 치료 프로그램의 한 부분이 될 수 있다.

상황적 우울증은 모든 사람들이 겪는 현상이다. 이런 우울증은 일반적으로 일상생활에서 일어나는 여러 가지 문제에 대한 반응으로 일어나기 때문이다. 이런 때 우리는 보통 우울한 기분들에 압도당하거나 그런 감정들이 우리의 행동을 좌지우지하도록 내버려 두지 않는다. 그리고 며칠이면 그런 감정들이 그냥 지나가 버리기도 한다. 따라서 그런 우울증은 전체적인 삶의 흐름에 큰 영향력을 행사하지 못한다.

하지만 우울증이 심각한 문제가 되는 때가 있다. 좀 더 심각한 우울증을 일컬어 임상 우울증(clinical depression)이라 한다. 이 말은 여러 가지 의미로 사용되지만 가장 일반적으로는 몇 주 혹은 몇 달 동안 사라지지 않고 계속되면서 수면이나 식욕, 업무수행 능력, 그리고 사회관계에 영향을 미치는 우울증을 가리킨다. 여러 증상들을 볼 때 이 우울증은 치료를 받아야 하는 병적인 우울증이다. 시간이 더 지난다고 해서 이 우울증이 그냥 사라지는 법은 없다. 임상학적으로 볼 때 우울한 사람이 치료를 받지 않는다면 우울증은 점점 더 깊어지고, 그 사람은 삶의 현실로부터 점점 더 움츠러들 것이다. 이

때 전문가는 우울증의 원인을 확정하고, 치료 과정을 제안하는 일을 한다.[2]

의사의 역할, 상담자의 역할

우울증에 빠진 사람은 대부분 의사에게 먼저 도움을 구한다. 하지만 대부분의 의사들은 우울증의 원인을 결정하기 위해 철저한 분석을 할 만한 시간이 없다. 그래서 의사들은 일반적으로 항우울증약을 처방한다. 우울증이 생물학적 원인에서 비롯되었다면 그 약은 큰 효과를 보일 것이다. 처방받은 약이 효과적인지 아닌지를 결정하는 데는 대개 3~4주 정도의 시간이 소요된다. 약이 잘 듣지 않는다면 의사는 다른 종류의 약을 처방할 것이다. 환자의 우울한 상태가 눈에 띄게 호전될 때까지 의사가 서너 가지 종류의 약을 처방하는 것은 흔한 일이다.

그러나 환자의 우울증이 생물학적인 데 원인을 둔 게 아니라면 그 약은 아무 소용도 없다. 우울증의 3분의 1만이 생물학적인 데 뿌리를 두고 있기 때문에, 우울증에 걸린 사람은 치료를 받고 싶을 때 먼저 우울한 사람을 치료한 경험이 있는 전문 상담자를 찾아가는 것이 좋다. 직업의 성격상 전문 상담자는 우울증의 원인이 무엇인가를 찾는 데 많은 시간을 들인다. 그 우울증이 상황적 우울증이라면 상담 자체가 치료법이기도 하다. 내담자가 우울증을 일으켰던 상황에서 비롯된 슬픔을 해결하거나 그 상황에 적응하는 법을 배움으로써 그 우울증은 극복될 수 있다. 이런 일들이야말로 이제껏 상담자가 해 온 전문 영역이다. 상담자가 그 사람의 우울증에 생화학적인 양상이 있을지도 모른다고 판단하면 보통 그 사람을 정신과 의사에게 보낼 것이고, 그러면 의사는 검사를 통해 그 우울증을 치료하는 약을 처방할 것이다. 이런 경우 약과 상담의 조합이 가장 좋은 치료법이 된다.

독감이나, 암, 혹은 다른 만성 질병 같은 신체적 질병의 부산물인 우울증의 경우에는 병 자체를 치료하는 의학적 치료와 더불어 우울증을 치료하기 위해 상담을 병행하는 것이 좋을 것이다. 한 개인이 처한 문제의 서로 다른 양상을 다룬다는 점에서 의사와 상담자의 가치는 이렇게 서로 존중되는 것이 마땅하다.

모든 우울증 가운데서 영적인 영역 역시 환자의 치료에 아주 중요한 부분을 차지한다. 대부분의 전문가들은 삶의 신체적, 심리적, 그리고 영적 양상이 서로 연결되어 있다는 사실을 인정한다. 영적 회복의 영역을 탐색하기를 거부하는 상담자는 내 생각에는 우울증을 치료하는 데 가장 유용한 양상 중 하나를 간과하고 있는 것이다. 반면에 모든 우울증을 영적인 문제로 보고, 우울증에 걸린 사람에게 굉장한 죄책감을 느끼게 하는 종교적 열성분자들에게도 마찬가지의 위험은 따른다. 그런 식의 접근은 우울증을 치료하기보다는 악화시킨다. 우울증 치료의 가장 건전한 방법은 신체적, 심리적, 영적 요소 모두에 대한 정직하고 깊이 있는 평가를 포괄하는 치료법이다. 우울증은 치료될 수 없는 병이 아니다. 몇 년간 우울증을 앓았던 사람도 적절한 치료를 받으면 나아지는 것이 다반사이다.

존의 이야기

내 사무실에 앉아 자기 아내의 행동 때문에 힘들다는 이야기를 하고 있을 때 존은 우울증에 관한 이런 기본 개념에 대한 이해가 전혀 없었다. 그는 데비에게 문제가 있다는 사실을 알았고, 그녀의 문제가 그에게 엄청난 좌절감을 안겨 주고 있다는 사실도 알았다. 하지만 그는 데비의 문제가 어떤 것인지에 대해서도, 어떻게 그녀를 도와야 할지에 대해서도 전혀 아는 바가 없었다. 한동안은 그도 데비의 이야기에 귀를 기울이고, 듣고 나서 데비에게 최선을 다해서 충고도 했다. 하지만 데비의 태도에 아무런 진전이 보이지 않자 마침내 실망감이 그를 사로잡았다. 마침내 그는 데비에게 "당신이 우리 결혼 생활을 망치고 있소! 당신의 이런 태도가 아이들에게 얼마나 해로울지 알고 있는 거요? 제발 정신 좀 차려요!"와 같은 분노에 찬 설교를 퍼붓기 시작했다.

존은 지푸라기라도 잡는 심정으로 내 사무실을 찾아왔다. 그는 더 이상은 이렇게 힘든 결혼 생활을 유지해 나갈 수 없다는 판단에 얼마 전부터 이혼을 생각해 오고 있었다.

나 역시 존의 좌절감에 공감을 느끼지 않을 수 없었다. 하지만 이혼이 해답이 아니라는 사실 또한 잘 알고 있었다. 첫 만남에서 나는 그에게 우울증에 관한 책을 한 권 읽어 오라는 숙제를 냈다. 우울증의 양상에 관해 어느 정도 이해하지 않고서 그가 결혼 생활에 긍정적인 변화를 가져오는 주체가 될 수는 없으리란 걸 알았기 때문이었다. 다음 주에 존이 다시 나를 찾아왔을 때 그는 책을 다 읽고 내게 이렇게 말했다. "데비가 우울증이라는 데는 의문의 여지가 없어요. 데비는 우울증에 빠져 있어요. 데비에게는 우울증 증상이 모조리 나타나 있으니까요. 그게 생물학적 우울증인지 아니면 상황적 우울증인지는 잘 모르겠지만 어쨌든 데비가 우울증에 걸려 있는 것만은 분명해요." 나는 그 말을 통해 존이 책을 제대로 읽었다는 걸 알았다.

존과 내가 데비가 우울증에 걸렸다는 사실에 동의했기 때문에 이제 남은 문제는 어떻게 하면 데비에게 필요한 도움을 줄 수 있는가에 있었다. 나는 존에게 이렇게 물었다. "데비에게 결혼 생활이 너무 힘들어서 나와 상담을 했다고 말하고 내가 데비를 만나 보고 싶어 하더라는 말을 전하면 데비가 날 보러 올 거라고 생각합니까?"

"잘 모르겠어요. 지난 2주 동안 집 밖엘 나가 본 적이 없으니까요. 그런 말을 하면 어떤 반응을 보일지 저도 잘 모르겠어요."

"노력해 보실 의향은 있습니까? 날 만나서 결혼 생활에 관해 상담했다는 이야기만 하고, 내가 데비를 한번 봤으면 한다는 얘기만 좀 전해 주십시오. 데비와 이야기를 나누지 않고는 존 당신을 도울 수 없었다는 이야기는 내가 하도록 할 테니까요."

"무슨 일이든 다 하겠습니다. 이 시점에서 제가 더 잃을 게 뭐가 있겠습니까?"

"다른 부탁 하나 드려도 되겠습니까? 데비한테 '우울증'의 '우' 자도 꺼내선 안 됩니다. 결혼 생활의 힘든 점 때문에 나와 상담했다고만 이야기하셔야 한다는 걸 명심하십시오." 존도 내 말에 동의했다. (나는 데비가, 존과 내가 작당을 해서 문제를 진단한 다음에 자기를 치료하기 위해 팔을 걷어붙였다고 생각하는 걸 원치 않았다.)

데비와의 인터뷰

그다음 주가 되었는데도 데비는 전화를 걸어 오지 않았다. 한 주를 기다린 다음에 이번에는 내가 데비에게 전화를 걸어서 날 만나러 올 수 있는지 물었다. 나흘 뒤에 데비가 내 사무실을 찾아왔다. 마른 몸에 헐렁한 옷을 걸친 데비는 얼굴에는 아무런 표정이 없었다. 나는 데비에게 왜 내 사무실로 오라고 했는지를 설명했다. 즉, 존이 결혼 생활의 어려움을 상담했고, 나는 데비의 관점에서 문제를 보지 않고는 어떤 대답을 줄 수 없다고 느꼈기 때문에 데비를 부른 것이라고 설명했다. 나는 데비에게 데비가 결혼 생활을 어떻게 생각하고 있는지에 관해 몇 가지 질문을 할 텐데 솔직하게 대답해 주면 좋겠다고 했다.

나는 먼저 결혼 생활 몇 년째인지, 아이가 몇인지, 그리고 0부터 10까지 나눌 때 자기 결혼 생활에 대해 평가해 보라는 등의 일반적인 질문을 던졌다. 마지막 질문에 데비는 ‘2’라고 대답했다. 최소한 데비는 현실에 대한 감각은 있었던 셈이었다.

결혼 생활이 계속 이렇게 불행했느냐고 묻자 데비는 결혼 초기에는 괜찮았다고 대답했다. “그런데 친정어머니가 돌아가시면서부터 절대로 회복될 수 없을 것 같은 심각한 상태가 되고 말았어요. 날 살아가게 해 주던 내 삶의 불꽃이 사라져 버렸어요. 그리고 다시는 되살릴 수 없었죠. 아이들이나 남편에 대한 관심도 사라졌어요. 내 삶에서 중요한 건 아무것도 없게 돼 버렸어요. 처음에는 좋은 아내 노릇을 해 줄 수 없었기 때문에 존에게 미안한 마음도 들었어요. 그런데 그가 분노에 찬 말을 늘어놓고 난 뒤에는 그런 사람은 좋은 아내를 가질 자격이 없다고 생각하게 되었어요. 그러고 난 뒤로는 매사에 점점 더 관심이 없어졌죠. 이제 더 이상 내 관심을 끄는 건 아무것도 없어요. 딱 죽어 버렸으면 좋겠어요. 그게 나나 내 가족들에게나 더 좋은 일일 테니까요."

"당신의 감정을 어떻게 표현하시겠어요?" 내가 계속해서 물었다.

"에너지가 없어요. 그 어떤 것에도 눈곱만큼의 관심도 없어요. 그래서 될 수 있는 한 잠만 자고 싶어요."

"존에게 화가 납니까?" 내가 물었다.

"아뇨. 존에게 아무런 느낌도 없어요."

"당신의 감정이나 에너지가 없는 문제로 담당 의사와 이야기를 나눠 본 적이 있습니까?"

"엄마가 죽은 직후에 의사를 만나러 간 적이 있었죠. 의사는 내가 우울증에 걸렸다고 하면서 항우울증 약을 주더군요. 두세 번 정도 약을 먹었는데, 어지러워서 더 이상 먹지 않았어요."

"의사를 다시 만나러 갔습니까?"

"아뇨. 처방해 준 약을 다 안 먹었다고 뭐라고 할까 봐 못 갔어요."

"아는 사람 중에 우울증으로 고통을 받은 사람이 있나요?"

"안다고는 할 수 없지만 친정엄마가 당신 어머니, 즉 외할머니가 아들을 전쟁에서 잃은 뒤에 우울증을 겪다 돌아가셨다는 이야기를 한 적이 있어요. 하지만 외할머니를 만난 적은 없어요."

"우울증으로 고통을 겪는 모든 사람들이 우울증으로 죽는다고 생각합니까?"

"잘 모르겠어요." 데비가 이렇게 대답했다.

"전 우울증을 겪은 사람들을 많이 만나 봤습니다. 하지만 그들 중에 죽은 사람은 단 한 사람도 없어요. 다들 우울증을 극복하고 지금은 행복하게 살고 있습니다." 나는 데비에게 우울증과 그 증상들, 원인들, 그리고 치료법에 대해 간단히 설명하기 시작했다. 그런 다음에 데비 자신이 우울증에 걸려 있다고 생각하는지를 물었다.

"예, 우울증이 맞네요. 하지만 어떻게 해야 할지 잘 모르겠어요. 치료법이 있다는 생각이 들지 않아요."

"오랫동안 우울증에 빠져 있으면 절망감에 사로잡히게 되고 결국 나아질 거라는 희망이 생기지 않는 법이죠. 하지만 우울증은 치유될 수 있다는 사실을 알아야 합니다. 시간이 걸리긴 하죠. 하지만 그 시간이 끝나고 나면 다시 행복해질 수 있어요. 당신과 존은 다시 행복한 삶을 살 수 있습니다. 그리고 데비 당신도 당신이 늘 원했던 그런 엄마가 될 수 있어요.

사람들이 우울증을 극복할 수 있게 도와주는 괜찮은 동료가 하나 있어요. 내가 약속을 잡아 주면 몇 주 정도 그 사람을 만나서 그 사람이 당신을 우울증의 골짜기에서 빠져 나와 햇빛이 환하게 비치고, 꽃이 활짝 핀 산 너머로 갈 수 있게 돕는 걸 허락할 생각이 있습니까?"

"나한테 그런 힘이 있을지 모르겠어요. 박사님."

"이해합니다. 하지만 애써 보실 의향은 있으신가요?"

"그럴 수 있을 것 같아요." 데비가 마침내 이렇게 대답했다. (깊은 우울증에 빠진 대부분의 사람들은 무슨 이유를 대도 상담을 받으려 하지 않는다. 우리가 기대할 수 있는 최고의 대답은 묵인 정도다.)

"좋아요. 약속날짜를 잡아 드리죠. 그러면 그 친구 사무실에서 당신에게 전화가 갈 겁니다. 그 친구를 여섯 번 만난 뒤에 나와 만나서 어느 정도 진척이 되고 있는지 이야기해 봐요. 괜찮겠어요?" 데비가 고개를 끄덕였고, 들어올 때처럼 발을 질질 끌며 내 사무실을 빠져나갔다.

참된 삶을 위하여

그다음 주에 나는 존을 만나서 데비와 만났던 일을 이야기하고 데비를 상담으로 이끌어 낸 전략에 대해 설명했다. 나는 존에게 데비를 향해 긍정적인 행동을 취하기를 요구했다. 그러면서 데비를 돕기 위해 존이 해야 할 일과 하지 말아야 할 일의 목록을 주었다. 우울증에 빠진 배우자가 있다면 똑같이 해 보기를 권한다.

하지 말아야 할 일

1. 우울증에 빠진 배우자에게 우울증에 걸릴 일이 도대체 어디 있냐는 식으로 말하지 말 것.

2. 모든 일이 잘될 거라고도 말하지 말 것.

3. 그 상태에서 얼른 빠져나오라고, 혹은 정신 차리라고 말하지 말 것.

4. 그 문제가 영적인 문제라고 말하지 말 것.

5. 그 문제의 원인이 배우자의 원래 가족들에 있다고 말하지 말 것.

6. 충고를 하지 말 것. 대신에 상담자의 말을 듣도록 격려할 것.

해야 할 일

1. 배우자가 상담을 받으러 가서 기쁘다고 말할 것.

2. 배우자가 이야기를 나누고 싶을 때면 언제든 당신은 들을 준비가 되어 있다는 사실을 알게 할 것.

3. 비난을 퍼붓지 말고 배우자의 감정을 받아들일 것. 만일에 배우자가 "마음이 텅 빈 것 같아요."라고 말하면 당신은 "그것에 대해 얘기하고 싶어?"라고 말하면 된다.

4. 계속해서 자녀들을 돌보고 집안일을 할 것.

5. 생명을 위협하는 증상들(자살하겠다는 이야기나 행동)에 주의를 기울일 것.

6. 배우자의 상담자에게 그런 이야기에 대해 알릴 것.

7. 배우자를 믿는다고, 그리고 배우자가 그것을 극복할 거라는 사실을 알고 있다고 말할 것.

8. 배우자에게 결정을 하도록 격려할 것. 하지만 강요는 말 것.

"기억하십시오. 데비에게 용기를 주고, 도움을 주고, 치료를 받을 수 있는 환경을 만들어 주어야 한다는 사실을 말입니다." 내가 존에게 말했다. 나는 그에게 '배우자를 변화시킬 수는 없다. 하지만 그

사람에게 영향을 미칠 수는 있다.'는 참된 삶의 세 번째 원리를 상기시켰다

"당신 자신에게는 이것을 상기시켜야 합니다. 당신이 데비의 치료자가 될 수 없다는 사실을 말입니다." 존은 데비를 위한 자신의 사랑이 선을 이루는 대단한 일을 할 수 있게 허용해 줄 수 있지만 그렇게 하기까지는 그 밖에도 치료 전문가의 능숙한 조언이 필요하다는 사실을 알았다.

나는 그에게 그가 좌절감을 느끼고 있을지라도 결혼에서 긍정적인 변화의 주체가 될 수 있다는 사실을 주지시켰다. 그리고 그에게 데비의 우울증에 반응하는 그의 태도는 데비의 책임이 아니라 그 자신의 책임이라는 사실도 알려 주었다. 데비가 우울증에 빠져 있다고 해서 존 역시 그런 감정에 빠질 필요는 없다. 그는 상황이 부정적이더라도 긍정적인 태도를 유지하겠다는 선택을 할 수 있다. 이 일이 쉽지 않으리란 건 익히 아는 사실이었다. 나는 또 그에게 데비의 우울증에 반응하는 자신의 방법에 부족한 것이 있었음을 데비 앞에서 인정하도록 격려했다. 그는 자기의 분노와 좌절감이 데비의 문제를 악화시킬 뿐이라는 사실을 이해하기 시작했다. 그는 또 자기에게 부족한 것이 있다고 해서 그것이 자신이 완전한 패배자라는 사실을 의미하는 건 아니라는 사실도 이해하기 시작했다.

나는 데비가 상담을 받고 있는 사이에 주기적으로 존을 만나기로, 그리고 데비의 상담자가 제안한 대로 그들 부부의 결혼 상담을 맡는 데 동의했다.

전담 상담자와 여섯 번 만난 뒤에 데비를 만났을 때 데비에게는

눈에 띌 만한 변화가 보였다. 데비는 이번에는 의자에 똑바로 앉아서 전보다 더 자주 나와 눈을 맞췄다. 데비의 얼굴은 전처럼 외로워 보이지 않았고, 살도 좀 오른 것 같았다.

"약을 먹어야 할까요?"가 데비의 질문이었다. 상담자는 평가를 받기 위해 정신과의사를 만나서 약을 처방받을 것을 요청했다고 했다. 데비는 그러고 싶어 하지 않았다. 나는 데비에게 상담자의 충고를 따르라고 권하면서, 그 상담자는 우울증에 걸린 사람들을 상담한 경험이 많기 때문에 그분이 데비의 우울증에 생물학적 양상이 있다고 생각한다면 약이 큰 도움이 될 거라는 사실을 상기시켰다. (나는 데비에게 항우울증 약은 중독성이 없으며, 약을 먹는 건 약하다는 표시가 아니라 현명하다는 표시라는 사실을 자신 있게 말했다.)

데비의 허락을 받아 데비의 상담자는 그녀의 우울증이 친정 엄마의 죽음으로 유발되긴 했지만 그보다 더 깊은 원인은 어릴 때 자기 아버지에게 성폭행을 당한 데 있는 것처럼 보인다는 사실을 내게 알려 주었다. 어머니의 죽음을 기점으로 그때의 모든 감정이 표면으로 부상했고, 이 감정들이 데비를 우울증으로 몰고 갔다는 것이다. 우울증이 1년 정도 치료되지 않은 채 방치돼 있었기 때문에 신체적인 면에서까지 데비에게 영향을 미치고 있었다. 약물은 그 치료 과정에 아주 필요한 부분이었다.

8개월 후 존과 데비를 데리고 결혼 상담을 시작할 무렵에 데비에게는 엄청난 변화가 일어났다. 데비는 이제 웃기도 하고, 농담을 하기도 했다. 그리고 침대에 누워서 하루를 보내는 대신 적극적으로 식사 준비를 하고, 집안 청소도 하고, 다른 집안일들을 하면서 보냈다. 교회에도 다시 나가기 시작했다. 아이들과 쇼핑을 하기도 하고 존과 함께 정기적으로 외식을 하기도 했다.

결혼 상담을 받은 지 6개월 내지 7개월 뒤에 나는 그들과 더 이상 상담 약속을 잡지 않았다. 현재 그들은 건강한 결혼 생활을 하고 있고, 활발하게 친척들과 어울리며, 교회에서도 적극적인 활동을 펼치고 있을 뿐 아니라 최근에는 능숙한 부모 역할에 관한 강의에도 참석하고 있다.

존과 데비의 경우는 우울증의 원인들이 늘 쉽게 분별되는 건 아니라는 사실을 입증해 준다. 하루 아니면 한 주 동안 지속되는 일반적인 우울증은 스스로 처리할 수 있지만 우울증이 그 이상으로 지속되고 당신의 매일의 행동에 영향을 미치기 시작하면 그때는 치료를 위해 전문가에게 손을 내밀어야 한다.

슬픔과 상실

상황적 우울증을 치료하는 프로그램은 당사자가 슬픔의 과정을 통과하도록 돕는 데 초점을 맞추고 있다. 상황적 우울증은 거의 무언가를 상실한 데서 비롯된다. 그 대상이 직장이나 부모, 자녀나 건강, 청렴성, 혹은 꿈이 될 수도 있다. 그 사람이 그러한 상실을 슬퍼할 환경이 주어지지 않는다면 그는 십중팔구 우울증에 걸리고 말 것이다.

메리의 남편인 빌은 아버지가 돌아가신 직후에 우울증에 빠지고 말았다. 다행히도 메리는 그 얼마 전에 친구를 돕다가 우울증에 관한 책을 읽은 적이 있었다. 메리는 남편에게 그러한 증상이 있다는 걸 발견했을 때 우울증이 중요한 것을 상실하고 난 뒤에 온다는 사실을 알고 있었다. 메리는 또 슬픔이 치유되는 과정은 상실에 관해서 이야기함으로써 촉진된다는 사실을 알고 있었다. 그래서 메리는 빌에게 그의 아버지에 대해서 질문을 하기 시작했다. 평생 해 온 질문보다 훨씬 더 많은 것들을 이때 남편에게 물었고, 빌은 입을 열기 시작했다.

빌은 어린 시절과 십대 때 아버지와 낚시를 가거나 함께 다녔던 좋은 기억들에 대해 이야기하기 시작했다. 빌은 또 자기 아버지의 심했던 훈육에 대해서도 이야기했다. 메리는 계속 물었고, 빌은 이야기를 계속했다. 메리는 빌이 슬픔에서 벗어나고 우울증을 빠져나오도록 자신이 돕고 있다는 사실을 알았다.

처음에 빌은 아버지 얘기를 하고 싶어 하지 않았다. "아버지는 가버리셨어. 말할 필요가 뭐가 있어."라는 말만 반복했다. 하지만 메리는 거기서 포기하지 않았다. 빌이 이야기할 필요가 있다는 걸 알았고, 그의 이야기를 듣고 싶었다. 하지만 메리는 빌의 상실감은 단지 아버지의 죽음 때문만이 아니라 아버지의 죽음이 그의 어린 시절의 여러 가지 고통을 건드렸기 때문이라는 사실을 알았다. 그의 기억에는 아버지가 자기 풋볼 경기에 응원하러 오지 않았던 일이며, 아버지가 자기에게 심하게 퍼붓던 말들과 사랑한다는 말을 하지 않았던 일들이 입력되어 있었다.

메리는 빌이 아버지에 대한 좋은 기억들뿐 아니라 아버지가 자기를 사랑하지 않았다는 두려움을 안고 있다는 사실도 알았다. 그리고 그 모든 상실감은 그 어떤 것으로도 대치될 수 없는 것들이었다. 빌은 이런 생각과 감정들을 그 누구와도 나눈 적이 없었다. 하지만 메리는 상처를 끌어내면서도 자기가 상처를 치유하겠다는 생각 없이 그저 맞장구를 치면서 들어줄 수 있을 만큼 지혜로운 여자였다.

메리는 이렇게 말했을 뿐이었다. "얼마나 고통스러운 기억일까? 그때 그 감정을 어떻게 다스렸어요?" 메리는 "그렇게 사소한 일 때문에 고통을 받았단 말이에요?"라는 식의 비난은 절대로 하지 않았다. 빌의 말을 듣고서 그저 맞장구를 칠 뿐이었다. 빌에게 슬퍼할 시간을 주면서 슬픔을 마음껏 토로하도록 도왔던 셈이다.

메리는 빌이 슬픔을 토로하도록 돕는 사이에 참된 삶의 원리들을 실천에 옮기고 있었다. 그녀는 자기가 빌의 슬픔을 변화시킬 수는 없지만 그로 하여금 이야기를 끄집어내게 함으로써 슬픔을 치유하는 식으로 그에게 영향력을 행사할 수는 있다는 사실을 깨달았다. 메리는 때때로 빌이 자기와 거리를 두면서 대화를 거부할 때는 좌절했지만 그 감정이 자신의 행동에 영향을 미치는 건 방치하지 않기로 했다. 대신 메리는 부부 관계에서 긍정적인 주체가 되는 길을 선택했고, 긍정적인 행동을 취했다. 메리는 빌을 향한 사랑이 그를 치유하는 강력한 무기가 되게 했다.

빌의 아버지가 죽은 지 여섯 달이 채 되지 않아 그 일로 그들은 여러 차례의 대화를 가졌다. 그리고 석 달마다 메리는 빌의 아버지 얘기를 또 끄집어냈다. 2년 동안 메리는 그런 과정을 거쳤다. 슬픔을 토로하는 일이 거의 끝나가자 빌은 다시 삶을 살아갈 힘을 얻었다. 그 과정에서 그는 깊은 우울증에 빠진 적이 없었다. 자신의 상실감을 마음 놓고 슬퍼할 기회가 주어진 덕분이었다. 하지만 아버지가 죽고 난 뒤 메리가 없었더라면 빌은 어쩌면 깊고 오랜 우울증에 빠졌을지도 모른다. 그리고 그 우울증을 치료하려면 집중적인 치료가 필요했을 것이다. 상실감을 이야기함으로써 슬픔을 토로하도록 돕는 방법은 우울증의 예방약이기도 하다. 슬픔은 대개 심각한 우울증으로 바뀌는 경향이 있기 때문이다.

무릇 현명한 배우자라면 우울증과 슬픔에 관한 정보를 얻을 시간을 마련할 것이다. 조만간 우리도 살아가면서 중요한 여러 가지 것들을 잃는 경험을 할 것이다. 그러한 상실은 우리를 건전한 슬픔으로 이끌어 줄 수도 있지만 치명적인 우울증으로 이끌 수도 있다. 이런 위기의 때에 배우자가 우울증과 슬픔의 과정을 이해하고 있다면 상대 배우자에게 큰 도움을 줄 수 있다. 그 과정을 이해하지 못한 배우자는 실제로 배우자의 고통을 한층 더 악화시킬 여지가 있다. 도서관에 가면 슬픔과 우울증이라는 주제를 가진 책과 글을 쉽게 찾아볼 수 있다. 현명한 배우자라면 그 책들을 통해 우울증에 관한 정보를 얻고, 슬픔을 토로하는 과정을 촉진시키고 우울증을 예방할 준비를 갖출 것이다.

당신이 할 수 있는 일을 기억하라

우울증에 빠진 배우자를 돕는 몇 가지 중요한 요소들을 다시 살펴보자. 심한 우울증에 빠진 사람들이 주도적으로 우울증에서 빠져나오려는 시도를 하지는 않을 것이다. 그들은 삶의 어두움에 짓눌려 있다. 그러므로 배우자라면 사랑을 베풀고, 자비를 보이고, 용기를 북돋아 주는 게 당연할 것이다.

사랑을 베푸는 배우자의 역할은 말할 수 없이 중요하다. 당신 배우자의 우울증이 몇 주 이상 계속된다면 배우자에게 상담자나 목사, 의사를 만나도록 격려하는 것이 좋다. 우울증을 겪는 배우자가 그런 격려를 못 들은 척 넘기면, 가만히 앉아서 그가 고통당하는 모습을 지켜볼 수만은 없으니 당신이 도움을 구하겠다고 말하도록 하라.

참된 삶의 원리들, 특히 세 번째와 여섯 번째 원리를 기억하라. 나는 다른 사람들을 변화시킬 수는 없지만 다른 사람들에게 영향을 미칠 수는 있다. 그리고 사랑은 세상에서 선을 이루는 가장 강력한 무기다.

나는 당신이 상담자나 목회자를 만나서 배우자의 문제를 털어놓고, 배우자의 우울증이 당신에게 어떤 영향을 미치는지를 얘기하라고 권하고 싶다. 읽을 만한 책이 있는지를 상담자에게 묻고 배우자를 도울 수 있는 방법에 관해 조언을 구하라. 우울증에 관해서 배울 수 있는 건 뭐가 됐건 다 배우도록 하라. 이 장 앞부분에서 얘기했던 '해야 할 일과 하지 말아야 할 일'의 목록을 다시 살펴보고, 그대로 행하라.

거짓말을 떨쳐 버렸는지 확인하라. 우울증에 빠진 당신의 배우자와 당신의 결혼 생활에도 희망은 있다.

당신의 결혼 생활에서 긍정적인 변화의 주체가 되려는 당신의 노

력은 배우자가 전문가의 도움을 구하는 동기가 되어 줄 것이라는
점에서 희망적이다.

우울증의 원인이 무엇이든 간에 우울증에 빠진 사람이 신체적, 심
리적, 영적으로 적절한 도움을 받을 수만 있다면 언제나 희망이 있다.

당신에게 충실할 것을 서약했으나……

_바람피우는 배우자

"당신에게 충실할 것을 서약합니다." 대부분의 혼인서약에서 빠지지 않는 말이다.

과거부터 오늘날에 이르기까지 성적 충실에 대한 서약은 모든 결혼식에서 빠짐없이 반복되어 왔다. 결혼 제단 앞에 서게 된 부부는 둘 사이에만 성관계를 맺을 것이라고 서약한다. 그것은 곧 그 결혼 생활을 유지하는 한, 배우자가 아닌 다른 사람과는 성관계를 맺지 않겠다는 것을 의미한다.

우리들 중에 솔직히 "내 배우자가 나 아닌 다른 사람과 성관계를 갖고 싶은 욕망을 품고 있다 해도 나는 개의치 않는다."고 말할 사람이 어디에 있겠는가? 그런 말은 대개 결혼 생활이 이미 파경에 이른 사람이나 배우자가 아닌 다른 사람과 성적으로 관계 맺고 있는 사람, 혹은 자기도 모르게 결혼 관계를 청산할 방법을 찾고 있는 사람이나 할 법한 말이다.

그렇다. 누구나 결혼 생활에서 성적 정절을 중요시한다. 대부분의 종교가 결혼 생활에서의 성적 정절을 중요시하고 있긴 하지만 성적 정절이 비단 도덕적이거나 종교적인 문제에 국한되는 것만은 아니다. 부부 사이의 성적 정절에 대한 관심은 우리의 인간성에 뿌리를 내리고 있다. 이것은 총체성과 인격과 연관된 것이다. 그것은 또 사랑에 대한 정서적 욕구와 연관되어 있다. 성적 정절은 다른 누구보다도 자기를 가치 있게 여겨 주는 사람, 그리고 자신이 깊이 그리고 완전히 헌신할 수 있는 사람과의 배타적인 관계를 추구하는 인간의 욕망에서 생겨난다. 이런 내밀한 의미의 헌신이야말로 결혼 생활에 안정감을 가져다주는 요소이다. 성적 부정은 부부 사이의 이런 안정감을 파괴하며, 그 결과로 두려움과 의심, 불신, 그리고 배신감을 불러온다.

당신의 배우자가 성적 부정을 저질렀다는 사실을 발견하는 것보다 더 당신을 고통스럽게 하고 당신의 결혼 생활을 파괴하는 일은 없을지도 모른다. 혼외정사의 유형은 다양하다. 이른바 '하룻밤의 정사'는 상대방과 다른 관계는 맺지 않은 채 섹스만 하는, 가장 단순하고 충동적인 성관계를 일컫는 말이다. 반면에 다른 상대와의 지속적인 연애는 처음에는 감정이 끌리다 마침내 성관계로 이어지는 관계이다. 또 배우자가 결혼 생활 외부에서 여러 명의 파트너와 성관계를 맺는 경우도 있다. 결혼 밖에서 맺는 성관계에는 물론 동성애도 포함된다. 각각의 경우가 다소 다르긴 하지만 결혼의 친밀성을 깨뜨린다는 점에서는 별 차이가 없다.

라파엘의 이야기

　배우자의 성적 부정을 발견한다면, 그리고 배우자가 그런 사실을 당신에게 밝혔다면 당신은 폭포수처럼 쏟아져 내리는 주체하기 어려운 복합적인 감정들을 경험하게 될 가능성이 높다. 상처, 분노, 쓰라림, 배신감, 수치심, 그리고 어느 정도의 죄책감까지 한꺼번에 표면으로 떠오를 게 틀림없다.

　라파엘 역시 이런 일들을 겪었다. 내가 그를 만난 건 햇빛이 밝게 내리쪼이던 아름다운 남부 캘리포니아에서였다. 그는 아주 건강해 보였다. 그리고 구릿빛 피부와 균형 잡힌 몸 때문에 그가 여러 여자들의 시선을 한 몸에 받을 거라는 사실을 쉽게 짐작할 수 있었다. 하지만 라파엘은 여자들 꽁무니나 쫓아다니는 그런 남자가 아니었다. 그는 15년 동안 결혼 생활을 해 온 아내 조애나에게 충실한 남편이었다. 둘은 대학 다닐 때 만나 결혼했고, 결혼 초기에는 둘 다에게 가슴 설레는 삶이 이어졌다. 하지만 최근에 와서 그는 그들 사이가 점점 멀어지고 있다는 것을 느끼고 있었다. 그런 느낌을 조애나에게 이야기하려고 해 보았지만 조애나는 이상하게도 그 이야기를 피하곤 했다. 그러던 어느 날 느닷없이 다음과 같은 충격적인 고백을 했다. "직장에서 남자를 하나 만났어요. 그리고 우린 2년 동안 서로 연인으로 지냈어요."

조애나는 미안하다는 말과 함께 그에게 상처를 입히고 싶은 생각은 없었다고 말했다. 그에게 진작 이야기하지 않은 것도 바로 그것 때문이라는 말과 함께. 그 남자가 그 주를 떠나게 되면서 그만 만나자고 선언하자 조애나는 가슴이 터질 듯한 아픔을 겪는 중이었다. 조애나는 아직도 감정적으로는 그 남자에게서 떠날 수가 없었다. 때로 조애나는 자신이 저지른 짓에 대해 심각한 죄책감을 느꼈다. 라파엘이 나무랄 데 없는 남편이라는 사실 때문이었다. 하지만 그때뿐, 조애나는 조건만 주어진다면 자기가 다시 그런 짓을 할 거라는 사실을 알았다. 지금이라도 연인이 전화를 해 오면 첫 비행기를 타고 뉴욕으로 가 버릴지도 몰랐다.

라파엘은 조애나의 고백에 그다지 놀라지 않았다. 상당한 기간 동안 자기들 사이에 뭔가 문제가 생겼다는 사실을 감지하고 있어서였을 것이다. 하지만 조애나가 다른 남자의 품에 안겨 있었던 것을 생각하면 견딜 수가 없었다. 그는 상대방 남자에게는 분노를, 그런 어리석은 관계로 끌려 들어간 조애나에게는 동정심을 느꼈다. 그는 조애나를 사랑했고, 자기들의 결혼 관계를 회복시키기를 바랐다. 하지만 조애나가 다른 남자와 관계를 맺은 게 그때가 처음이 아니라는 사실이 그를 더 힘들게 했다. 결혼 초에도 조애나는 테니스를 치다 만난 어떤 남자에게 감정적으로 끌린 적이 있었다. 그때는 성관계까지 이르지는 않았다. 최소한 조애나가 얘기한 바로는 그랬다. 하지만 라파엘은 때때로 정말로 그랬을까 하는 궁금증을 안고 살았다. 그는 이 두 관계 말고도 조애나가 다른 남자들과 관계를 맺었을 거라는 의심을 하지 않을 수가 없었다.

그를 가장 괴롭혔던 의문은 바로 이것이었다. "그런 일이 다시 일어나지 않으리란 보장이 있는 걸까?" 때로는 실망감, 아픔, 분노, 걱정이 걷잡을 수 없이 그를 사로잡았다. 순간순간 자살 충동이 일기도 했고, 한참 동안은 상대방 남자를 죽이고 싶은 생각이 들기도 했다. 그 모든 감정에도 불구하고 그는 조애나를 사랑했다. 하지만 자기가 조애나를 다시 신뢰할 수 있을지에 관해서는 그다지 확신이 없었다.

처음으로 라파엘을 만난 지 3년쯤 지나 나는 라파엘과, 조애나가 자기의 부정을 얘기한 뒤에 그에게 일어났던 일들을 들을 기회가 있었다. 라파엘은 아내의 성적 부정을 알고 참된 삶의 원리들을 따라 행동했던 남편의 전형적인 예를 보여 주고 있었다. 이 장의 나머지에서 나는 라파엘의 이야기를 다루면서 이런 종류의 부부간의 위기를 다룰 때 책임 있는 태도를 갖는 게 얼마나 가치 있는 일인가를 이야기하고 싶다.

거짓말과의 힘겨운 싸움

참된 삶을 살기 위해 당신이 버려야 할 네 가지 거짓말을 다시 한번 상기해 보자.

1. 내가 처한 환경이 내 마음 상태를 결정한다.

2. 사람은 결코 변화되지 않는다.

3. 불만스런 결혼 생활의 해결책은 불행 아니면 이혼, 두 가지뿐
   이다.

4. 도저히 가망이 없는 관계들이 있다. 그리고 내 경우도 거기에
   속한다.

라파엘은 위의 거짓말 하나하나와 싸워야 했다. 이 거짓말 각각
이 긍정적인 행동을 취하지 못하게 그의 발목을 잡을 수 있는 것들
이기 때문이었다. 조애나의 고백 이후 라파엘이 가장 격하게 느꼈던
것은 아픔과 실망감이었다. 조애나가 자신의 비밀을 이야기한 후에
그는 30분 정도 소리를 내서 울었다. 그러고 난 뒤에는 아무 말도
할 수 없었다. 너무나 큰 슬픔이 그를 짓누른 때문이었다. 다음으로
는 아내와 상대방 남자를 향해 치밀어 오르는 분노를 느꼈고, 그 뒤
에는 우울한 기분과 그 피해를 복구할 수 있는 건 아무것도 없다는,
그리고 이제 자신들의 결혼 생활은 끝났다는 절망감이 그를 사로잡
았다.

첫 번째 주에 이런 감정들이 라파엘의 삶에 번갈아 드나들었다.
무슨 행동을 취할 상태가 아니었다. 조애나에게 화를 내지도 않았
다. 조애나로부터 멀어지는 걸 느낄 뿐이었다. 아침에는 늦잠을 자
기 일쑤였다. 그 첫 주말에 그는 직장을 쉬고 혼자서 시간을 보내기
로 마음먹었다.

라파엘이 자기에게 선택할 길이 있다는 걸 깨달은 게 바로 그날이

었다. 그는 자신의 감정 속에 숨어 여생을 분노에 찬 우울한 남자로 살아갈 수도 있었다. 반면에 그런 고통스런 감정에도 불구하고 긍정적인 태도를 취해서 조애나가 있든 없든 더 나은 미래를 만들기 위해 노력하는 길을 택할 수도 있었다. 조애나가 결국 어떤 선택을 할지는 알 수 없었다. 하지만 라파엘은 마음속에서부터 최선의 방법을 찾고, 긍정적인 목표를 향해서 나아가는 것만이 자기 자신이나 부모님, 그리고 친구들에게 진 빚을 갚는 길이라고 생각했다.

그다음 몇 주 동안 그는 두 번째, 세 번째, 그리고 네 번째 거짓말과 씨름했다. '사람은 결코 변할 수 없어.' 그는 이렇게 생각했다. '결혼 생활 15년 동안 조애나는 감정적으로는 두 남자와, 성적으로는 그중 적어도 한 남자와 관계를 맺었어. 그렇다면 조애나가 다시 그런 짓을 하지 않을 거라고 누가 장담할 수 있겠는가?' 사람들의 행동 유형은, 특히 감정이나 성적인 영역과 관련해서는 쉽게 변하기 어려운 법이다. 그는 어쩌면 좋은 남편이 되려는 자신의 노력이 부족했는지도 모르겠다는 생각을 해 보았다. 그래서 결과적으로 조애나가 다른 남자와 관계를 맺지 않을 수 없게 만든 게 아닌가 자문해 보았던 것이다. 그러면서 만일 그렇다면 자기 자신도 그런 태도를 고칠 수 있을지 염려가 되었다. 라파엘은 앞으로 조애나가 연애를 계속한다 할지라도 자신은 고통 속에서 허우적대며 살 수 없다는 결론에 이르렀다. 자기 삶을 그렇게 살고 싶은 생각은 없었다.

그는 세 번째 거짓말에서 말하는 이혼이라는 대안에 대해 오랫동안 그리고 끈질기게 생각했다. 어떤 면에서 그는 그 아이디어에 마음이 끌렸다. 조애나가 다른 남자를 좋아한다면 다른 남자와 살게 해 주자. 그는 자기 길을 가면 된다. 자기는 자기 행복을 찾으면 된다. 그리고 그렇게 세월이 흐르면 언젠가 조애나가 자기를 떠난 것을 후회하게 될 날이 올지도 모른다. 하지만 라파엘은 이혼을 한다면 그 문제로부터는 탈출할 수 있지만 그것이 결국은 또 다른 문제를 불러일으킬 거라는 사실을 알았다. 그리고 그런 결정이 그들 부부뿐 아니라 자기들 자신과 조애나의 부모님, 그리고 자기들을 이상적인 부부로 우러러 보고 있는 다른 사람들에게까지 영향을 미칠 거라는 사실을 알았다.

네 번째 거짓말이 그의 마음을 맹공격하기 시작했다. '도저히 가망이 없는 상황들이 있다. 그리고 내 경우도 거기에 속한다. 지금 나는 머리를 벽에다 찧고 있는 격이 아닐까? 상황이 달라질 수 있을까? 그렇지 않을 거라면 불가능한 꿈을 좇으면서 인생을 낭비하느니 차라리 지금 벗어나는 게 더 낫지 않을까?'

그 거짓말들 하나하나가 마음속에서 그를 끈질기게 끌어당겼다. 하지만 2, 3주가 지난 뒤에 그는 그 거짓말 하나하나에 '아니오'라고 말할 수 있었다. 그는 결혼 생활을 유지하기 위해서 싸우고 마침내 성공했던 사람들을 알고 있었다. 사람들은 변한다. 그리고 어쩌면 자기와 조애나도 행복한 결혼 생활을 하는 데 필요한 변화를 만들어 나갈 수 있을지 모른다. 그는 마침내 화해하려는 노력을 제대로 기울이지도 않은 상태에서 이혼은 대안이 될 수 없다고 결론지었다. 왜 지금 포기해야 하는가? 이혼을 하게 된다 해도 그것은 첫 번째 대안이 아니라 마지막 대안이 되어야 하지 않을까? 어쩌면 조애나의 부정으로 인해 그가 처한 상황에는 희망이 없어 보일 수도 있다. 하지만 마음속으로 그는 그렇지 않다고 생각했다. 위에서 말한 거짓말들과 싸워서 승리했기 때문에 이제 그는 참된 삶의 원리들을 적용할 준비를 갖춘 셈이었다.

회복의 시작

라파엘은 자기의 행동에 대해서는 자기가 책임을 져야 한다는 사실을 인정했다. 조애나의 행동이 자신에게 강렬한 감정을 불러일으키긴 했지만 그는 이런 감정에 대해 건설적인 태도로 반응하는 방법을 택했다. 그는 부정적으로건 긍정적으로건 자기에게 선택권이 있다는 사실을 알았다. 그는 자신의 상처와 분노에 무릎 꿇음으로써 결국에는 냉혹한 사람이 될 수도 있었다. 혹은 자신의 상처와 분노를 인정하고, 이런 감정을 극복하는 길을, 이런 감정의 파괴적인 공격에 굴복하기보다는 해결책을 찾는 길을 택할 수도 있었다. 선택의 기로에서 그는 긍정적인 태도를 취함으로써 이제 건설적인 행동

거짓말 떨쳐 버리기
1. 환경이 나의 마음상태를 결정짓지 않는다.
2. 사람들은 변할 수 있다.
3. 불만스런 결혼의 해결책에는 불행한 삶을 살거나 이혼하는 두 가지 대안만 있는 건 아니다.
4. 내 상황은 절망적이지 않다.

을 취할 준비가 되었다.

그는 결혼 생활이 힘들었을 때 상담을 받은 적이 있던 친구에게
상담자의 전화번호를 물었다. 그다음 날 라파엘은 그 상담자에게 전
화를 걸고 약속 날짜를 잡았다. 그는 조애나에게 자기와 함께 가겠
느냐고 물었고, 동의를 얻었다. 그들이 상담자를 만난 날짜는 조애
나가 같은 직장의 남자와 관계를 맺었다는 사실을 그에게 알린 지
정확히 6주째 되는 날이었다. 조애나는 그 기간 동안 의사가 처방
해 준 수면제를 먹으면서 다소 우울한 상태로 지내고 있었다. 자기
감정에 혼란을 느끼는 날이 대부분이었고, 자기에게 상담자를 만날
힘이 있을지 의심스러워하면서도 어쨌든 함께 가겠다고 했다. 그렇
게 해서 이 부부에게 성적 부정의 여진으로부터 치유책을 찾고 결
혼 생활을 회복하는 긴 여정이 시작되었다.

라파엘이 상담을 받으면서 알게 된 한 가지 사실은 자신이 조애
나를 변화시킬 순 없지만 참된 삶의 원리를 따르는 그의 행동이 조
애나의 감정에 영향을 미쳤다는 사실이었다. 라파엘이 어떤 행동을
한다고 해도 그것이 곧 조애나가 앞으로 그에게 충실하리라는 것을
보장할 수는 없었다. 하지만 그는 그들 두 사람의 감정적 필요를 만
족시키는 동반자 관계를 형성함으로써 조애나와의 친밀한 결혼 생
활을 해 나가는 것이야말로 앞으로의 성적 부정을 막는 가장 큰 억
지력이 될 것이라는 사실을 알았다.

상담을 받으면서 라파엘과 조애나는 결혼 생활 속에서 자기들이
필요로 했던 것이 무엇이었는지를 찾기 시작했다. 그리고 과거에 그
러한 필요들이 충족되었을 때와 충족되지 못했을 때 자신들의 태도

가 어땠는가를 살피기 시작했다. 그들은, 자기들의 욕구 하나하나가 독특하며, 그들이 친밀한 결혼 생활을 회복한다 할지라도 그들 둘 다 상대방을 이해하며, 서로의 차이점을 존중하고, 서로의 욕구를 만족시키기 위해 진지한 노력을 기울여야 한다는 사실을 인정했다.

때로 상담을 받다가 도중에 끝내고 싶어 하는 사람도 있다. 라파엘의 경우가 그랬다. 그는 상담자와 조애나가 조애나의 부정에 대한 책임을 자기에게 돌린다고 생각했다. 라파엘이 조애나의 욕구를 충족시켰더라면 다른 남자와의 관계를 시작했겠느냐는 것을 언급한 게 화근이었다. 그는 마음 한편에서 상담을 그만 받고 싶어 했다.

라파엘이 그런 생각을 상담자와 조애나 앞에서 이야기하자 상담자는 그가 그런 생각과 감정을 갖는 게 당연하다고 말해 주었다. "그런 생각이나 감정은 부부가 자신들의 결혼 생활을 현실적으로 다루기 시작할 때 보이는 전형적인 반응입니다. 그렇게 생각하신다면 언제든 상담을 그만두셔도 좋습니다." 상담자는 그 말을 함으로써 라파엘의 말에 수긍하면서도 감정이 행동을 지배하게 해서는 안 된다는 또 다른 참된 삶의 원리를 확인시켜 준 셈이었다. 그는 라파엘에게 자신의 감정이 어떠하고 그 감정들이 그를 어디로 끌고 가는지를 인정하고 난 후, 그렇게 함으로써 얻는 혜택을 믿고 감정이 끌고 가는 반대 방향을 선택할 수도 있다는 사실을 되새기게 해 주었다. 라파엘은 계속해서 상담을 받았고, 화해의 과정에 진전이 보이기 시작했다.

라파엘을 상담하는 과정에서 가장 힘들었던 부분은 그가 추측했던 대로 조애나의 감정적 욕구를 채우는 점에서 그가 그다지 성공적이지 않았다는 사실을 인정하는 것이었다. 예를 들면, 그는 결정을 내리는 과정에서 조애나와 의논하지 않은 적이 많았기 때문에 그 과정에서 조애나가 소외감을 느꼈다는 사실을 발견했다. 그럴 때마다 조애나는 자신을 무가치한 존재로 느꼈던 것이다.

라파엘은 강하고, 자신감 넘치고, 통찰력 있는 사업가였다. 그는 사업상 매일 결정을 내려야 했고, 제대로 된 결정을 내리는 스스로를 자랑스러워했다. 결혼 생활에서 결정을 내려야 하는 문제에서도 그는 항상 조애나의 욕구를 고려했고, 마음속으로는 늘 조애나와 함께 결정을 내렸다. 그리고 조애나도 그가 내린 결정들 대부분에 대해서 만족스러워한 것도 사실이었다. 그러나 조애나는 결정 과정에서 어쨌든 소외감을 느꼈고, 그 과정에서 자기만 쏙 빠졌다는 느낌을 받았다. 조애나는 라파엘을 남편이라기보다는 자기 자녀에게 유익한 판단을 내리는 아버지처럼 여겼다. 조애나는 자신이 자신의 생각과 감정이 협상 테이블에서 환영받는 동등한 파트너라기보다는 어린아이로 생각되었다. 그리고 남편을 동반자라기보다는 아버지라고 생각한 조애나의 인식이 조애나로 하여금 다른 곳에서 친밀한 관계를 찾게 하는 요인이 되었다.

라파엘은 이런 감정적인 역학관계를 이해하고 받아들이는 일을 아주 힘들어했다. 하지만 그는 또 다른 참된 삶의 원리에서 도움을 찾았다. 자신의 불완전함을 인정하는 것이 곧 자신이 패배자라는 사실을 의미하는 건 아니라는 원리였다. 상담자는 라파엘로 하여금 그의 의도가 긍정적이었다는 사실을 이해하도록 도와주었다. 결정을 내리는 그의 방식은 조애나를 사랑하는 데서 나온 것이었고, 이타적인 행동이었다. 그것이 동반자를 원하는 조애나의 필요를 채워 주지 못한 것뿐이었다. 그러나 그런 사실을 인정했다고 해서 그가 실패자라고 자인한 건 아니었다. 그건 단지 결정을 내리는 데는 그보다 더 나은 방법이 있고, 그건 조애나를 결정 과정에 포함시키는 것이라는 사실을 뜻했다. 상담자의 도움으로 라파엘과 조애나는 결정을 내리는 과정에서 자기들이 변화를 시도해야 할 점들에 대해 타협했다.

상담자는 라파엘과 조애나가 결혼 생활에서 필요한 또 다른 변화를 이루어 나가도록 도왔다. 그들은 서로를 비난하지 않고 자신의 감정과 생각, 그리고 욕구를 이야기할 수 있는 방법을 배우기 시작했다. 서로에게 필요한 것을 채워 주기 위해 변화해 가는 기쁨도 누리기 시작했다. 간단히 말해서 그들은 친밀한 결혼 관계를 형성해 가는 힘든 일을 함께해 나갔던 것이다.

상담을 선택하는 대부분의 부부들과 마찬가지로 라파엘과 조애나는 개인 상담과 더불어 부부 상담을 받았다. 개인 상담 시간에 상담자는 그들이 개인적 태도와 감정을 처리하는 일을 도왔다. 상담자는 조애나가 다른 남자에게 아직도 강하게 끌리는 감정을 처리하도록 도왔다. 그의 도움으로 조애나는 그런 감정들이 하룻밤 사이에 사라져 버리는 게 아니라는 사실을 이해했다. 자기들이 함께 보낸 시간들에 대한 기억이 종종 조애나의 마음속에 스쳐 지나갔고, 그들이 함께 나누었던 친밀함에 대한 그리움이 자주 그녀의 생각을 지배하곤 했다. 상담자의 도움으로 자신의 행동은 이런 감정과 욕구의 영향을 받을 필요가 없다는 사실을 알고 난 조애나는 라파엘과의 관계를 회복하는 데 온 힘을 쏟았다. 조애나는 두 번인가 세 번쯤 뉴욕에 있는 그 남자에게서 걸려온 전화를 받지 않겠다는 결정을 내렸다. 마음속으로 조애나는 그 관계를 밀고 나간다고 해 봤자 결국은 막다른 길에 이르게 될 뿐이라는 사실을 잘 알고 있었다. 그녀는 또 라파엘은 자기에게 충실했으며 그가 자기를 사랑한다는 사실도 알고 있었다. 그렇지 않다면 자기가 그렇게 무분별한 행동을 저질렀는데도 라파엘이 자기를 기꺼이 용서할 생각은 하지 못했을 것이다. 1년 정도가 지나자 조애나에게 라파엘에 대한 애정이 자라났고, 다른 남자에 대한 감정과 기억은 점점 사라졌다. 조애나는 자기가 치유를 향한 길에 들어섰다는 사실을 알았다.

용서

　조애나에게 가장 힘들었던 일 중 하나는 상담을 받은 지 9개월쯤 지났을 때 왔다. 그때쯤 조애나는 라파엘의 사랑을 느끼는 동시에 자기가 그에게 얼마나 깊은 상처를 주었는지를 깨닫기 시작했다. 상담 초기에 조애나는 라파엘의 잘못에만 초점을 맞추었고, 자신의 부정을 그의 탓으로 돌리려고 했다. 하지만 9개월이 지난 뒤에 조애나는 자신의 행동에 대한 책임이 결국은 자기에게 있다는 사실을 이해하기에 이르렀다. 조애나는 무거운 죄책감에 짓눌렸고, 라파엘에게 진심으로 용서를 구한 적이 없다는 사실을 깨달았다.

회복의 초기 과정에 조애나는 머리로는 자신이 잘못했다는 사실을 인정하고 용서를 구했다. 하지만 이번에는 훨씬 더 깊은 차원에서 그에게 용서를 구해야 한다는 생각이 들었다. 조애나가 자신의 죄책감을 예리하게 인식하고 있었기 때문에 가능한 일이었다. 그때에 가서야 라파엘이 자기에게 제공했던 용서라는 선물이 얼마나 소중한지도 이해했다. 조애나는 이 말을 거듭거듭 말했다. "당신을 얼마나 고통스럽게 했는지…… 제발 날 용서해 줘요."

라파엘은 물론 이렇게 대답했다. "그럼, 그렇게 하고말고!"

복받치는 감정에 눈물을 펑펑 쏟으면서 둘은 서로를 끌어안았다. 그리고 그 순간부터 두 사람은 이제 과거의 상처가 치유될 거라는 사실을 알았다. 그때에 이르러서야 조애나의 성적 부정은 열린 상처로 남지 않고 단단하게 아물게 될 게 확실해졌다.

회복의 초기 단계에서 라파엘이 가장 힘들게 씨름했던 일 중 하나는 자기 아내가 열정적인 성관계를 맺었던 남자에 대해 아직까지도 강렬한 감정을 느낀다는 것을 알면서 함께 살아가는 것이었다. 이런 사실이 변화를 향한 그의 노력에 찬물을 끼얹었다. 과거를 떠나보내기를 원하고 있는 마당에 아내가 아직도 그 남자에게 강한 애정을 느끼고 있다는 사실을 알았을 때 라파엘은 그것이 쉬운 일이 아님을 알았다. 상담자는 라파엘에게 이런 현실과 더불어 사는 것이야말로 회복 과정의 일부이며, 조애나가 그런 감정을 가지고 있다는 사실을 부인했다면 두 사람 다 신뢰할 만한 관계를 구축할 수는 없게 되었을 거라고 용기를 북돋아 주었다. 가장 중요한 사실은 조애나가 그 남자가 아니라 라파엘을 선택했다는 점이었다. 그리고 조애나는 자신의 감정이 행동까지 지배하지 못하게 하려고 노력하는 중이었다. 조애나의 감정만 빼놓으면 조애나의 선택에 대해서는 고마워하지 못할 것도 없었다.

화해의 밤이 지난 뒤 라파엘은 자신의 오랜 씨름이 끝나고 조애나가 이제 자신의 고통을 이해하고, 자신에게 겪게 한 그 모든 일을 진심으로 후회하고 있다는 사실을 알게 되었다. 그리고 그때 그는 지금 조애나의 사랑의 감정이 향한 곳은 자기이며, 그럼으로써 자기들의 결혼 생활이 지속될 거라는 사실을 알았다.

배우자의 외도 뒤에 부부관계를 치유하는 과정에서 용서만큼 중요한 요소는 없다. 용서에는 중요한 요소가 두 가지 있다. 잘못을 저지른 배우자의 고백과 용서 구하기, 그리고 상처받은 배우자의 진정한 용서다. 용서를 구하는 것은 "이제 그 일로 더 이상 당신을 괴롭히지 않을게."라는 약속이다. 그런 용서는 다양한 감정적 차원에서 일어난다. 그래서 조애나는 9개월간의 상담 과정에서 용서의 과정을 다시 반복하기를 원했다. 그때 조애나는 그 과정에서 성적 부정뿐 아니라 자신의 부부관계를 정직한 눈으로 바라볼 때 깨닫게 된

다른 잘못들에 대해서도 라파엘에게 용서를 구했다.

그 후로도 상담은 몇 개월 동안 계속되었다. 하지만 초기 몇 달의 회복 단계와 달라진 점은 그때의 암울했던 불확실성이 지금은 자신감으로 바뀌었다는 것이다. 서로 간에 신뢰가 회복되었기 때문에 라파엘과 조애나는 이제는 자기들 스스로를 상대에게 더 온전히 내어 줄 수 있게 되었고, 서로에 대한 헌신을 새롭게 했다. 그들은 자신들의 분노와 죄책감, 두려움, 그리고 염려를 다스렸다. 그리고 세상에서 선을 이루는 데는 사랑이 가장 강력한 무기가 된다는 참된 삶의 원리 하나하나를 실제로 보여 주었다.

용서를 베풀고 진심으로 배우자의 필요가 무엇인가를 알아서 채우려 하는 동시에 잘못을 고백하는 용기 있는 사랑의 행동을 선택할 때 부부관계의 친밀성은 현실이 된다. 손에 잡히지 않았던 꿈같은 일들이 이제 더 이상 꿈으로만 머물러 있지 않게 되는 것이다.

아픔과 분노를 표현하는 법

이제까지 외도 뒤에 라파엘과 조애나 부부가 회복으로 가는 여정을 살펴보았다. 이제는 이 문제에서 참된 삶으로 가는 길에서 부부들이 흔히 맞게 되는 몇 가지 유혹들을 살펴보려고 한다. 앞에서 얘기한 대로 배우자가 성적 부정을 저질렀다는 사실을 알게 되면 마른하늘에 날벼락을 맞는 기분일 것이다. 삶이 이전처럼 지속될 리가 없다. 그때 당신은 새로운 감정을 처리해야 하고, 새로운 결정을 내려야 한다. 그리고 그런 감정과 결정에 대한 당신의 반응이 당신을 회복으로 이끌 것인가 아니면 이혼으로 이끌 것인가를 결정할 것이다.

아픔과 분노는 배우자의 부정을 알고 난 뒤에 가장 많이 겪게 되는 감정이며, 이 감정은 깊고도 강렬하다. 분노 중에 당신은 부정을 저지른 배우자에게 방아쇠를 당길 수도 있고, 뒤도 돌아보지 않고 집을 나가 다시는 돌아오지 않을 수도 있다. 한 가지 대안은 살인을, 또 다른 대안은 이혼을 불러온다. 하지만 이 중 그 어느 것도 부정을 일으킨 근본적인 문제점들을 해결해 주지는 않는다. 그리고 두 가지 대안 다 당신이 새삼스럽게 다루어야 할 새로운 문제들을 불러 일으킨다.

아픔과 분노는 건전한 감정이다. 그러한 감정은 당신이 인간이며, 부부 관계에 애정이 있다는 사실을 보여 준다. 또한 그런 감정은 당신이 스스로를 상처 입은 가치 있는 인간으로 보고 있고, 의와 공정함에 관심이 있다는 사실을 말해 준다. 하지만 당신은 이런 감정을 긍정적인 방법으로 처리해야 한다.

원래 눈물을 펑펑 쏟거나 흑흑거리며 우는 행위는 아픔과 분노의 감정에 대한 건강한 반응이다. 하지만 몸이 그런 슬픔을 견뎌 내는 데에는 한계가 있다. 따라서 울면서도 냉정을 유지할 줄 알아야 한다.

외도를 저지른 배우자에게 당신의 아픔과 분노를 말로 표현하는 것 역시 분노를 표현하는 건전한 방법이다. 하지만 '당신'으로 시작하는 말은 배우자를 비난하는 말일 뿐 아니라 배우자로부터 더 심한 부정적인 반응을 불러일으킬 것이라는 사실을 명심하라. 예를 들어 당신은 아래와 같은 말을 사용하는데, 이런 말은 이해보다는 싸움을 불러오는 경향이 있다. "당신이 날 배신하다니…… 당신은 내게 너무나 큰 상처를 입혔소. 그동안 당신은 날 이용한 거요. 당신은 날 사랑하지 않아. 당신이 날 사랑했다면 그런 짓을 했을 리가 없소……." 이런 말은 비난하는 말이며 부정적인 반응을 유발한다. 반면에 '나'를 주어로 하는 말들은 말하는 이의 감정만을 드러낸다.

　당신의 분노를 '당신'으로 시작하는 말보다는 '나'로 시작하는 말로 표현하는 것이 좋다. '당신'으로 시작하는 말은 상대를 비난해서 방어적이거나 그렇지 않으면 공격적인 반응을 불러일으킬 수 있기 때문이다. 여기에 '나'로 시작되는 말들의 몇 가지 예를 제시하겠다. "(난) 배신당한 기분이 들어요. (난) 상처받았어요. (내가) 이용당한 기분이에요. (난) 당신이 날 사랑하지 않는다는 기분이 들어요. (나는) 당신이 날 사랑했다면 그럴 수 없었을 거라는 느낌이 들어요. (난) 다시는 당신을 만지고 싶지 않아요."[1] 여기에 제시된 말들은 당신의 생각과 감정을 배우자에게 표현하는 말들이다. 그 말들은 정직하며 그 안에는 은폐된 것이 없다. 그 말들은 배우자에게 당신의 깊은 상처, 고통, 분노를 있는 그대로 전달한다. 회복의 과정은 이처럼 배우자가 당신의 아픔과 분노의 깊이를 듣고 이해하는 과정을 필요로 한다.

당신의 분노와 아픔을 다루는 또 하나의 방법은 믿을 만한 친구나 목사님, 혹은 상담자에게 이야기하는 것이다. 다른 사람에게 분노나 상처를 이야기하는 것은 분노를 극복하고 긍정적인 해결책을 찾는 건전한 방식이다.

반면에 그 문제를 훨씬 더 복잡하게 하는, 분노에 대한 여러 가지 부정적인 반응이 있다. 엄청난 분노 속에서 유리컵이나 접시를 집어 던질 수도 있다. 하지만 그런 행동은 배우자에게 신체적으로 해를 입히고 폭력을 행했다는 죄를 뒤집어 쓸 가능성이 있을 뿐 아니라 귀중한 물건을 파괴하는 행위일 수 있다. 자녀들 앞에서 그런 일을 저지른다면 당신은 아이들에게 부모가 분노를 통제할 수 없는 상태에 놓여 있다는 것을 생중계하고 있는 셈이다. 그런 기억을 안고 살아갈 자녀들을 생각해 보라. 또 신체적 협박이나 행동이 동반되기 마련인 그런 분노의 폭발은 당신을 감옥에 가게 하거나 문제를 더 복잡하게 만들 수 있다. 그런 행동들은 또 당신의 배우자의 죄책감을 경감시킬 수도 있다. 이제 당신의 배우자는 당신의 행동을 통해 당신을 비이성적이며 통제 불가능한 인간이라고 여길 것이기 때문에 자기 자신보다는 당신을 비난하는 데로 화살을 돌릴 것이다. 배우자에게, 자기의 죄책감을 제거하고 그 죄책감을 당신에게로 전이할 기회를 주는 것은 회복의 과정이 될 수 없다. 그런 행동은 결국 당신의 배우자를 더욱더 이혼으로 몰고 갈 것이다.

부정을 저지른 배우자에 대한 보복은 일반적이긴 하지만 매우 부정적인 반응이라고 볼 수 있다. 그런 보복에는 배우자에게 배신당한 기분이 어떤지를 보여 주기 위해 스스로 바람을 피우는 일이 포함될 수도 있다. 또 다른 복수 전략은 부정한 배우자의 직장에 가서 고함을 치고 큰소리로 소란을 피우는 것이다. 부정한 배우자가 집에서 나가서 불륜 상대를 계속해서 만날 경우 그들이 사는 곳을 지나면서 유리창에 벽돌을 집어던지거나 그 집에 전화해서는 침묵으로 일관하거나 그들의 차 타이어에 구멍을 뚫거나 하는 보복 작전을 펼칠 수도 있다. 부정한 연인들의 차에서 배터리를 빼 버린 사람 얘기도 들은 적이 있다. 이런 전략들은 십대들이나 할 만한 유치한 행동들이며, 불법적인 데다 해롭기까지 하다.

복수하려는 시도들은 무엇인 되었건 실패할 게 뻔하다. 눈에는 눈 이에는 이 식으로 앙갚음하려는 행동은 상대방이 죄책감을 덜 느끼게 함으로써 그 사람 속에 맞불작전으로 앙갚음하려는 욕망을 불어넣는 경향이 있기 때문이다. 그래서 그런 태도는 해결책을 찾기보다는 문제를 훨씬 더 악화시키기 마련이다.

상담을 받으라

당신의 배우자가 성적인 면에서 부정을 저질렀다면 당신에게는 대답을 듣고 싶은 많은 의문들이 생길 것이며, 내려야 할 결정들도 여럿 있을 것이다. 이런 질문들과 결정들은 전문적인 상담자나 믿을 만한 친구의 도움을 받아 하는 것이 최선이다. 쌍방 간에 최선의 길이 무엇인지를 분명하게 생각하는 데 도움을 받을 수 있기 때문이다. 때로는 잘못을 저지른 배우자가 상담 받는 일을 꺼릴 수도 있다. 그러면 혼자서라도 가라. 그 과정을 일단 시작하는 것이 좋다. 당신의 배우자가 그 문제를 해결하려 하지 않는다 해도 당신 자신의 감정을 다스리고, 당신 스스로가 결정을 내리는 일이 필요하다. 감정적으로 그 상황과 무관한 사람들의 도움을 받는다면 당신은 훨씬 더 현명한 판단을 내릴 수 있을 것이다.

당신이 상담을 받는다면 처음에는 상담 받기를 꺼리던 배우자도 결국에는 상담을 받을 가능성이 커진다. 그리고 설령 당신의 배우자가 상담 받는 일을 계속해서 거부한다 해도 당신은 참된 삶의 길을 걸을 수 있다. 그리고 그 결혼 생활이 회복되건 그렇지 않건 간에 당신은 장차 전보다 훨씬 더 나은 삶을 살아갈 수 있다.

배우자가 부정을 저질렀을 때 당신은 결혼 생활을 회복하는 일을 목표로 삼고 노력해야 한다. 하지만 그것이 언제나 가능한 일이 아니라는 건 분명하다. 배우자가 다른 상대와 부정한 관계를 계속해서 유지하려 들지도 모르고 그 관계를 청산하겠다는 약속을 깨뜨리고 계속해서 그 사람을 만날 수도 있다. 사실상 그 관계를 정리하고 난 뒤 또 다른 관계를 시작할 수도 있다. 이처럼 당신이 배우자의 문제를 다룰 수는 없다. 하지만 당신 자신의 문제를 다룰 수는 있다.

참된 삶이란 당신 자신의 생각이나 행동에 스스로 책임을 지고, 아무리 어려운 상황에서라도 가장 건설적인 행보를 취하는 것이다. 이것이 당신 자신의 정신적, 영적 건강을 위해서도 좋은 일이다. 그리고 이것이 배우자의 삶에서 긍정적인 변화를 자극할 수 있는 가능성을 키워 줄 것이다.

이대로 맞고 살 순 없어요
_물리적 폭력을 쓰는 배우자

매 해 가정폭력, 즉 배우자의 폭력으로 피해를 입는 사람은 셀 수 없이 많다. 여기에는 신체적 학대, 성적 학대, 그리고 신체적 학대나 성적 학대를 가하겠다는 위협, 감정적인 폭력까지가 다 포함되어 있다.[1] 그런 폭력은 폭력을 당한 당사자뿐 아니라 그 가정에서 자라는 어린아이들까지도 철저하게 파괴한다. 그리고 그 결과는 대부분 아주 치명적이다.

이 장에서 우리는 신체적 학대를 행하는 배우자에 관해 집중적으로 다루려고 한다. 신체적 학대란 실제로 신체적 손상을 가하는 것뿐 아니라 그렇게 할 의도 하에 행해진 모든 행동을 말한다. 때리고, 밀고, 차고, 목을 조르고, 물건을 던지고, 무기를 사용하는 일 등이 모두 이 범주에 속한다. 신체적 학대의 정도는 뺨을 때리는 것에서부터 살인까지 그 범위가 다양하다. 언어폭력이 피해자의 정신을 죽

인다면 신체적 학대는 결국 피해자를 죽이는 데까지 이를 수 있다.[2]

이 문제를 연구한 학자들은 배우자에 대한 학대가 언제 그리고 어디서 일어나는지에 관하여 일정한 패턴을 찾아냈다. 대부분의 학대는 저녁 6시에서 아침 6시 사이에 일어난다. 그리고 신체적 학대가 일어나는 장소는 대부분 피해자의 집이다.[3]

폭력의 주기

연구에 따르면 신체적 학대의 주기는 세 단계로 이루어진다.[4] 첫번째 단계는 긴장이 축적되는 단계로, 가해자가 일련의 분노를 경험하는 단계다. 분노를 겪으면서 그의 좌절감은 점점 더 커지고, 그런 감정을 안에다 가두어 둔다. 분노감이 점점 더 강렬해짐에 따라 그는 말로 자기의 적대감을 표현할 것이다. 이 시점에서 아내는 남편의 마음을 진정시키고, 더 이상의 충돌을 피하려고 애쓰면서 그를 달래려고 할 것이다. 하지만 이 방법이 통하는 건 잠깐뿐이며, 그 긴장은 계속해서 가해자의 내부에 쌓인다. 그런 다음에 그는 말로 더 심한 분노를 표현하기 시작한다. 그리고 더 이상 그의 마음을 진정시킬 희망이 없다고 느낄 때 아내는 안으로 움츠러든다. 남편은 움츠러드는 아내의 모습을 보고, 더욱 심한 분노로 반응한다. 긴장이 쌓이는 단계는 한 시간에서 몇 달까지 지속될 수 있다.

그다음은 분노가 폭발하는 단계다. 이때는 물리적 폭력이 실제로 일어난다. 가해자는 이제 배우자를 향해 자기의 공격적 행동을 표출한다. 두들겨 패는 일이 멈출 때가 이 단계의 끝이다. 두들겨 패는 행위를 통해 긴장의 정도가 줄어든다.

세 번째 단계는 종종 밀월기간이라고 불리는 자책의 단계다. 폭발 단계 후에는 상대적으로 조용한 시기가 찾아온다. 가해 배우자는 피해 배우자에게 깊이 사과하고, 친절을 베풀며, 그런 일이 다시는 일어나지 않을 거라고 약속한다. 이런 행동은 대개 아내를 잃을 거라는 두려움과 폭력으로 발생한 피해에 대한 죄책감에서 나온다. 이 단계 중에 가해 배우자는 실제로 다시는 폭력을 쓰지 않을 거라고 생각한다. 피해 배우자도 그의 말을 믿고 결혼 생활을 지속하는 경우가 대부분이다. 이 '화해'의 시간 동안 둘의 관계는 그 어느 때보다도 좋다. 하지만 결국 가해 배우자가 다시 분노하는 일들이 일어난다. 다시 긴장이 쌓이기 시작하고, 위의 주기는 반복된다.

베스는 폭력을 일삼는 남편에 대해서 이렇게 말했다. "사과할 때 보면 진심이 느껴져요. 눈에 눈물까지 그렁그렁하다니까요. 자기 행동이 잘못됐다는 사실을 인정하고, 이번만 용서해 주면 다시는 그런 일이 없을 거라고 약속하죠. 너무 진실해 보여서 남편을 믿고 싶은 마음이 드는 거예요. 하지만 그런 과정은 어김없이 반복되곤 해요." 학대의 세 주기가 그의 행동 속에 견고하게 자리를 잡은 게 분명해 보인다.

학대는 왜 계속되는가?

신체적인 학대가 일어날 경우 남편이 가해자인 경우가 대부분이다. 하지만 아내가 남편을 때리는 경우도 아주 없는 건 아니다.[5] 맞는 아내들은 보통 그 폭력이 몇 달, 혹은 몇 년간 지속되기까지 아무런 조치도 취하지 않고 내버려 두는 경우가 많다. 연구결과에 따르면 실제로 학대의 정도가 심하면 심할수록 아내가 남편을 떠나는 시기가 늦어진다고 한다.[6] 매 맞는 아내들이 행동을 취하는 데 그렇게 굼뜬 이유는 뭘까? 일반적인 요인들 몇 가지를 살펴보자.

대개 학대는 결혼 첫 해에 시작된다. 그 일이 처음 일어나면 아내들은 자신이 달리 행동했다면 남편이 그렇게 폭력적인 행동을 하지는 않았을 거라고 생각하며 자책한다. 처음 몇 번은 학대가 그렇게 자주 일어나지는 않는다. 그럴 경우 남편은 대개 후회하며 아내는 용서하는 분위기다. 하지만 남편이 폭발하는 경우가 잦아질수록 그의 사과에 대한 아내의 믿음도 점점 더 약해진다. 폭력이 심각하다는 사실을 깨달을 때쯤 아내는 대부분 그 폭력에 압도당하고, 절망감을 느끼게 된다. 매 맞는 아내들은 어떤 종류든 신체적 학대가 이루어지던 집안에서 자란 경우가 많다. 그래서 초기 단계에서 아내는 어쩌면 남편의 폭력적인 행동을 그대로 수용했을 가능성이 있다. 아내 역시 어린 시절의 경험에서 얻어진 낮은 자존감으로 고통을 겪고 있는지도 모른다. 정말로 이런 경우라면 아내는 남편의 학대를 자신의 탓으로 돌리고 그의 욕구를 채움으로써 그를 행복하게 해 주기 위해 필사적으로 노력할 것이다.

어떤 매 맞는 아내들은 구세주 역할을 자처한다. 그런 아내들은 대개 곤경에 빠진 사람들을 돕는 데서 자신들의 자존감을 확인한다. 남편에게 맞고 사는 많은 아내들은 누군가가 자신을 돌보아 주기를 바라는 남편의 필요를 보고 그에게 끌린다. 그런 아내들은 대부분 폭행이 벌어지지 않는 시기에는 남편과의 관계를 즐긴다. 아직은 남편이 사랑받고 싶은 자기의 욕구의 어떤 부분을 만족시켜 주기 때문에 그런 아내들은 그때까지도 남편의 따뜻한 부분에 기대는 것이다.

매 맞는 아내들이 남편의 학대에 행동을 취하지 못하고 질질 끌려가는 또 다른 이유는 그들이 다른 사람들에게서 스스로 고립되었다는 데서 찾을 수 있다. 폴리가 좋은 예다. 내가 폴리에게 남편과의 사이에서 벌어진 폭력적인 상황을 다른 가족들에게 이야기한 적이 있느냐고 묻자 폴리는 이렇게 말했다. "우리에게 문제가 있다는 걸 알리고 싶지 않았어요. 엄마가 빌과의 결혼을 반대했었거든요. 엄마는 내가 보지 못했던 어떤 면을 빌에게서 보았던 것 같아요. 그래서 그런 일이 일어나고 있다는 걸 엄마에게 말하는 게 창피했어요. 그런 일이 있었기 때문에 매를 맞고 난 뒤에는 상처가 아물 때까지 엄마를 피해 다녔어요. 몇 주 동안이나 전화 외에는 가족들과 일절 접촉하지 않고 지낼 때도 있었어요." 폴리는 다른 사람들에게 매 맞고 산다는 걸 알리는 게 싫어서 기술 학원에 컴퓨터를 배우러 다니다 그만두었던 일도 이야기했다. 매 맞는 배우자들은 스스로를 고립시킴으로써 도움을 받을 수 있는 길에서 점점 멀어진다.

매 맞는 아내들이 행동을 취하지 못하는 또 다른 이유는 두려움이다. 그들은 남편의 과거 행적을 알고 있기 때문에, 자신이 가족들이나 목사님, 친구 혹은 경찰에게 연락하면 그 폭행이 더 심해질 것을 두려워한다. 이런 아내들은 대개 감정적으로나 경제적으로 남편에게 의존해 있기 마련이다. 몇 년간 지속된 폭행의 결과로 이들에게는 자신감이라곤 없다. 그들은 가족에게서 안정감을 찾는다. 그리고 그 안정감이 파괴되어 버릴지도 모른다는 예상만으로도 견딜 수 없어 한다. 그런 아내들은 경제적으로 남편에게 의존해 있는 경우가 많으며, 직장이 있는 경우라도 자기가 번 것만으로는 살아갈 수 없다고 믿는다. 이렇게 남편에게 경제적으로나 감정적으로 기대려는 마음이 결국 그들을 두려움의 감옥 속에 가둔다.

내가 제니퍼를 만난 건 그녀가 미치와 결혼하기 1년 전이었다. 그때 제니퍼는 스물한 살로, 수줍음을 타긴 했지만 행복한 아가씨였다. 제니퍼는 그때 낮은 자존감의 문제로 나를 만나러 왔다. 제니퍼는 가족들이 미치를 별로 환영하지 않았는데도 그와 사랑에 빠졌다. 제니퍼도 미치가 때때로 다소 고집스러웠다는 사실을 인정했다. 하지만 그건 그냥 그 사람의 방식이겠거니 이해하고 넘어갔다. 그러면서 미치가 이상적인 남자라고 믿고 필사적으로 그와의 결혼에 매달렸다. 결혼 후에는 미치가 좀 더 나은 직장을 잡은 관계로 다소 갑작스럽게 다른 도시로 이사를 갔다. 그러고 나서 10년 뒤에 제니퍼가 살고 있는 도시에서 열린 결혼 세미나에서 우연히 제니퍼를 만났다. 그때 제니퍼는 어머니가 되어 있었는데, 두려움에 사로잡혀 있었다. 제니퍼는 남편의 신체적 학대가 너무 심해서 지난 2년간 세 번이나 병원 응급실에 실려 가야 할 정도였다고 고백했다. 그런데도 제니퍼의 부모는 그런 일이 일어나고 있는지조차 까맣게 모른다고 했다. 제니퍼에게는 일도 직장도 없었다. 그녀는 경제적으로 미치 없이 혼자서 살아갈 능력이 전혀 없다고 생각했다. 말 그대로 제니퍼는 집안에 갇힌 죄수가 되어 있었고, 깊은 절망감에 허덕이고 있었다. 대부분의 매 맞는 아내들의 상황은 제니퍼와 별로 다르지 않을 것이다.

남편에게 맞고 사는 제니퍼와 같은 수많은 아내들에게 희망이 있는 걸까? 이런 경우에도 참된 삶의 원리들이 진정한 희망의 빛을 줄 수 있을까? 이런 질문들을 받으면 나는 그렇다고 대답한다. 매 맞는 아내는 그런 결혼 생활 가운데서도 긍정적인 변화의 주체가 될 수 있다. 하지만 혼자서 그 일을 할 수 있다고 믿지는 않는다. 훈련받은 상담자나 가족이나 친구의 도움이 필요하다. 그렇게 하려고 할 때 그녀 또한 자신의 영적인 자원들을 모조리 동원해야 할 것이다.[7] 줄리의 이야기를 통해 그 점을 설명해 보자. 줄리야말로 참된 삶의 원리가 자신의 삶뿐 아니라 결혼 생활까지 회복시켰다는 사실을 발견한 사람 가운데 하나이기 때문이다.

줄리 이야기

줄리는 검정색 선글라스를 쓰고, 긴 소매 스웨터를 입은 채 내 사무실에 앉아 있었다. 6월 중순이었다. 밖에는 태양이 쨍쨍 내리쬐고 있었다. 이런 날 선글라스를 낀 건 봐 줄 만했지만 노스캐롤라이나에서 6월에 긴 소매 스웨터라니, 어울리지 않는 옷차림이었다. 줄리는 선글라스를 벗더니 아무 말도 하지 않았다. 나는 매 맞고 사는 여자와 마주 앉아 있다는 사실을 알았다. 줄리의 눈 주위와 팔은 분노한 남편에게 맞아 시퍼렇게 멍이 들어 있었다.

"박사님, 도움이 필요해요. 남편은 이성을 잃었어요. 전화기로 날 계속해서 때리더니 그것도 성에 안 찼는지 이번에는 콜라병을 집어 던졌어요. 더 이상 이렇게는 못 살겠어요."

"전에도 이런 일이 있었나요?" 줄리의 대답은 내가 예상했던 그대로였다.

"예, 전에도 몇 번 있었어요. 하지만 지금까지는 그 이야기를 아무에게도 털어놓지 않았어요. 남편이 그럴 때마다 미안하다며 다시는 그러지 않겠다고 말하곤 했으니까요. 나도 그 말을 믿고 싶은데, 폭행이 끝나질 않네요. 이번이 최악이었어요. 더 이상 모험을 할 수는 없어요. 이런 일이 이렇게 오래 계속되게 내버려 둬선 안 될 것 같아요. 어떻게 해야 할지 도움이 필요해요."

계속된 줄리와의 대화를 통해서 나는 줄리가 아버지가 아내에게 폭력을 휘두르던 집에서 자랐다는 사실을 발견했다. 줄리의 아버지는 줄리를 때린 적은 없었지만 폭언을 입에 달고 살았다. 줄리는 아직까지도 자기 아버지가 자신에게 자기 어머니와 똑같은 낙오자라고 했던, 그리고 자기와 결혼할 남자가 불쌍하다고 말했던 날을 똑똑히 기억하고 있었다. 나는 그제야 그들의 결혼 생활 가운데 처음 12년 동안 줄리가 왜 자기가 브루스에게 맞을 만한 짓을 했다고 생각했는지 그 이유를 알 수 있었다. 줄리는 자기 아버지가 예언한 대로 살고 있었다.

줄리는 두려움 때문에 그 누구에게도 자기가 맞고 산다는 얘기를 할 수가 없었다. 부모에게 말하면 아버지가 "너 그럴 줄 알았다!" 하고 말할까 봐 두려웠다. 그리고 신체적 학대에 대해서 엄마에게 해결책을 기대할 수도 없었다. 직장을 잃을지도 모른다는 생각에 자기 상사에게 말을 할 수도 없었다. 자기 집에서 그런 일이 일어나고 있다는 사실이 창피해서 교회 친구들에게 털어놓을 수도 없었다. 그런데 특히 심했던 최근의 학대를 겪고 난 뒤 줄리는 마침내 도움을 구하러 나설 결심을 굳히게 되었다.

줄리는 이혼만이 유일한 희망이라고 확신했지만 브루스를 떠나서는 생계가 막막하다는 생각 끝에 내 사무실 문을 두드렸다. 줄리는 자기 월급만으로는 자신과 여섯 살 난 아들이 생활해 나가기 어렵다고 생각하고 있었다. 부모에게 경제적 도움을 요청한다면 욕 외에는 돌아오는 게 없을 거라는 것도 알고 있었다. 줄리는 브루스와 헤어져서 생존해 나갈 방법을 찾지는 못했지만 그래도 더 이상의 폭력을 견딜 수는 없다고 생각했다. 하지만 자기가 브루스를 떠나면 브루스가 자기를 죽이거나 아들을 해치지나 않을까 하는 두려움을 품고 있었다. 학대 받는 아내들이 공통적으로 갖는 모든 특성이 줄리에게도 거의 대부분 그대로 나타났다. 낮은 자존감, 고립, 절망감, 두려움, 그리고 남편에 대한 경제적 의존 등등.

상담자로서 나는 줄리가 그녀의 결혼 생활에 긍정적인 행동을 취하도록 하는 마음의 힘을 가지려면 우선 이런 문제들을 해결해야 한다는 사실을 알았다. 나는 브루스가 다시 폭력을 행사하기 전에 우리가 이 영역에서 진전을 볼 수 있기를 바랐다. 줄리는 브루스가 폭력을 휘두르고 나서 다시 폭발하기 전까지 두어 달 동안은 다소 잠잠해진다고 했다. 나는 줄리에게 1년 정도 나와 상담을 계속할 생각이 있다면, 그리고 최선을 다해 내 제

안을 따르겠다면 기꺼이 도울 의향이 있다고 말했다. "박사님, 뭐든 다 할게요. 제겐 도움이 필요해요." 줄리는 이렇게 대답했다.

처음 만났을 때 나는 줄리에게 세 가지를 요구했다. 먼저, 석 달 동안 일주일에 한 번씩 나를 만나는 데 동의할 것을 요구했다. 그 사이에 나는 줄리를 도와서 그녀를 결혼 생활에서 건설적인 행동을 취할 수 있는 위치에 데려다 놓을 생각이었다. 두 번째로 나는 줄리에게 그 지역의 배우자 학대 피해자 지원 그룹에 참석하기를 요구했다. 그 그룹에서 줄리가 다른 사람에게 자기 이야기를 하는 법을 배우고, 격려와 도움을 받게 될 거라고 생각해서였다. 나는 또 그 그룹을 통해 줄리가 하루 24시간 운영되는, 매 맞는 여성들을 위한 쉼터에 대한 정보를 얻을 수 있다고 생각했다. 마지막으로 나는 줄리에게 『내 안의 위대한 나』[8]라는 책을 읽어 보기를 청했다. 그 책은 자존감의 기초에 대한 문제를 다룬 책이었다. 줄리는 내 요청을 수락하고, 그 세 가지 요구를 잘 따랐다.

참된 삶을 위한 첫걸음

상담을 시작한 지 거의 석 달이 지나가자 줄리는 완전히 새로운

눈으로 자신을 보기 시작했다.

줄리는 자기가 가치 있는 존재이며, 보통의 지능을 지닌 데다 누구 못지않게 유능하다는 사실을 깨달았다. 그녀는 자신의 태도와 행동의 책임은 자기에게 있으며, 자기가 브루스의 행동을 변화시킬 수는 없어도 자신의 행동으로 그의 행동에 영향을 줄 수는 있다는 사실을 이해하기에 이르렀다. 또 자신의 감정을 나와 그녀의 지원 그룹에 털어놓는 사이에 자신의 감정이 자기의 행동을 통제하지 못하게 할 필요가 있다는 사실을 이해했다. 그래서 두려움이라는 감정을 가지고 있을 때조차도 줄리는 긍정적인 행동을 취할 수 있었다. 간단히 말해서 줄리는 참된 삶을 위한 토대를 닦았던 셈이었다.

줄리에 따르면 브루스는 마지막 폭행 이후 처음 두 달 동안은 다소 조용히 지냈다. 하지만 그 기간이 지나자 줄리는 브루스의 내부에 축적되고 있는 긴장을 느끼기 시작했다. 그가 말로 줄리를 공격하는 빈도가 점점 더 높아졌으며, 아주 사소한 일에도 신경질을 부렸다. 줄리와 나는 또 다른 폭발의 가능성이 임박해 있다는 걸 느꼈다. 나는 이때야말로 줄리가 브루스의 폭력적인 행동에 '강한 사랑'으로 반응해야 한다고 생각했다. 줄리의 두려움이 표면으로 부상했다. "마음속으로는 박사님 생각이 옳다는 걸 알아요. 하지만 그이가 어떻게 나올지 정말 무서워요."

줄리의 두려움에는 충분히 공감할 만한 요소가 있었다. 사실에 토대를 두고 있기 때문이었다. 줄리가 브루스의 행동에 영향을 미칠 무슨 조처를 취한다 해도 브루스가 물리적인 폭력을 행사할 가능성은 여전히 있었다. 하지만 줄리가 아무런 조처를 취하지 않는다

해도 그건 마찬가지였다. 줄리와 나는 강한 사랑 전략이 기다리다 얻어맞는 전략보다는 더 낫다는 데 마음을 같이했다.

지원 그룹에서 줄리는 남편과 헤어진 뒤 룸메이트를 구하고 있던 어떤 부인을 만났다. 지원 그룹 리더와 이야기하고 나서 나는 그 집이 최소 2, 3주에서 몇 달 동안 줄리가 머물기에 적합하다는 결론을 내렸다. 나는 줄리에게 브루스에게 편지를 쓰라고 권했다. 그 편지에다 과거의 폭행으로 줄리가 겪어야 했던 고통과 좌절감에 대해, 그리고 줄리가 남편을 사랑하기 때문에 그런 폭력적인 상황에서 결혼 생활을 유지함으로써 그가 그녀와 결국은 자기 자신마저 파괴하는 걸 지켜볼 수가 없다는 사실을 알리라고 했다. 브루스가 자신의 폭력적인 행동에 대한 해답을 찾을 때까지 따로 나가 사는 것이 최선의 방법이라고 결정했다는 사실도 알려 주라고 했다. 나는 또 줄리에게 브루스가 자신의 분노와 좌절감을 처리하는 법을 배울 수 있도록 집중적인 상담을 받는다면 그들의 결혼 생활의 문제점을 놓고 기꺼이 노력할 뜻이 있지만, 그렇게 하기 전에는 더 이상 집에 머물 수 없다는 사실도 밝히라고 격려했다.

줄리는 이런 내용을 담은 편지를 썼다. 편지 끝에 그녀는 브루스가 상담을 원한다면 내 사무실로 전화하라는 내용을 적고, 내 전화번호를 남겼다. 지원 그룹에서 만난 친구들이 줄리가 집에서 짐을 싸 들고 나오는 일을 도와주겠다고 했다. 그리고 마침내 줄리는 식탁 위에 편지를 남겨 두고 브루스를 떠났다.

브루스의 반응

브루스의 반응은 아주 신속했다. 다음 날 내 비서가 출근하기도 전에 브루스는 나와 만날 약속을 잡아 달라는 음성메시지를 남겼다. 나흘 뒤에 그는 내 사무실을 찾아왔다. 그는 화가 나 있었고, 자책하고 있었으며, 좌절감에 빠져 있었다. 그리고 '아내를 돌아오게 할 수 있다면 뭐든 할 각오'가 되어 있었다.

날 찾아와 줘서 고맙다는 인사 뒤에 나는 아내를 되돌아오게 하겠다는 브루스의 꿈이 언젠가는 실현될 거라고 했다. 그 점에 대해서는 줄리가 마음을 열어 놓은 상태라고 믿지만 그 일이 한두 주 뒤에 일어나지는 않을 것 같다고 했다. 또 줄리가 그런 행동을 취한 것은 그에 대한 참된 사랑의 표현이기 때문에 그녀가 자랑스럽다는 말도 했다. 그리고 그가 줄리를 사랑한다면, 그리고 엉망이 된 그들의 결혼 생활이 다시 회복되기를 원한다면 그가 자신의 분노를 어떻게 다룰 것인지 그리고 어떻게 하면 줄리를 효과적으로 사랑할 수 있는지를 배우는 힘든 과정을 거쳐야 할 것이라고 설명했다.

"이 과정은 몇 주면 끝날 수도 있지만 몇 달이 걸릴 수도 있습니다. 하지만 그런 일을 할 각오가 돼 있다면 기꺼이 당신과 같은 경우의 남자를 돕는 일을 전문으로 하는 동료 한 사람을 추천해 드리려고 합니다. 그 상담자와 계속해서 연락을 취하면서 결혼 상담을 시작할 때가 됐다는 판단이 내려지면 저는 기꺼이 당신과 줄리를 데리고 그 과정을 시작할 생각입니다."

그런 뒤에 나는 브루스에게 줄리와 연락하려 하거나 그녀에게 물리적 폭력을 행사하려는 모든 시도는 그들의 관계를 회복시키는 데 장애가 될 뿐이라고 경고하는 것도 잊지 않았다. "지금은 앙갚음을 할 때가 아니라 당신이 삶 속에서 성장할 때라는 사실을 잊지 마십시오. 그리고 내가 소개해 줄 상담자는 신체적으로 아내를 학대한 남성들을 위한 그룹을 이끌고 있습니다. 그 그룹에 가입하세요, 브루스. 개인적으로 받는 상담 말고도 그 그룹에 참여하면 당신의 성장 속도가 훨씬 더 빠를 것이라고 생각합니다." 내 동료 상담자 역시 브루스에게 그룹에 참여하라고 권하리라는 것을 알고 있었지만 미리 브루스의 마음에 씨앗을 뿌려 두고 싶어서 꺼낸 이야기였다. 그래야 브루스가 미리 생각할 시간을 가질 수 있을 것이기 때문이었다.

그다음 주부터 브루스는 상담을 시작했고, 한 주 뒤에는 그 그룹에 등록했다. 최소한 한 달 동안은 줄리와 연락하지 말라는 내 제안을 브루스가 백 퍼센트 그대로 따랐다고 할 수는 없었다. 그는 첫 달에는 세 차례쯤 줄리와 접촉하려고 시도했다. 한 번은 직장으로 전화를 했고, 또 한 번은 줄리가 퇴근하는데 주차장에서 기다리다 말을 걸려고 했다. 다행히 줄리가 동료들과 함께 걸어가고 있던 참이라 눈이 마주쳤으면서도 줄리와 따로 만날 기회를 얻을 수는 없었다. 줄리와 만나려는 세 번째 접촉은 줄리의 사무실에서였다. 줄리의 상사가 브루스에게 떠나라고 요구할 때까지 그는 굉장한 소란을 떨었다. 줄리는 이 사건들을 매번 내게 알려주었고, 그때마다 나는 또 브루스의 상담자에게 이 사실을 알렸다. 상담자는 브루스에게 그 사실을 들이대며 그런 태도는 결혼 생활을 회복하는 데 장애가 될 뿐이라는 사실을 확신시켰다. 일정한 시간이 되면 우리가 줄리와 대화할 자리를 주선해 주겠지만 지금은 브루스가 자기 자신을 이해하고 성장하는 데 초점을 맞추어야 할 때라는 사실을 강조하는 것도 잊지 않았다.

그다음 넉 달에 걸쳐 브루스의 상담자와 지원 그룹은 브루스에게 폭력적인 태도로 분노를 표출하는 것은 후천적인 행동이며, 고쳐질 수 있고, 폭력을 행사한 책임은 그에게 있으며, 분노를 표출하는 건설적인 방법을 배워야 한다는 사실을 이해시키고자 했다. 브루스는 결혼 생활에서 폭력은 결코 정당화될 수 없으며, 결혼 생활을 계속하려면 통제되지 않은 분노의 표현은 삼가야 한다는 사실을 인정하기 시작했다. 그는 자기 안에 긴장이 축적되기 시작하는 때를 분별하는 법과 폭발하는 상태로 가기 전에 사소한 짜증들을 어떻게 해소해야 하는지에 대해서도 배웠다.

브루스는 그의 행동 대부분이 자신의 낮은 자존감과 자신의 가치를 증명하려는 노력에서 비롯되었다는 사실을 이해하기에 이르렀다. 하지만 그런 식의 수고는 결코 성공적이지 않았으며 그런 식으로 분노를 터뜨리는 것이 그를 더 큰 무력감으로 이끌었다는 사실도 알았다. 그는 지원 그룹을 통해 갈등을 해결하는 방법들을 배우고 연습했다. 그들은 그에게 폭력적인 태도 외에도 갈등을 해소할 방법이 있다는 사실을 납득시켰다.

폭력적인 배우자를 다룰 때 기본적인 목표는 분노를 몰아내는 것이 아니라 폭력적으로 분노를 표현하던 것을 긍정적인 표현으로 대치하는 것이다. 그룹 치료의 한 가지 장점은 그룹 구성원들이 치료자보다 서로에게 더 직접적으로 그리고 더 효과적으로 도전하는 경향이 있다는 것이다. 지원 그룹에서 "난 내가 이러는 게 정말 싫어요. 그만두고 싶단 말입니다."라는 사람들의 말을 듣는 것이야말로 가해자에게는 강력한 영향을 미치는 하나의 모델을 제공한다. 그룹 경험은 또한 남자들이 다른 남자들로부터 고립되어 있는 소외의 문제를 극복하게 돕는다. 그룹이 형성되면 구성원들은 대개 위기의 때가 왔을 때 다른 구성원들에게 도움을 요청한다. 폭력 남편들을 돕는 그룹들은 알코올 중독자들을 돕는 익명의 알코올 중독자 협회와 같은 역할을 한다.

상담을 계속하다

몇 주 뒤에 브루스의 상담자는 브루스와 줄리가 함께 만날 수 있는 상담 시간을 마련했다. 하지만 그 상담 시간에는 그들의 결혼 생활을 회복시키는 문제를 다루지는 않았다. 그들이 과거에 어떤 식으로 분노를 다루었는가와 미래에 어떤 식으로 분노를 다스리기를 바라는가를 다루었다. 그 시간에 줄리는 브루스에게 그가 분노를 다스리는 법을 배울 수만 있다면, 그리고 서로를 어떻게 사랑하고 도울 수 있는지를 배울 수만 있다면 자기는 기꺼이 결혼 생활을 회복시킬 수 있는 가능성에 대해서 논의할 준비가 되어 있다고 말했다. 이 말이 브루스에게 그 상담을 계속 받을 수 있는 용기를 가져다주었다. 대부분의 남자들에게는 상담을 받는 가장 강한 외적 요인은 아내를 지키려는 욕구다. 아내들이 이렇게 말하기 때문이다.

"상담을 받거나 이혼을 하거나 둘 중 하나를 선택하세요." 마침내 이 남자들은 나중에 가서 깨닫게 되겠지만 자신들의 적절치 못한 행동을 변화시키려는 진지한 욕망을 이 동기 속에 내재화할 것이다. 폭행을 가하는 남편들 중에 그런 압박감 없이도 상담을 받으려는 이는 거의 없다. 따라서 아내가 빨리 집으로 돌아감으로써 남편이 상담을 계속할 강력한 동기를 없애 버리지 않는 것이 중요하다.

우리가 이제는 줄리와 브루스가 결혼 상담을 시작할 때가 됐다는 사실에 동의했을 때는 상담을 시작한 지 9개월째였다. 나는 처음 한 달은 매주 한 번씩 그다음 두 달은 2주에 한 번씩 둘을 같이 만났다. 결혼 상담을 시작한 지 석 달이 지나갈 무렵 우리는 줄리가 집으로 들어갈 때라는 데 동의했다. 줄리는 1년이 조금 넘게 집을 나와 있었다. 이 부부와 상담을 한 석 달 동안 그들은 일주일에 한 번씩 저녁을 함께 먹으며 데이트를 했다. 그래서 줄리는 상담을 통해 자신감을 얻었을 뿐 아니라 자기가 브루스와 홀로 있어도 안전하며, 자기 부부도 언성을 높이지 않고도 대화할 수 있다는 사실을 깨닫게 되었다.

다시 집으로

줄리는 자신감을 가지고 집으로 돌아갔고, 나는 그다음 석 달 동안은 격주로, 그다음 여섯 달 동안은 한 달에 한 번씩 둘을 계속 만났다. 그 기간 동안 둘은 어느 교회에서 열렸던 3개월 코스의 '결혼 생활을 풍성하게 하는 법'이라는 부부 세미나에 참석했다. 그 세미나는 매주 한 번씩 열렸고, 숙제도 있었다. 두 사람 다 행복한 결혼 생활은 정기적으로 관심을 기울여야 가능하다는 사실을 깨달았고, 결혼 생활 속에서 성장하는 데 온 힘을 기울였다.

브루스와 줄리와 마지막 상담을 한 게 벌써 8년 전 일이다. 하지만 나는 가끔 그들과 연락을 계속했다. 그들은 마지막 상담 시간에 내가 했던 두 가지 제안을 일관되게 따르고 있었다. 하나는 매년 '결혼 생활을 풍성하게 하는 법' 세미나에 참석하라는 것이었다. 이 강좌는 어떤 해에는 주말 수련회 형태로 열렸고, 그렇지 않을 때는 6주 내지 8주 동안 운영되는 수업 형태로 열렸다. 그리고 두 번째 제안은 일 년에 한 번씩은 결혼 생활에 관한 책을 한 권씩 읽고 토론하라는 것이었다. 이 두 가지 제안은 건강한 결혼 생활을 활기 있게 유지해 줄 수 있는 실제적인 방법들이었다. 줄리가 집으로 돌아가고 난 뒤 8년 동안 브루스는 단 한 번도 줄리에게 손을 대지 않았다. 둘 사이에 해결해야 하는 일상적 오해나 충돌이 아주 없었던 건 아니다. 둘이서 언성을 높일 때도 있었고, 서로에게 분노를 느낄 때도 있었다. 하지만 그들은 분노가 가라앉고, 그 충돌을 해결할 수 있을 때까지 잠깐 멈출 줄 아는 지혜를 배웠다.

신체적 학대의 문제를 책임 있게 다루고, 건전한 방식으로 관계를 형성하는 법을 배웠다는 사실이 그들 부부의 자존감을 높여 주었다. 브루스와 줄리는 브루스의 신체적 학대를 둘러싼 위기가 이제껏 살아오는 동안 가장 많은 것을 배우는 기회가 됐다고 친구들에게 이야기했다. 그들 부부는 줄리가 그때 브루스의 폭행에 '강한 사랑의 방법'을 쓰지 않았다면 어떻게 됐을까를 생각하는 것만으로도 몸서리를 친다.

그들은 지금 다니는 교회에서 후원하는 '풍성한 결혼 생활 세미나'에서 '분노를 다스리는 법'에 관한 토론을 이끄는 리더 역할을 하고 있다. 실제로 그런 토론을 이끌기에 그들보다 더 자격 있는 사람은 없을 것이다.

여기서는 줄리가 참된 삶의 원리들을 자기 삶에 어떻게 적용했는가를 간단하게 요약해 보도록 하자. 먼저, 줄리는 자기 자신의 태도에 대한 책임이 자신에게 있다는 사실을 인정했다. 상담을 받기 전 줄리의 태도는 "나는 폭행에 시달리는 결혼 생활을 하고 있다. 내 유일한 희망은 이혼이다."였다. 나중에 그녀의 태도는 이렇게 변했다. "폭력적인 남편을 다루는 데 내가 왜 그렇게 수동적이었는지를 이제 이해할 수 있을 것 같다. 이런 상황을 극복하기 위해 내가 취할 수 있는 긍정적인 행동들을 찾으려고 애쓸 것이다." 이런 새로운 태도가 그녀의 행동에 영향을 미치기 시작했다.

줄리는 또 자기가 브루스의 태도를 바꿀 수는 없지만 자신의 긍정적인 행동으로 그의 행동에 영향을 미칠 수는 있다는 사실을 알았다. 또 자기의 부정적인 감정들이 자기의 행동을 지배하게 해서는 안 된다는 사실도 이해했다. 줄리는 두렵고 불확실한 가운데서도 긍정적인 행동을 취했다. 그리고 줄리의 그런 행동들은 사실상 남편의 행동에 좋은 영향을 미쳤다. 그런 행동들은 남편이 상담을 받게 하는 동기로 작용했고, 남편은 상담을 통해 삶에 긍정적인 변화를 가져오는 데 필요한 자기 인식과 이해를 얻을 수 있게 되었다. 줄리

참된 삶의 원칙

1. 나 자신의 태도는 내 책임이다.
2. 내 태도가 내 행동에 영향을 미친다.
3. 내가 상대를 변화시킬 수는 없다. 하지만 상대에게 영향을 미칠 수는 있다.
4. 내 감정이 내 행동을 지배하지 못한다.
5. 나의 불완전함을 인정하는 것이 곧 내가 패배자라는 걸 의미하는 건 아니다.
6. 사랑은 선을 이루는, 세상에서 가장 강력한 무기다.

는 그런 행동을 통해 세상에서 선을 이루는 가장 강력한 무기는 사랑이라는 것을 몸소 보여 주었다. 그 사랑이 강한 사랑이라고 할지라도 말이다. 줄리와 브루스 부부는 어떻게 하면 사랑과 자유, 인정, 자부심, 여가, 그리고 마침내 하나님과의 평화를 이루려는 서로의 감정적인 필요를 채워 줄 수 있는가를 배웠다.

폭력적인 남편에게 참된 삶의 원리를 적용하는 것이 늘 만족스러운 결과를 낳는 것은 아니다. 하지만 그것은 언제나 참된 삶의 원리를 실천하려고 애쓰는 사람이 성장할 수 있도록 자극한다.

여기서 오랜 기간 학대를 받아 온 배우자가 전문가의 도움 없이 긍정적인 행동을 취하기는 어렵다는 점을 분명히 해 두고 싶다. 그런 결혼 생활을 하고 있는 분이라면 즉시 전문가의 도움을 받기를 권한다. 이것은 시간과 노력, 돈을 들이는 게 아깝지 않을 만큼 가치 있는 일이다. 그런 선택이 당신의 결혼 생활에 긍정적인 변화를 불러올 수 있는 엄청난 힘을 제공해 줄 것이다.

SOS! 이 사람을 도와주세요!

_성 학대의 아픔을 지닌 배우자

내가 저스틴을 만난 것은 아름다운 콜로라도 로키산맥에서 어느 주말 열렸던 결혼 생활 세미나에서였다. 저스틴은 야외 활동을 즐기는 사람이었고, 표면적으로는 삶의 에너지가 넘쳐 나는 사람으로 보였다. 하지만 그의 속마음은 그런 그의 외양과는 완전히 딴판이었다.

"박사님, 제 아내 사라와 저는 결혼한 지 15년째고, 비교적 행복한 결혼 생활을 해 왔다고 볼 수 있습니다. 사라는 좋은 여자이고, 좋은 엄마이기도 하지요. 하지만 결혼 생활에서 우리 둘의 힘으로 풀 수 없는 한 가지 영역이 있습니다. 사라는 섹스에는 거의 관심이 없어요. 실제로 내가 어떤 종류의 성적 표현을 해도 거의 다 거부하는 편입니다. 성적인 거라면 뭐가 됐건 불편하다고 하면서 자기 가슴도 만지지 못하게 해요. 박사님, 이걸 정상적이라고 볼 수 있나요?”

저스틴이 깊이 상처받았다는 사실은 누구나 알 수 있었다. 나는 다음과 같은 질문으로 문제의 핵심을 건드렸다. “사라가 어렸을 때 성폭행을 당했다는 얘길 들은 적 있습니까?” 저스틴은 고개를 끄덕이면서 이렇게 말했다. “맞아요. 몇 년 전에 갑자기 밝혀진 일이었어요. 사라가 나와 목사님 앞에서 그 이야길 털어놓았거든요. 우린 그 일을 놓고 함께 기도했고, 그 일 이후로는 사라가 자기 아버지를 용서했다고 생각했어요. 그 뒤로는 그 일에 대해서는 얘기해 본 적이 없었어요.” 저스틴과 사라는 어린 시절에 당한 성적 학대의 고통스런 후유증을 겪고 있었다. 불행히도 수많은 부부들이 같은 문제로 고통을 겪고 있다.

어렸을 때 성폭행을 당한 아이들도 결국은 어른이 된다. 그들 중 대다수는 결혼을 하고 나서야 시간이 지나도 성폭행의 상처가 치유되지 않았다는 사실을 알게 된다. 이 장에서 우리는 성폭행과 관련된 두 가지 고통에 관해 살펴보려고 한다. 첫 번째 고통은 어릴 적에 성폭행을 당한 배우자와 사는 것이고, 두 번째 고통은 남편이 당신의 자녀를 성폭행했다는 사실을 알게 되는 것이다. 둘 다의 경우 감정의 골은 깊이 파이고, 고통은 오래 지속된다. 해결책은 손에 잡히지 않고, 좌절감이 지배한다. 성은 인간의 핵심적인 요소이고, 이것이 어린 시절에 왜곡되면 성인이 되어 관계를 맺고 살아갈 때 필요한 기술의 기본체계가 무너져 버린다.

참된 삶의 원리가 왜곡된 성 정체성의 실타래를 풀고 부부 관계의 친밀성을 되찾아 줄 수 있을까? 거기에 대해 내 대답은 일단 ‘그렇다'이지만 그 과정에는 시간과 인내, 그리고 대부분은 전문적인 상담자의 도움이 필요하다. 참된 삶은 성적 학대가 도덕적으로 잘못된 일이며, 피해자에게 정신적으로나 육체적으로 파괴적인 결과를 가져다준다는 사실을 인정하는 데서부터 시작된다. 상대의 동의 없이 강제로 이루어지는 언어적, 신체적 행동을 의미하는 성적 학대는 상대방의 동의 없이 그 사람을 성적 대상으로 이용하는 것을 말한다. 어린아이에게 자행된 그런 행동은 감정적으로나 신체적으로 그 아이의 성적인 면에서의 정상적인 성장과정에 총체적인 악영향을 미친다.

성에 대한 왜곡된 심리는 성폭행을 당한 아이가 성인이 될 때까지 따라다니다 대부분의 경우 부부관계에서 문제를 일으킨다. 성 학대의 피해자들은 대개 자기 배우자들과 친밀한 성관계를 즐기지 못한다. 많은 이들이 수치감과 죄책감, 두려움, 분노, 그리고 성 자체에 대한 혐오감으로 가득 차 있다. 이렇게 깊이 자리 잡은 감정들은 대개 키스를 즐기지 못하거나 가슴이나 성기를 만지는 일을 거부하거나 자기 자신의 몸을 포함해서 상대방의 벗은 몸을 보는 일에 혐오감을 느끼는 일 등을 수반한다. 그 사람도 성적인 문제와 관련해서 이런 부정적인 감정을 갖는 걸 원하지는 않는다. 하지만 다르게 느낄 재간이 없다. 이렇게 해서 육체적으로 친밀한 결혼 생활에 엄청난 장애물이 등장하는 것이다.

여기서는 부부 사이에 성적인 면에서의 장애물을 극복하고 쌍방이 원하는 친밀함을 발견하기 위해 어떤 조처들을 취할 수 있는지 살펴보자. 또 성적으로 학대당한 배우자들을 어떻게 치유해야 할지에 대해서도 알아보자. 그 문제에 관해 오래 지속되면서도 사랑에 토대를 둔 해결책들은 그러한 상황이 왜 생겼는지를 이해하고 그런 문제를 안고 있는 절망적인 결혼 생활에 참된 삶의 원리를 적용시킬 때 등장하는 법이다.

사라의 이야기

사람들은 대부분 어린 시절에 성 학대를 당했던 일을 숨기기 마련이다. 사실상 성 학대를 당한 사람의 배우자는 그들이 그런 일을 당했다는 사실을 감쪽같이 모를 수도 있다. 저스틴의 얘기로 돌아가 보자.

"사라가 자기 아버지에게서 성적으로 학대를 당했다는 사실을 결혼 전에 알고 있었나요?" "아니에요. 그 점이 절 괴롭히는 또 다른 부분이기도 합니다. 결혼 전에 사라는 성적으로 아주 적극적이었거든요. 실제로 저희 경우에는 혼전 성관계가 잦았습니다. 결혼한 지 1년인가 2년이 지나면서부터 사라는 성적으로 수동적인 자세를 취하기 시작했어요. 성학대가 문제였다면 결혼 전이나 결혼 초기에 사라가 성 관계에 왜 그렇게 적극적이었는지가 설명이 안 돼요. 그게 바로 사라가 어린 시절에 당한 성 학대가 우리 문제의 원인이 아니라고 생각하는 이유입니다."

나는 저스틴에게 어른이 되어서 성에 관해 이중적인 태도를 갖는 것이 성적으로 학대당한 여성들의 일반적 특성의 하나라고 말해 주었다. 그들은 때로는 성적으로 적극적이어야만 사랑을 받을 수 있다고 느낀다. 그래서 여러 명의 파트너와 적극적인 관계를 가지기도 한다. 한편 성에서 멀어져서 성과 무관하게 지내고 싶어 하기도 한다. 결혼 생활에서 이러한 이중적인 태도는 배우자에게는 굉장한 좌절감을 불러일으킨다. 어떤 날 아내는 성관계를 하고 싶어 하는 듯한 행동을 취하면서 남편을 유혹한다. 하지만 전희나 성관계에 돌입하면 아내의 몸은 돌처럼 딱딱하게 굳어진다.

"맞습니다." 저스틴이 내 말에 끼어들었다. "사라가 딱 그런 날이 있어요."

"성 학대의 피해자들은 대개 성관계뿐 아니라 삶 그 자체에서도 수동적이게 되는 우울증으로 고통을 겪기도 합니다." 내가 말을 계속하자 저스틴은 동의한다는 듯이 계속해서 고개를 끄덕였다. "그들은 대개 낮은 자존감 때문에 고통을 겪고 자기 스스로에 대해 부정적인 언급을 하기도 합니다. 말로 표현하는 법은 거의 없지만 절망감을 느끼는 때가 대부분이죠. 삶이 이 상태에서 더 이상 나아지지 않을 것이며, 자기는 멋진 삶을 살 자격이 없다는 생각을 하는 겁니다. 어린 시절에 당한 성 학대의 피해자로서 그들은 수치와 죄책감이라는 무거운 짐을 지고 있는 셈이죠. 피해자들은 자기들의 잘못이 아닌데도 그 일에 대해 죄책감을 느낍니다."

나는 사라의 마음속은 자기에게 일어났던 일과 성 학대로 일어났던 일들에 관해 여러 가지 복잡한 감정들과 잘못된 생각들로 가득 차 있다는 사실을 설명했다. 대개는 이런 생각들이었다. '나는 패배자야. 누구와도 가까워질 수 없어. 사람들이 날 배신할 거야. 내 몸은 더럽혀졌어. 난 아버지에게 순결을 빼앗긴 하찮은 존재야. 난 아

버지를 절대로 용서하지 않을 거야. 내 자신도 용서하지 않을 거야.'

"죄책감과 수치심, 배신감, 그리고 때로는 부인과 같은 잘못된 생각들이 오랜 시간 동안 그녀의 안에 자리 잡고 있었어요. 그건 마치 사라의 정신적이고 영적인 건강을 먹어치우는 암세포와도 같은 존재죠. 도움을 받지 않고 치유되기는 어려울 것입니다." 나는 그에게 이렇게 말했다.

나는 저스틴이 이해하기 쉬운 말로 이야기했고, 그걸 통해 저스틴은 결혼 생활 내내 자신이 사라가 어린 시절에 당한 성 학대의 충격을 과소평가했다는 사실을 깨닫기 시작했다. "성 학대의 파괴적인 결과가 목사님을 한 번 방문하는 것으로 제거될 리가 없습니다. 그건 출발에 불과하죠. 거쳐야 할 여러 단계 중에 시작에 불과합니다. 사라가 성 학대의 고통에서 벗어날 수 있는 치유법을 발견하려면, 그리고 당신들 부부가 성적으로 가까워지려고 한다면 사라에게는 당신의 조력과 하나님의 도우심, 그리고 애정 어린 상담자의 조언이 필요할 것입니다. 이 세 가지 조건 없이 참된 치유법을 발견한 사람은 거의 없다고 보시면 됩니다."

나는 저스틴이 살고 있는 도시의 상담자 한 사람을 소개해 주고, 사라만 동의한다면 되도록 빨리 함께 상담을 시작하는 게 좋겠다고 제안했다. 저스틴은 준비가 되어 있었고, 사라도 함께 상담 받기를 간절히 바라고 있었다. 휴식시간이 끝나고 세미나가 재개되었다. 성적 친밀함에 대한 강의 시간이 되자 나는 저스틴의 아내가 약간 불편해 하는 걸 느꼈다. 하지만 그 시간이 끝나자 사라가 날 찾아와 간단한 질문을 하나 던졌다. "박사님, 어린 시절에 성적으로 학대당했던 사람도 치유될 수 있는 희망이 있을까요? 박사님이 묘사한 그런 긍정적인 성 관계를 경험하고 싶지만 저한테는 거의 불가능한 일로 보이거든요."

나는 사라에게 그 고통을 이해하고 있다는 사실을 알려 주려고 노력했다. 오랜 시간 그런 입장에 있는 사람들과 일해 온 덕분에 나는 그런 사람들이 얼마나 쉽게 희망을 잃어버리는지 잘 알고 있다. 나는 사라에게 『어둠을 넘어서: 성 학대의 피해자를 위한 치유법』¹이라는 책을 소개해 주고, 대부분의 사람들이 궁극적인 치유법을 찾기 위해선 상담이 필요하다는 사실도 덧붙여 이야기했다.

2년 뒤 저스틴이 보낸 한 통의 편지에 나는 큰 격려를 받았다. 내가 소개해 준 책을 사라와 함께 읽고 토론한 뒤 부부가 상담을 받기로 결정을 내렸다는 내용이었다. "우리가 함께 살아온 시간 중에 이렇게 많은 걸 배운 때는 없었습니다." 그는 편지에서 그렇게 말하고 있었다.

치유는 단번에 되지 않는다

저스틴은 이렇게 말했다. "성 학대가 어떤 영향을 미치는가에 대해서 그동안은 우리 둘 다 아는 게 아무것도 없었어요. 그 무수한 세월 동안 사라가 자기 아버지에게 배신당한 고통을 말없이 참아 왔다는 걸 생각만 해도 가슴이 아픕니다. 제가 그동안 사라와의 성

관계에서 내 자신의 실망에만 초점을 맞추고 그녀가 받았던 성적 학대의 고통에 대해서는 이해하지 못했다는 사실을 깨달았습니다."

저스틴은 이 말을 통해 참된 삶의 원리를 자기 입장에서 어떻게 이해했는가를 보여 주었다. 그는 사라와의 성적인 문제와 관련해서 자신이 보인 태도에 대해서는 자기에게 책임이 있다는 사실을 이해했다. 그는 또 자기 자신의 실망감이 사라를 향한 자신의 행동에 영향을 미치게 내버려 둬서는 안 된다는 사실도 이해했다. 그는 아내가 과거에 당한 일과 그 일로 지금 느끼는 격렬한 고통을 이해하는 법을 배우기 시작했다. 그는 또 사라가 당한 성 학대의 고통을 이해하지 못했던 자신의 부족함을 인정했다. 하지만 그런 부족함이 있었다고 해서 자신이 궁극적으로 패배자는 아니라는 사실도 인정했다. 마침내 그는 사라를 향한 사랑의 능력을 발휘하여 사라를 신뢰하고 사라가 그 학대의 결과에 맞서는 힘든 노력을 다하도록 격려할 수 있었다.

저스틴은 자신이 사라를 변화시킬 힘은 없지만 사라에게 영향을 미칠 수는 있다는 사실도 배웠다. 그리고 사라가 상담을 받도록 격려함으로써 그 영향력을 행사했다. 그는 처음에는 사라가 상담자에게 자신이 당했던 성 학대에 관해 상세한 사실들을 털어놓지 않을 거라고 얘기했다. 사라는 그 경험을 다시 후벼 파는 고통을 원치 않았다. 하지만 상담자는 사라에게 참된 치료를 위해서는 이런 과정이 필수적이며, 그 오랜 세월 동안 아무렇지도 않은 척 고통을 숨기고 있었지만 실제로는 고통이 사라진 게 아니라는 사실을 납득시켰다. 단 한 번도 그 고통이 제대로 치료된 적이 없었으므로 상담하는 과정에서 그것에 대해 털어놓는 것이 그 고통을 뿌리 뽑고 참된 치료법을 찾는 최선의 방법이라고 말했다.

상담자는 그런 못된 행동의 주범은 자기 아버지이며, 어린아이로서 사라에게는 아무 잘못도 없다는 사실을 이해할 수 있게 해 주었다. 상담자의 도움으로 사라는 자기 아버지에 대해 자기가 느끼는 여러 가지 상반되는 감정을 이해하고 그 감정을 처리할 수 있었다. 상담자는 사라가 참된 삶의 원리를 자신의 삶에 적용하도록 도왔다. 그러자 사라는 아버지를 향한 자신의 태도가 저스틴과 자신의 관계에 악영향을 미친다는 사실을 인정했다. 그러는 중에 아버지를 향한 자신의 태도에 대해서는 자기가 책임을 지는 법을 배울 수 있었다. 또 아버지를 향한 자신의 태도와 감정이 결혼 생활에서의 자기의 행동을 지배하게 해서는 안 된다는 사실도 아울러 깨달았다. 사라의 아버지가 죽고 없었기 때문에 상담자는 사라가 과거에 일어났던 일에 관해 상징적으로 자기 아버지에게 맞설 수 있게 도와주었다. 사라는 그 학대에 적절한 반응을 보이지 못했다는 사실을 인정하면서도 그래도 반응을 하지 않은 건 아니기 때문에 자신이 패배자는 아니라는 사실을 이해하기에 이르렀다.

상담자는 또한 저스틴에게 사라가 내적인 치유를 구할 때 어떻게 도와야 하는지, 그리고 성에 대한 건강한 관점을 계발하는 과정에서 얼마나 인내심을 가지고 사라를 대해야 하는지를 이해하게 도와주었다. 저스틴은 이렇게 말했다. "손을 잡는 것으로 시작해서 포근하게 안아주는 데로 우리는 천천히 길을 따라 내려갔습니다. 나는 그 문제에 관해 사라를 몰아붙이지 않으려고 애를 썼고 때때로 진도가 너무 느린 것처럼 보일 때도 이해하려고 했습니다. 그제야 비로소 우리는 서로에게 진심으로 사랑을 표현하기 시작하고 있다는 느낌이 들었습니다. 우리가 함께 배우고 자라 가는 동안 상황은 점점 더 나아질 거라고 믿고 있습니다. 박사님의 세미나가 우리 관계를 회복해 나가는 첫걸음이었다는 사실을 알리고 싶어서 이 편지를 드립니다.”

저스틴의 편지는 진실한 사랑이야말로 세상에서 선을 이루는 가장 강력한 무기라는 사실을 분명하게 상기시켜 준다. 저스틴과 사라의 서로를 향한 사랑은 그들 부부에게 사라의 학대 받은 과거 때문에 빚어진 문제를 극복할 힘과 의지를 주었다. 그가 내게 보낸 편지는 풍성한 결혼 생활을 강의하는 지도자들에게 그 일을 계속할 용기를 북돋아 주는 격려이기도 하다.

저스틴과 사라의 진전되어 가는 부부 관계 속에서 관찰할 수 있었던 몇 가지 사실을 이야기해 보자. 먼저, 이 부부 관계가 회복의 기미를 보인 것은 성적 학대를 심각하게 받아들이고 나서였다. 어린이 성 학대의 문제를 모른 척 덮어 둔다고 해서 그 왜곡된 감정이 제거될 리가 없다. 둘째로, 배우자 쌍방이 침묵을 깨뜨리고 그 문제에 관해 부부가 아닌 다른 사람에게 털어놓아야 한다는 사실이다. 사라는 몇 년 전에 이 사건을 남편 저스틴과 목사님에게 털어놓았다. 하지만 차후에 이어지는 과정이 없었기 때문에 그 과정은 더 이상 진전 없이 끝나고 말았다.

세 번째는 성 학대와 관련된 문제는 부부가 함께 도움을 구하러 나서지 않으면 결코 해결되지 않는다는 사실이다. 이 문제를 해결하는 데는 훈련된 상담자가 중요한 열쇠를 가지고 있다. 훈련된 전문가의 도움 없이 성 학대의 결과에 대한 지속적인 해답을 찾는 부부는 극히 드물기 때문이다.

당신의 결혼 생활에 어린 시절 성 학대의 문제가 개입되어 있다면 그 주제에 관한 좋은 책을 찾아 읽는 것이 또한 당신을 바른 방향으로 가게 하는 출발점일 수 있다. 하지만 참된 치유의 과정에는 그 고통을 듣고, 그 상처를 공감하고 바른 길로 인도할 수 있는 다른 사람의 도움이 있어야 한다.

브렌트의 이야기

성 학대의 피해자가 여자로 국한되어 있는 건 아니다. 연구에 따르면 어렸을 적에 성 학대를 당한 젊은 남성들의 수도 점점 더 많아지고 있다.[2] 성 학대는 세 가지 면에서 소년들에게 영향을 미친다. 심리적 고통, 약물 남용, 그리고 성적으로 연관된 문제가 바로 그것이다.[3]

내 사무실로 상담을 받으러 왔을 때 베시는 결혼한 지 6년 된 주부였다. 베시는 남부의 이름 있는 가문 출신으로 아리땁고 젊은 여성이었다. 베시의 부모는 고향에서 알아주는 유지였고, 베시의 삶은 한 편의 성공 드라마였다. 최소한 겉으로는 그렇게 보였다. 하지만 내 사무실에서 베시의 아름다운 얼굴은 눈물로 범벅이 되었다.

“우린 결혼한 지 6년 됐어요. 모두들 우리가 완벽한 결혼 생활을 하고 있다고 생각하죠. 그런데 실제로 우린 6년 동안 친밀한 성 관계를 가져 본 적이 없어요. 날 가장 아프게 하는 건 남편한테는 그게 아무런 문제도 되지 않는다는 거예요. 브렌트는 성생활에 대해서는 아무 관심도 없는 것처럼 보여요. 얼마 동안은 그게 저한테도 별로 문제가 되지 않았어요. 변할 거라고 생각했거든요. 그런데 지금은 변할 거라는 희망이 사라진 상태예요.

남편과 친밀한 관계를 갖고 싶을 뿐 남편을 떠날 마음은 없어요. 하지만 어떻게 해야 할지 잘 모르겠어요. 브렌트와 이 문제를 놓고 몇 번 이야기를 나눈 적이 있어요. 남편은 저더러 염려하지 말라고 해요. 하지만 어떻게 염려를 안 할 수가 있겠어요? 이건 옳지 않아요. 뭔가가 잘못됐어요. 그런데 이 문제를 어떻게 풀어야 할지 잘 모르겠어요.”

나를 찾아옴으로써 베시는 참된 삶으로 가는 첫걸음을 뗀 셈이었다. 베시는 도움을 찾아 나서는 데 따르는 두려움에 용감하게 맞섰다. 나는 용감한 시도를 한 베시를 칭찬하면서 결혼 생활에 긍정적인 변화를 불러오려는 그녀의 노력의 다음 단계를 돕겠다고 했다.

“우린 만난 지 1년 만에 결혼했어요. 남편은 내가 정말로 사랑했던 유일한 남자예요. 결혼 전에 그의 성생활에 의문을 제기하게 만든 일은 아무것도 없었어요. 그는 열정적으로 날 안고 키스하곤 했으니까요. 성관계를 가진 적은 없었지만 그런 식으로 날 밀어붙이지 않는 걸 오히려 고맙게 생각했었죠. 그이를 존경했던 점 중 하나가 바로 그거였어요.”

"결혼 후에도 남편이 키스하고 안아 주고 했나요?"

"그럼요, 잠깐 동안은요. 하지만 성관계는 없었어요. 그이는 항상 이렇게 말했죠. '그건 천천히 합시다.' 처음엔 괜찮았어요. 하지만 안고 키스하는 정도 이상으로 진행된 적은 한 번도 없었어요. 그리고 마침내 그것마저도 멈췄어요. 다른 면에서는 브렌트는 정말로 나무랄 데 없는 남편이에요. 일도 열심히 하고 내게도 친절하게 존경심을 가지고 대해 줘요. 그이와 함께하는 건 뭐든 즐거워요. 그 한 부분만 제외하면 흠 잡을 데 없는 결혼 생활을 하고 있는 편이죠."

"결혼 생활이 6년이나 지났기 때문에 이 문제가 저절로 해결되지 않을 거라는 건 분명해진 듯하군요. 현재로선 도움을 구하는 게 현명한 방법인 것 같습니다. 하지만 브렌트의 협조 없이는 진전을 이룰 수가 없습니다. 집으로 돌아가면 며칠 내에 결혼 생활에 관해서 많이 생각해 왔다는 말과 함께 여러 가지 면에서 브렌트는 당신이 상상할 수 있는 가장 훌륭한 남편이라는 사실을 그에게 이야기해 주시기를 제안합니다. 남편의 좋은 자질들을 칭찬하는 동시에 당신이 결혼 생활을 하는 동안 성적인 부분에서 아주 실망했다는 사실과 당신이 그 상황에 대처할 수 있는 방법을 발견하기 위해 상담을 받기로 결정했고, 그와 함께 상담을 받고 싶다는 얘기도 하시는 게 좋겠습니다."

"그이는 오지 않을 거예요." 내 제안에 베시가 불쑥 이렇게 말했다. "전에도 똑같이 물었던 적이 있어요. 그래서 그이가 가지 않을 거라는 걸 알게 됐어요."

"그래요, 어쩌면 그럴 겁니다. 하지만 당신이 가는 걸 막지는 못할 것입니다. 앞으로 당신이 할 일은 당신이 밟아 나가는 절차에 대해 계속해서 브렌트에게 알려 주는 겁니다. 그래야 자기 모르게 했다는 소리를 하지는 않을 테니까요. 남편에게 당신이 이 일을 하는 동기를 드러내 놓고 말하는 겁니다. 남편이 기꺼이 당신과 함께 오려 하지 않을지도 모릅니다. 그래도 어쨌든 내 사무실로 전화를 걸어서 다음 약속을 잡으십시오. 당신이 언제 날 만나는지 브렌트에게 알려 주시고 다시 한 번 그를 초대하십시오. 그래도 오고 싶지 않다고 하면 혼자라도 오십시오. 당신이 날 만나러 오는 걸 알고 있기 때문에 다음 번 만남 뒤에 내가 그에게 전화할 이유로 삼을 수 있을 테니까요. 남편에게 결혼 생활의 문제를 내게 털어놓았다고 이야기하십시오. 브렌트에게 그 문제를 해결하려는 당신의 노력이 얼마나 진지한지를, 그러나 내가 그를 만나서 그 문제에 관해 그의 입장을 듣지 않고서는 당신을 도울 수 없다는 사실을 이해시킬 수 있을 거라고 생각합니다. 남편들에게 전화할 경우 대부분은 최소한 한 번은 참여하겠다고 동의하곤 하니까요."

베시는 우리의 전략에 동의했다. 브렌트는 베시와 함께 오는 것은 꺼렸지만 혼자서 날 만나러 오는 데는 동의했다. 첫 번째 만남에서 그는 처음에는 어린 시절에 자기가 가장 좋아하던 삼촌에게, 나중에는 사촌에게 성 폭행을 당했던 이야기를 털어놓았다. 이 일이 원인이 돼서 고등학교 때는 여러 명의 파트너들과 동성애 관계를 맺은 적도 있었다고 했다. 대학에 가서는 동성애, 이성애 둘 다에 연루되었다. 실제로 성에 지나치게 집착하다 2학년을 마치고 나서 낙제를 하고 학교에서 쫓겨나기까지 했다. 그러고 나서 얼마 안 있어 브렌트는 종교적 회심의 과정을 겪었다. 난잡한 성행위는 즉시 중단되었지만 이번에는 성에 대한 내적인 집착으로 말미암아 병적인 자위행위를 하기에 이르렀다.

교회에서 베시를 만났을 때 그는 재능 있고 순수한 아가씨가 자기에게 관심을 가지고 있다는 사실을 생각하는 것만으로도 그녀에게 홀딱 빠져 버렸다. 물론 베시는 그의 복잡한 과거의 성생활에 대해서도, 그녀를 잃을지도 모른다는 두려움 때문에 브렌트가 그 사실을 말하려 하지 않는다는 사실도 까맣게 몰랐다. 베시를 만나면서 브렌트는 자신의 과거의 삶의 방식에 혐오감을 느끼게 되었고, 베시만큼이나 자기도 순수하게 되기를 바랐다. 그런 감정을 느낀 이후로 자신의 과거의 실패에 맞서 감정적이고 외로운 싸움을 싸우다가 그만 발기부전에 걸리고 말았다.

결혼 전에는 이런 문제가 있어 베시와 성관계를 맺고 싶은 유혹이 별로 없었지만 결혼 후에는 그것 때문에 베시와 정상적인 성관계를 가질 수 없게 되었다. 그는 그 문제가 조만간 사라지기를, 그리고 자신이 그 문제로 그렇게 고군분투하고 있다는 사실을 베시가 알지 않기를 바랐다. 하지만 그 문제는 곧 사라지지 않았다. 나를 보러 와서 브렌트는 이런 얘기를 털어놓는 게 처음이라고 했다.

브렌트의 치유 과정

솔직한 그의 태도로 봐서 나는 브렌트가 회복의 길에 들어섰다는 사실을 알 수 있었다. 첫 번째 만남에서 브렌트만큼 솔직하게 많은 이야기를 털어놓는 사람은 그리 흔치 않다. 상담자와 여러 번 만나고 나서야 자기 얘기를 털어놓는 경우가 대부분이다. 나는 브렌트에게 날 보러 와 줘서 얼마나 고마운지 그리고 그렇게 마음을 열고 솔직하게 말해 줘서 내가 얼마나 큰 격려를 받았는지를 이야기했다. 그리고 나는 그에게 이것이 치유를 위한 첫 번째 단계라는 사실을 확신시켰다. 또 그에게 그의 아내가 이 문제를 기꺼이 도와줄 거라고, 그리고 상담을 받음으로써 부부가 이 문제를 함께 풀어 갈 수 있다고 말했다.

나는 브렌트에게 다음번에도 기꺼이 베시와 함께 오겠느냐고, 그리고 내 앞에서 그가 털어놓았던 얘기를 베시 앞에서도 할 수 있겠느냐고 물었다. 그는 자기 인생에서 그렇게 힘든 일은 없을 거라고 말하면서도 그렇게 하겠다고 했다. "정말 가장 힘든 일이 될지도 모릅니다. 하지만 어쩌면 그게 당신 인생에서 최고의 일이 될지도 몰라요." 나는 이렇게 대답했다. 나중에 나는 베시에게 전화해서 남편과의 상담 하루 전에 나를 만날 수 있겠느냐고 물었다. 베시에게 미리 마음의 준비를 시켜 둘 필요가 있어서였다. 나는 베시를 만나서 브렌트가 나에게 한 얘기를 베시에게도 하겠다고 해서 내가 얼마나 기뻤는지 모르겠다는 말부터 했다. 베시에게 브렌트가 말할 내용을 미리 일러 주진 않았지만 그녀가 듣게 될 내용이 그녀를 아주 마음 아프게 할 것이고 어쩌면 베시의 마음속에 분노와 같은 감정들을 불러일으킬지도 모른다는 정도는 말해 두었다.

나는 베시에게는 강한 믿음이 있다는 사실을 알았고, 하나님께 있는 그대로의 사실을 받아들이고, 그 문제를 해결할 힘을 달라고 기도할 것을 제안했다. 나는 또 참된 삶의 원리를 적용하라고 격려했다. 브렌트가 말할 내용이 베시 안에서 부정적인 감정들을 일으키게 될지도 모른다고 미리 얘기하면서 그런 감정들이 그를 향한 그녀의 행동이나 태도에 영향을 미치도록 해서는 안 된다는 점을 상기시켰다. 베시가 여전히 브렌트를 격려하고 그에게 도움을 줄 수 있는 사람이란 것도 말했다. 나는 또 베시에게 그녀가 그를 변화시킬 수는 없지만 그에게 영향을 미칠 수는 있다는 사실을 일러주었다. 나는 브렌트가 내게 기꺼이 마음을 열려고 하는 것은 베시가 그만큼 중요한 존재이기 때문이라는 사실과 그녀의 도움 없이는 그가 치유 과정을 밟지 않을 거라는 사실을 상기시켰다. 나는 베시에게 치유라는 이 힘든 과정을 통과하는 중에 과거에 그를 향해 느꼈던 사랑을 떠올리라고 얘기했다. 그러면서 베시의 사랑이 이런 상황에서 선으로 나아가는 가장 강력한 무기라는 사실을 일러두었다.

그다음 만남은 기대했던 대로 진행되었다. 브렌트는 솔직하게 마음을 열어서 아내에게 자신이 과거에 동성애에 연루되었다는 사실을 고백했다. 그는 깊은 죄책감을 표현했고, 베시가 더 이상 자기를 받아 주지 않는다 해도 이해하겠노라고 했다. 베시는 울면서 이렇게 말했다. "당신한테 너무 실망했어요. 하지만 당신을 사랑해요. 그래서 당신을 떠날 수가 없어요. 그리고 하나님이 도우신다면 이 문제에 대한 해결책을 찾을 수 있을 거라고 생각해요." 베시는 말한 대로 했다. 그리고 그들은 해결책을 찾았다.

그다음 몇 주 사이에 나는 브렌트를 매주 만났다. 나는 브렌트와 함께 브렌트의 과거를 훑어 내려갔다. 엄청난 용기와 두려움이 뒤섞인 채 그는 그런 일이 있은 뒤 처음으로 그를 성적으로 학대했던 사람들과 대면했다. 그들은 일반적인 반응을 보였다. 그런 짓을 하지 않았다고 딱 잡아뗐다. 그러나 그들과 대면하면서 브렌트는 자기 자신의 치유를 확신했다. 가해자들을 하나님께 맡기고, 자신의 적개심을 내려놓고, 그들이 어린아이에 불과했던 자기에게 저질렀던 그 만행에도 불구하고 어른이 된 자기는 치유의 방법을 찾을 수 있다는 사실을 인정했다.

브렌트는 자신을 성폭행한 가해자들을 향한 감정이 자신의 행동에 영향을 미치게 내버려 두어선 안 된다는 사실을 배웠다. 그는 그 학대로 인한 자신의 행동에 대한 책임은 모두 자기에게 있으며, 결혼 생활 가운데 성관계에 대한 자신의 행동과 태도를 지배하지 못하게 할 방법을 선택할 수 있는 권한이 자기에게 있다는 사실을 깨달았다. 그는 또 가해자에게 맞섬으로써 그들에게 영향을 미치기를 바라긴 했지만 자기가 가해자들을 변화시킬 수 없다는 사실도 인정했다. 그는 베시를 만나기 전 자기 자신의 성적인 선택들이 잘못됐다는 사실을 인정했다. 하지만 그런 선택을 했다고 해서 그가 구제될 수 없는 완전한 패배자는 아니라는 사실도 이해했다.

브렌트와 두 번째 만남을 가진 뒤에 나는 다시 베시를 만나 그다음 몇 주 사이에 브렌트가 성적인 접촉을 시도하게 될 거라는 사실을 귀띔해 주었다. 나는 베시에게 그의 시도에 반응을 보이되 어떤 강요도 하지 말고 그가 이끄는 속도대로 따라가 주라고 권했다. 3주 뒤에 브렌트는 텔레비전을 보는 사이에 베시의 손을 잡았다. 그리고 한 주 뒤에는 베시를 안고 열정적인 키스를 퍼부었다. 석 달이 채 못되어 발기부전은 온데간데없이 사라졌다. 그 당시에 나는 몇 번에 걸쳐 그들과 결혼 상담을 하는 중에 그들이 자신들의 관계 전체 전체를 살펴보고 서로와 소통하는 긍정적인 방법들을 찾도록 도와주었다.

성적 장벽이 극복되자 그들의 관계는 급진전했다. 그리고 그때부터 지금까지 몇 년 동안 정상적인 성생활을 해 오고 있다. 베시가 유일하게 후회하는 점이라면 왜 조금 더 빨리 도움을 받지 않았을까 하는 것뿐이다.

대부분의 경우가 그렇듯 그 과정을 처음 주도했던 건 협조적인 배우자인 베시였다. 그녀는 마침내 성적 학대의 피해자였던 남편 브렌트가 도움을 받을 수 있게 이끌었다. 어린 시절의 성 학대를 치유하는 여행에 적극적인 배우자가 동행한다는 것은 대단한 자산이라 할 수 있다. 이처럼 사랑만큼 세상에서 선을 이루는 데 강력한 무기는 없다.

어린 시절의 성 학대는 모든 희생자들에게 엄청난 피해를 입힌다. 그런 일은 일단 성 문제와 관련해서 희생자의 생각과 감정을 왜곡시킨다. 이 왜곡이 어떤 식으로 드러나는가는 희생자 개개인의 특성에 따라 다르게 나타난다. 하지만 어떤 경우든 해결책은 그 문제에 정면으로 맞서 도움을 요청하는 데 있다.

어린 시절의 성 학대의 피해자라면 당신은 참된 삶의 원리를 실천에 옮김으로써 많은 것을 배울 수 있다. 당신은 애초에 일어났던 성폭력에 당신의 책임을 느끼지 않으면서도 당신의 실패를 인정할 수 있다. 당신은 또한 당신의 사고와 감정이 왜곡되었다는 사실을 깨닫고, 두려움과 수치라는 당신의 감정에 맞서 도움을 요청하는 법을 배울 수 있다.

남편이 자녀를 학대한다면

성적 학대라는 주제를 떠나기 전에 버밍햄에서 열린 세미나에 참석했던 로비라는 여성의 이야기를 하고 싶다. 로비는 눈물을 펑펑 쏟으면서 내게 이렇게 말했다. "나는 최근에야 남편이 딸 둘을 성적으로 학대했다는 사실을 알았어요. 하나는 이제 열여덟 살이고, 다른 하나는 열여섯 살이에요. 정황상 이 일이 몇 년간 계속된 게 틀림없어요. 한 달 전에야 이 일을 알게 됐어요. 큰딸이 대학에 있는 상담 센터에서 상담을 받은 뒤에 그 일의 전모가 다 드러나게 되었어요. 그 뒤에 큰딸이 작은 딸과 이야기를 나누면서 똑같은 일이 그 애한테도 일어났다는 사실을 알게 됐어요. 그 일을 듣자마자 난 딸을 데리고 친정으로 가서 지내고 있어요. 지금 당장은 남편이 도저히 용서가 안 돼요. 꼴도 보기 싫다는 생각뿐이에요."

나는 그녀가 남편 진을 떠난 뒤로 단 한 번밖에 이야기를 나누지 않았다는 사실을 알아냈다. 그는 로비에게 자기가 잘못했다는 사실을 알고 진심으로 후회하고 있으며, 돌아와 주기만 하면 다시는 그런 일을 하지 않겠다고 약속도 하겠다고 했다. 하지만 로비는 내게 이렇게 말했다. "지금 당장은 어떻게 해야 할지 너무 혼란스러워요."

나는 보통은 이렇게 단호하지 않지만 이번에는 딱 잘라 이렇게 말했다. "로비, 당신이 할 일을 알려 드리죠. 진이 이 문제를 해결하기 위해 집중적인 상담을 받을 때까지 그냥 친정에 머물도록 해요. 그 상담자가 이 문제를 철저히 해결했다는 확신을 줄 때 부부가 함께 결혼 상담을 시작하는 것이 좋습니다. 내 짐작으로는 진의 개인 상담만 해도 최소한 6개월에서 9개월은 걸릴 거라고 생각합니다. 결혼 상담도 거의 그만큼의 시간이 필요할 것 같군요. 이 문제를 철저히 해결하지 않고 남편에게 돌아가면 그런 행위가 다시 자행되리라는 건 불을 보듯 뻔한 일입니다. 진이 진심으로 그 문제를 해결하기를 원한다면 상담을 받을 것이고, 당신과 딸이 당신 어머니 집에 머무는 동안에도 재정적인 뒷받침을 해 줄 것입니다. 하지만 그가 상담을 거부하면서 당신을 비난하고, 재정적 뒷받침을 해 주지 않는다면 그의 태도와 행동이 변할 때까지 어떤 화해의 가능성도 없다는 사실을 알려 주어야 합니다."

내가 로비에게 왜 그렇게 단호했는지 궁금할 것이다. 연구에 따르면 오랫동안 아이들을 성적으로 학대했던 아버지는 단순히 누군가에게 들켰다는 이유로 행동의 변화를 보이진 않는다.[4] 그는 용서해 달라고 울기도 한다. 슬픔을 표현하기도 한다. 약속도 한다. 하지만 이 중 그 어느 것도 액면 그대로 받아들여서는 안 된다. 그의 말보다는 그의 행동이 더 신빙성이 있다. 그가 상담을 받으러 간다면 치유와 화해의 희망은 있다. 하지만 상담을 받으려 하지 않는다면 치유의 가능성은 없다.

로비가 자기 남편을 위해 할 수 있는 가장 큰 일은 강한 사랑을 실천하는 것이다. 그리고 그 일을 제대로 처리하는 모습을 보여 주는 것이 딸들에게 해 줄 수 있는 최선의 태도다. 로비와 로비의 딸들에게도 해야 할 숙제가 있다. 그 딸들도 개별적으로 상담을 받을 필요가 있고, 딸들을 위한 상담에는 로비가 포함되어야 한다. 그런 일이 일어나게 내버려 둔 로비에 대해 딸들이 적개심을 품고 있을 가능성이 크기 때문이다. 로비는 무슨 일이 일어나는지 몰랐을 가능성이 있다. 하지만 그들은 마음속으로 로비에게도 다소간에 책임이 있다고 느낄 게 틀림없다.

그들 각자가 솔직하게 이 상황을 처리해 나간다면 거기에는 치유가 있을 것이고, 딸들은 어린 시절 성 학대의 상처를 딛고 일어날 수 있을 것이다. 이 단계에서 철저히 이 문제를 다루는 것이 문제를 적당히 그럴듯하게 둘러대고 학대의 상처가 그들의 결혼 생활에 드러나지 않기를 바라는 것보다 몇 배나 나은 방법이다. 진정으로 깊은 치유가 행해지지 않는다면 그 학대는 틀림없이 장차 그들의 관계에 나쁜 영향을 미치게 되어 있다.

로비나 남편, 혹은 딸들이 그 후 어떻게 됐는지는 정확히 모르겠다. 그 뒤로는 만난 적이 없기 때문이다. 하지만 비슷한 상황에 있는 부부들이 참된 삶의 원리를 적용시킴으로써 관계를 치유한 경우는 많이 보았다. 딸들과 아버지의 관계가 회복되는 것도 목격했고, 어머니와 딸들이 남편의 성적 학대로 인해 생긴 갈등을 해소하는 것도 지켜봤다. 그런 파괴적인 학대 후에 남편과 아내가 진심으로 화해하는 것을 본 적도 있다. 하지만 가해자가 마음을 열고서 자기 문제를 정직하게, 그리고 철저히 다루려 하지 않는 경우에는 결코 그런 일이 일어날 수 없다.

치유에서 영적인 차원은 아주 중요하다. 도덕적인 경계선을 인정하고 그 한계를 넘어선 데 대한 책임을 받아들이는 것은 아주 중요한 치유 과정의 일부다. 잘못을 인정하고, 용서를 주고받고, 하나님과 평화를 구하는 것 또한 그런 관계를 치유하는 과정에서 중요한 부분을 차지한다. 하지만 종교적인 교훈을 섣불리 사용해 희생자가 아직 성숙되지 않은 표면적인 용서를 하게끔 해서는 안 된다. 종교적 회심을 가해자의 문제에 대한 신속한 해결책으로 사용해서는 안 된다는 말이다. 회심이 긍정적인 변화의 과정을 시작하게 할 수는 있지만 그것이 모든 문제를 단번에 해결할 수 있는 만병통치약이 될 수는 없다. 종교적 회심이 치유의 과정을 시작하게 해 주는 건 사실이지만 희생자와 가해자는 치유라는 목표까지 한 번에 한 걸음씩 천천히 나아가야 할 것이다.

성적 학대를 직접 경험했거나 그런 일을 당한 배우자와 살고 있다면 이 장이 당신 부부가 치유를 향한 여정을 시작할 수 있게 자극하는 촉매가 되기를 진심으로 바란다.

당신의 상황이 이 장에서 살펴보았던 세 부부의 경우와 정확히 일치하지는 않을 것이다. 하지만 나는 당신이 성 학대를 당한 피해자들과 이후의 그들의 결혼 생활을 살펴보면서 공통점을 찾았을 거라고 믿는다. 시간이 지난다 해서 성적 학대의 결과가 저절로 치유되지는 않는다. 온전한 치유가 이루어지려면 성 학대로 인한 부인 (否認)과 죄책감, 수치심, 분노, 그리고 고통의 장벽을 무너뜨리는 일이 일어나야 한다.

이 모든 일의 시작은 아주 간단하다. 그 문제에 도움을 요청하는 사람이 누군가 있어야 한다. 대개는 학대당한 희생자의 배우자일 경우가 많다.[5] 당신이 그런 경우에 처한 배우자라면 당신의 배우자가 어린 시절의 학대에서 비롯된 내적 고통을, 그리고 그 뒤의 결혼 생활에서 나타난 문제들을 치유하는 데 필요한 도움을 요청하도록 도움으로써 당신의 결혼 생활에서 긍정적인 변화의 주체가 될 수 있다는 사실을 알아야 한다.

이제 술이라면 지긋지긋해요!

_술고래 남편

알코올 중독은 가족 전체의 문제다.[1] 술을 진탕 마시고 난 뒤에 벌이는 행동은 알코올 중독자뿐 아니라 그 사람과 관계를 맺고 살아가는 주변 사람들의 삶까지도 위협하기 때문이다. 연구에 따르면 알코올 중독은 다음과 같은 네 가지 증상을 드러내는 질병의 하나다.

▶ 열망: 술을 마시고 싶은 강한 욕구, 충동.

▶ 통제의 상실: 일단 술을 마시기 시작하면 멈출 수 없다.

▶ 신체적 종속: 구토, 식은 땀, 떨림 등의 금단 현상 및 술을 끊은 뒤의 불안감.

▶ 내성: 기분이 좋아지기 위해서는 갈수록 더 많은 양의 술을 마셔야 할 필요가 있다.[2]

　약물 사용과 건강에 관한 2006년 미국 전 지역 실태조사에 따르면 "12세 이상 미국인 중 절반 이상이 현재 술을 마시는 것으로 보고되었다. 이 말을 계산해 보면 곧 1억 2천5백만 명이 술을 마신다는 결론이 나온다."[3]

　알코올은 가장 널리 사용되면서도 가장 쉽게 구할 수 있는 약물이므로[4] 우리는 이 장에서 주로 알코올 중독이 결혼 생활에 어떤 영향을 미치는가의 문제를 다룰 것이다.

　결혼 생활에 술이 파괴적인 영향을 미치는 이유는 무엇일까? 약물 남용에서 비롯된 행동들 때문이다. 약물 남용자는 자기중심적 세계에 갇혀 산다. 일반적인 의미에서 보면 우리들 모두에게 해당되는 말이기도 하다. 하지만 약물 남용자에게는 그 정도가 훨씬 심하다. 알코올 중독자(혹은 약물 중독자)들은 삶의 방향이 자기들 안으로 향해 있으며, 자기 자신의 고통이나 쾌락에 탐닉한다. 그래서 지나칠 정도로 자기중심적인 삶을 살 수밖에 없다. 그들의 자기중심주의는 일상생활뿐 아니라 결혼 생활에까지 해를 끼친다. 알코올 중독자의 행동 유형은 결혼 관계에 아주 치명적인 영향력을 행사한다.

　그렇다면 그 파괴적인 특성들이란 뭘 말하는가? 가장 심각한 것이 거짓말이다. 자신의 중독 사실을 숨기기 위해 남용자는 거짓말의 달인이 된다. 그런 속임수는 친밀함과는 상극이다. 거짓말은 부부 사이에 벽을 쌓기 때문이다. 알코올 중독자가 보이는 또 다른 모습은 갈등이나 배우자로부터의 감정적 거리감, 공감의 결핍, 그리고 배우자에 대한 무관심 등의 문제와 직면하지 않으려는 것이다. 중독으로 인해 자기를 사랑하는 사람들의 감정에 무관심하게 되었기 때문이다. 중독자가 삶의 최우선순위에 두고 있는 부분은 어떻게 하면 그 약물을 이용할 수 있을까 하는 것뿐이다. 그는 약물을 손에 쥘 수 있다면 무슨 대가든 치를 준비가 되어 있다. 자기가 술이나 마약을 입에 대는 것이 배우자에게 깊은 고통을 준다는 사실을 알고 있다 해도 그 행위를 멈추기는커녕 배우자가 고통을 당하는 걸 보고도 아랑곳하지 않는다.

술의 영향 하에서 중독자들은 마침내 결혼 관계를 파괴하는 행동 유형을 보인다. 알코올 중독자들에게서 성적 부정은 흔히 볼 수 있는 현상이다. 남편이 술에 취해서 그런 짓을 저질렀다 쳐도 슬픔에 사로잡혀 있는 아내에게는 그런 사실이 위로가 될 리가 없다. 신체적, 감정적 무관심과 학대도 그런 영향 하에 있는 사람들이 흔히 보이는 행동이다. 구체적으로 폭행을 하지 않는다 해도 그 사람의 말과 행동은 배우자의 마음에 혐오감과 연민, 그리고 분노를 불러일으킬 수 있다. 약물 남용자와 살면서 부부간의 친밀함을 기대하기란 사실상 불가능하다고 봐야 한다.

바바라의 이야기

바바라는 알코올 중독자인 남편과 살면서 절망이라는 감정을 알았다. 바바라가 얘기한 바에 따르면 남편 댄은 결혼 전에도 술을 조금 마셨다고 한다. 하지만 술 마시는 습관이 삶의 중요한 부분으로 자리 잡기 시작한 것은 결혼 후부터였다. 지난 10년간 그의 알코올 중독은 결혼 생활을 갈기갈기 찢어 놓았다. 남편이 술에 절어 사는 걸 보는 것만으로도 충분히 실망스러웠다. 하지만 댄이 술에 취해 있을 때 퍼부어 대는 언어폭력은 바바라를 더욱더 견디기 힘들게 만들었다. 알코올 중독 때문에 댄이 직장을 계속 다닐 수 없게 되자 그 문제는 더 복잡한 상황으로 치달았다. 댄은 새로운 직장을 찾은 뒤에는 늘 새로운 일에 대한 기대를 나타내며 이번에는 꼭 성공하고 말겠다는 약속을 반복하곤 했다. 하지만 번번이 그런 희망은 얼마 못 가 물거품처럼 사라지고 말았다. 다시 술을 입에 대고, 다시 직장을 잃는 일이 반복되었기 때문이었다. 직장을 잃을 때마다 진탕 마셔 대고, 또 그런 뒤에는 얼마간 술을 끊고 새로운 직장 찾는 일이 이어졌다. 새로운 직장을 찾는 일이 새로운 희망으로 이끌어 주는 건 잠시뿐 또다시 폭음이 시작되고 그 주기가 반복되곤 했다.

바바라는 자기들이 그 주기의 어느 지점에 와 있는지를 정확하게 짚어 낼 수 있을 정도로 그 방면에서라면 전문가가 되었다. 바바라는 매 주기마다 다음에는 무슨 일이 벌어질지 정확히 짚어 낼 수 있었다. 그래도 그동안 이혼을 하고 싶은 생각은 없었다. 하지만 자신의 깊은 신앙심과 댄과의 대화에도 불구하고 상황은 점점 악화일로로 치달았다.

"지금은 뭘 어떻게 해야 할지 모르는 시점에 와 있어요. 갈수록 댄에 대한 사랑이 식고, 그 자리를 분노와 동정심이 채우고 있다는 느낌이 들어요. 댄을 존중해 주고 싶어요. 사랑하고 싶고, 도와주고 싶어요. 하지만 방법을 모르겠어요." 바바라는 댄과 함께 산 10년이 마치 영원 같았다고 회고했다. 그러면서 지금까지는 전혀 생각해 보지 않았던 한 가지 길, 즉 이혼을 심각하게 고려하고 있었다.

중독을 부추기는 행동 이해하기

바바라와 더 깊은 이야기를 나누고 난 뒤 나는 여러모로 보아 바바라가 고전적인 의미에서의 방조자라는 사실을 발견했다. 자기도 모르게 바바라는 남편으로 하여금 그런 삶의 양상을 계속하도록 부추기는 역할을 하고 있었다. 알고 보니 바바라의 친정아버지 역시 알코올 중독자였다. 알코올 중독자의 아내들이 알코올 중독자였던 부모를 둔 경우는 흔히 볼 수 있는 현상이다. 어릴 때 바바라는 가족 간의 평화를 유지하기 위해서 자기 아버지의 파괴적인 행동을 못 본 척하고, 상황이 달라질 날만을 고대하며 사는 기술을 익혔다. 그런데 지금은 그런 행동이 자기도 모르게 댄의 알코올 중독을 부추기는 역할을 하고 있었던 것이다.

방조자는 무슨 대가를 치르더라도 술이나 약물 남용이 만들어내는 혼란을 줄여야 한다는 강박관념에 시달린다. 그렇게 함으로써 그 사람은 무의식중에 상대방의 중독을 영속화시키는 역할을 한다. 방조자가 없다면 중독자가 그 습관을 계속해 나간다는 게 쉽지만은 않을 것이다. 방조자는 일반적으로 배우자에게 분노를 느끼지만 배우자를 향한 참된 사랑 때문에 그것을 잘 드러내지 않는다. 또, 대개는 인내심이 많고 이타적이며 중독자를 구제하기 위해서 그를 과보호하는 경향이 있다. 그 결과로 얻는 것은 부부간의 친밀함에는 결코 이를 수 없는 피상적인 평화뿐이다.

나는 바바라가 부부 관계에서 긍정적인 변화의 주체가 되려면 자기의 생각과 행동을 고치는 일이 선행되어야 한다는 사실을 감지했다. 바바라는 남편의 행동에 대해 느끼던 책임감을 버리는 대신 자기 자신의 행동에 대해 책임지는 법을 우선 배워야 했다. 그리고 남편으로 하여금 자신의 중독적인 삶으로 인한 결과를 책임지고, 그 대가를 치르게 해야 할 것이었다. 약물 중독자들의 배우자 대다수가 이런 삶의 방식을 취하려면 근본적인 행동의 변화가 있어야 한다. 중독자의 배우자들은 약물 중독자들이 약물을 끊고 치료를 받겠다는 결심을 하게 하는 데 필요한 단 한 가지가 그로 하여금 중독으로 인한 결과 때문에 고통을 겪게 하는 것뿐이라는 사실을 인정해야 한다. 이런 일이 일어나면 중독자는 술에 절어 살면서 제멋대로 살았던 이전의 삶의 행태를 계속하면 소중한 모든 것을 잃게 된다는 사실을 깨닫게 될지도 모른다. 이런 깨달음은 위기를 통해 얻는 경우가 대부분이다. 그리고 그런 위기에는 직장을 잃거나 심각한 병에 걸리거나 체포되거나 부부가 별거에 들어가거나 가족이나 친구에게 거부당하는 일 등이 포함된다. 자신의 삶의 방식에 진저리를 칠 시점에 이르러서야 비로소 중독자는 치료를 받을 결심을 하게 될 것이다.

바바라는 결혼 상담을 받을 목적으로 날 찾아왔다. 하지만 나는 남편의 중독 문제를 처리하지 않을 경우에 그런 상담은 무용지물이 될 거라는 사실을 알았다. 나는 먼저 바바라에게 그 지역의 앨 애논 (Al-Anon) 지회에 가입할 것을 권했다. 앨 애논이란 약물 중독자의 가족들에게 정보와 도움을 제공하는 미국 국립 기관의 이름이다.

그 기관은 중독자의 가족들에게 긍정적인 변화의 주체가 될 수 있는 실제적인 관점과 정서적 도움을 제공한다. 가족들은 그 기관의 도움을 통해 마침내 사랑하는 이의 중독으로 인한 행동을 자기들이 조종할 수는 없지만 그에게 영향을 미칠 수는 있다는 사실을 깨닫게 된다.[5]

대개 중독자의 가족들은 사회로부터 고립되는 경향이 있다. 수치심과 불안정성, 그리고 미지의 세계에 대한 공포가 대개 그 배우자들을 무기력한 상태로 마비시킨다. 하지만 앨 애논에서 바바라는 그런 처지에 놓인 사람이 자기 혼자가 아니라는 사실을 알게 되었다. 남자고 여자고 할 것 없이 수백만이나 되는 사람들이 알코올 중독자와 결혼해서 자기와 비슷한 경험을 하고 있었다. 중독자 가족들의 삶 역시 중독자들만큼이나 제어하기 힘든 상태에 있었다.

그러나 바바라는 앨 애논에서 희망을 발견했다. 그 첫걸음은 자기 자신의 태도와 행동에 대한 책임을 받아들이는 것이었다. 이는 곧 참된 삶의 처음 두 가지 원리를 반영한 것이었다. 두 번째 단계는 댄으로 하여금 자기 행동에 대한 책임을 받아들이게 하는 것이었다. 바바라는 남편이 술을 마시는 원인이 자기에게 있는 것도 아니며, 자기가 그 습관을 통제할 수도 고칠 수도 없다는 사실을 배웠다. 또 보호자의 입장으로 자기가 남편을 사랑하고 도와주려는 태도는 그 상황을 더 악화시킬 뿐이라는 사실도 배웠다. 그녀는 또 약물 중독은 중독자를 감정적으로 퇴행시켜서 극단적으로 미성숙하게 만들 뿐 아니라 중독자들은 자기가 원하는 걸 얻기 위해서 배우자를 조종하고, 배우자에게 거짓말을 한다는 사실도 알았다. 그들의 설명과 변명은 꽤 그럴듯해서 배우자는 아무리 정신을 차려도 그들에게 속게 마련이란 것도 알게 되었다.

해결로 가는 급행열차는 없다

바바라는 참된 삶으로 가는 과정에서 댄이 중독된 삶을 계속하기 위해서 자기를 이용했다는 사실을 알게 되었다. 또 남편의 그런 행동을 부추겼다는 데 자신의 부족함이 있었다는 사실도 인정했다. 하지만 그의 중독을 자기 탓으로 돌리지는 않았다. 지금은 바바라가 남편의 볼모 역할을 거부하고, 강한 사랑을 보여야 할 차례였다. 바바라는 댄의 이야기나 변명에 귀 기울이기를, 혹은 그의 행동이 빚어 낸 결과에서 그를 구해 내기를 거절함으로써 댄을 진정으로 사랑하는 법을 배웠다. 남편의 알코올 중독에 반응하는 자신의 태도에 대해서는 자기가 책임을 져야 하지만 남편 역시 자기의 행동에 대해서는 책임을 져야 한다는 사실을 알았기 때문이다. 바바라는 또 감정이 자기의 행동을 지배하게 내버려 두거나 롤러코스터 같이 정신없이 돌고 도는 댄의 행동에 자기가 갇혀 있을 필요가 없다는 사실도 깨달았다. 또 자기가 남편을 변화시킬 수는 없겠지만 강한 사랑을 통해서 그에게 영향을 미칠 수는 있다는 사실도 알게 되었다.

바바라는 남편의 간청에도 불구하고 그를 구치소에 내버려 두었을 때 느꼈던 고통스런 감정을 아직까지도 잘 기억한다. 그런 결심을 하기 전 바바라는 앨 애논에서 만난 친구에게 전화를 걸었다. 그들은 전화상으로 함께 울면서 기도했다. 댄이 구치소에서 밤을 보내야 한다는 사실에 바바라의 고통은 극에 달했다. 하지만 바바라는 그를 보석으로 꺼내기를 거절하는 것이 그 순간 그를 향한 가장 강한 사랑의 표현이며, 사랑은 때때로 선을 행하는 가장 강한 무기가 된다는 사실을 알고 있었다.

그다음 해에도 바바라는 댄이 직장을 잃는 것을 지켜만 보았다. 전처럼 자기가 뛰어들어서 도와주었다면 직장을 붙들 수도 있었을 것이다. 하지만 그 시점에서 바바라는 직장을 붙잡는 것보다 더 중요한 일이 있다는 사실을 알았다. 말하자면 남편으로 하여금 자기 자신의 행동에 대한 책임을 지게 하는 것이었다. 댄은 직장을 잃은 뒤에 여전히 진탕 술을 마시는 행동을 반복했다. 바로 이때 바바라는 두 아이들을 데리고 친정어머니 집으로 가 버렸다.

댄에게 그보다 더 힘든 일은 없었다. 그는 바바라에게 돌아와 달라고 애원도 하고 매달리기도 했다. 이젠 자기도 교훈을 얻을 만큼 얻었다고, 다시는 술을 입에 대지 않겠다고 약속하기도 했다. 앨 애논에 있는 친구들의 도움을 받아 바바라는 댄이 아무리 애원을 해도 돌아갈 생각이 없다고 말할 수 있었다. 남편이 치료 프로그램에 등록하고, 결혼 상담을 받기 전까지는 돌아가지 않을 작정이었다. 해결로 가는 급행열차 같은 건 없었다. 댄이 자신의 알코올 중독 문제를 해결하려 하지 않는다면 그리고 행복한 결혼 생활을 하는 방법에 대해서 자기와 함께 배우려고 애쓰지 않는다면 바바라로서는 돌아갈 생각이 전혀 없었다.

댄은 그다음 날 밤에도 찾아와서 돌아와 주기를 애원했다. 돌아오기만 하면 치료를 받으러 가겠다고 했다. 바바라는 이것이 자기를 조종하려는 시도라는 사실을 알았다. 따라서 친절함을 잃지 않으면서도 단호하게 '노(No)'라고 말했다.

"당신에게 지금 돌아갈 수 없는 건 당신을 너무 사랑하기 때문이에요. 이 과정을 중단할 생각은 추호도 없어요. 돌아간다면 그건 당신이 알코올 중독 문제를 해결하고, 우리가 부부 문제를 다루고 난 다음이나 될 거예요." 바바라는 이렇게 말했다. 그러면서 가까운 도시에 있는 알코올 중독 프로그램에 대해서 알려 주고, 그 프로그램에 들어가는 절차는 자기가 도와줄 것이며, 중독 치료 센터의 요청에 따라 자신과 아이들이 때때로 그와 함께 상담에 참여하게 될 것이라는 사실을 그에게 이야기했다.

"여보, 우리에겐 심각한 문제가 있어요. 저절로 해결될 문제가 아니에요. 당신이 결혼 생활과 가족을 원하는지 아니면 평생 술과 함께 살 것인지를 결정해야 할 때가 왔어요."

사흘 뒤 댄은 알코올 중독 치료 센터에 들어갔고, 그다음 석 달이 지나 완전히 새로운 세상에 발을 디뎠다. 댄은 현실 세계, 즉 사람들이 자기 행동과 감정에 책임을 지고, 자기 자신뿐 아니라 다른 사람들과의 관계의 가치를 이해하는 세상으로 들어왔던 것이다. 그는 그곳에서 알코올 중독에 대해서뿐 아니라 자기 자신에 대해서 많은 것들을 배웠다. 그는 인생에서 처음으로 현실 세계에서의 삶은 술을 먹고 환각에 취해 있던 세상에서의 삶보다 훨씬 더 만족스러울 수 있다는 사실을 깨닫기 시작했다.

90일간 계속된 치료 프로그램의 끝에(상담자의 지도에 따라 바바라와 자녀들 역시 그 프로그램에 가끔씩 참여했다) 댄은 자기와 바바라가 지난 10년간의 감정적 상처를 치유하고 새로운 부부관계를 형성하는 데 충분한 결혼 상담을 받기 전까지는 함께 살 수 없다는 사실을 분명히 인지한 상태에서 그곳에서 나왔다. 댄은 더 이상 바바라에게 돌아와 달라고 애걸하지 않았다. 지금은 현실 세계에 발을 디딘 그가 지난 10년간 자기중심적이고 파괴적인 행동으로 바바라에게 깊은 상처를 입혔다는 사실과 바바라의 치유를 위해서는 시간이 필요하다는 사실을 알게 된 때문이었다. 그는 또 아내와 자녀들과 올바른 관계를 형성하기 위해 앞으로도 가야 할 길이 멀다는 사실도 잘 알았다.

나는 댄과 바바라와 그들의 자녀들을 데리고 집중적인 결혼 상담과 가족 상담을 시작했고, 상담을 시작한 지 9개월 만에 바바라와 자녀들은 집으로 돌아왔다. 댄은 결혼 상담을 받는 사이에 일주일에 한 번씩 알코올 중독자 협회(AA)[6]의 모임에 참석했다. 개인적으로 성장해야 할 필요가 있었던 바바라 역시 일주일에 한 번씩 앨 애논의 모임에 참석하는 일을 게을리하지 않았다. 댄의 알코올 중독이 9개월 동안 딱 한 번 그것도 잠깐 동안 재발한 적이 있었다. 사업상 모임에 갔다가 한 잔 정도는 괜찮을 거라고 생각하고 마셨던 게 탈이었다. 하지만 한 잔이 두 잔이 되고 그날 저녁 댄은 택시에 실려 집으로 돌아가야 할 정도로 만취 상태가 되었다. 그다음 주에 그는 AA 모임에 날마다 참석해서 그가 속한 그룹 사람들과 알코올 중독 재발에 대한 이야기를 나눴다. 그는 이 사실을 바바라에게도 이야기하고, 상담 시간에 내게도 털어놓았다.

그가 이런 솔직한 모습을 보인 것은 아내에게 거짓말로 일관하던 이전의 행태와는 완전히 다른 것이었다. 이런 모습들을 보면서 바바라와 댄은 앞으로의 결혼 생활이 과거 10년과는 완전히 달라질 거라는 강한 확신을 가질 수 있었다. 바바라와 아이들이 집으로 돌아온 뒤 처음 6개월간 그들은 한 달에 한 번씩 나를 만났고, 그 뒤로 2년 동안은 6개월에 한 번씩 만났다.

이 글을 쓰는 지금은 그들과 마지막으로 상담을 한 지 5년이 지난 시점이다. 하지만 매해 크리스마스마다 나는 그 부부가 보내오는 카드를 받는다. 카드에서 부부는 그 집에서 그해에 일어난 일과 감사의 인사를 들려준다.

바바라와 댄은 성공적인 경우다. (이렇게 성공적인 경우도 있지만 치료되지 않는 경우도 많다. 알코올 중독은 술에 대한 과도한 집착과 백지한 장 차이이다.) 불행하게도 약물 남용자들과 결혼한 대부분의 배우자들은 거의 이혼에 이르고 만다. 그들은 중독자인 배우자와 이성적인 대화를 시도해 보기도 하고, 화가 나서 설교를 하기도 하고, 말없이 냉정하게 굴어 보기도 하고, 울고 매달리고, 체면을 세우려고 몸부림치고, 변명을 하고, 배우자의 말을 들어주기도 해 보지만 결국에는 배우자가 변할 거라는 희망을 버릴 수밖에 없다.

대부분의 중독자들은 변화하지 않는다. 자기들의 개인적 고통이 너무 강렬해서 견딜 수 없다고 느낄 때까지는 말이다. 그 고통은 직장을 잃거나 몸에 병이 들거나 친구들에게 거절을 당하는 등 자신들의 중독 때문에 일어날 수밖에 없는 자연스런 결과들에서 비롯된다. 하지만 중독자들이 경험하는 가장 큰 고통은 배우자나 혹은 자기 인생에서 아주 중요한 사람을 잃을지도 모른다는 두려움에서 온다. 댄을 비롯해서 대부분의 다른 중독자들은 바로 그런 이유 때문에 치료를 받을 결심을 굳히게 되었다. 세상에서 자기들이 가진 전부인 한 사람을 잃는다는 생각만으로도 고통이 너무 커서 치료를 받을 결심을 하게 되는 것이다.

이 말은 곧 좋은 친구나 배우자는 알코올 중독자의 조종에 말리지 않을 만큼 독한 마음을 먹고, 친절하지만 단호한 자세로 중독자가 오랜 기간 동안 필요한 치료를 받게 해야 한다는 것을 의미한다. 오랜 치료의 과정에는 알코올 중독자 협회 등 적절한 도움을 줄 수 있는 단체와의 연결까지도 포함된다. 앨 애논과 같은 후원 그룹의 지도와 도움이 없이 중독자의 배우자나 가까운 친구들이 참된 삶의 방식을 취할 수 있을 만큼 독한 마음을 먹기란 쉽지 않다. 결국 대부분의 사람들은 10년, 15년씩 방조자로 살 수밖에 없다. 이런 행동 유형은 쉽게 변하지 않는다. 선한 의도로 강한 사랑을 실천에 옮길 때조차도 중독자의 친구들이나 가족들은 중독자를 버린다고 당신을 비난할지도 모른다. 그러므로 누가 됐건 알코올 중독자의 가족들이 취할 수 있는 첫 번째 단계는 앨 애논과 같은 교육적인 지원 그룹의 일원이 되는 것이다.

치료 프로그램을 알아 두자

약물 남용자와의 결혼 생활에 긍정적인 변화를 주도하는 사람이 되는 과정에서 두 번째 중요한 단계는 치료 센터를 알아 두는 것이다. 그래야 남용자가 기꺼이 치료를 받겠다고 할 때가 오면 기다렸다는 듯 즉시 그 치료 센터를 소개할 수 있을 것이다.

약물 중독을 치료하는 데는 세 가지 기본적인 형태가 있다. 하나는 외래 환자 치료다. 외래 환자 프로그램은 전형적으로 해독을 위한 시간을 제공하는 것이다. 필요하다면 일주일에 한 번씩 개인 혹은 그룹 상담, 또래 상담, 그리고 여러 차례의 소변 검사로 약물 중독 여부를 검사하는 일 등이 여기에 포함된다. 또래 상담이나 소변 검사는 아주 중요하다. 중독자들이 다른 중독자들을 속이기란 쉽지 않다. 자기들 또래와의 만남은 그런 이유에서 아주 강력한 영향력을 행사한다. 약물 사용 여부가 검사된다는 사실을 아는 것은 강력한 억제제 역할을 함으로써 약물의 유혹에 '노'라고 대답할 수 있는 힘을 제공한다. 외래 환자 프로그램은 상대적으로 비용이 적게 들기도 하고 중독자의 직장이나 가족 관계에 영향을 덜 미친다는 장점이 있다. 건강 상태가 좋고, 약물 중독에서 벗어나려는 의지가 강한 사람들에게 아주 효과적인 프로그램이다.

입원 치료는 좀 더 집중적인 프로그램이다. 약물 해독, 교육, 개인과 그룹 치료, 가족 상담, 그리고 가끔씩은 작업 요법과 오락 치료가 포함된다. 그런 프로그램은 통상 6주에서 석 달 정도 걸리고, 그 프로그램의 끝에는 사후 관리 차원에서 그 환자를 익명의 알코올 중독자 모임이나 다른 지원 그룹에 소개하는 것이 보통이다. 입원 치료는 집중적이면서 약물 중독자를 약물과 약물 사용 환경에서 차단한다는 이점이 있다. 장기간 약물 사용에 노출되어 왔던 이들이나 건강이 좋지 않은 이들, 혹은 약물 사용을 조장하는 환경에서 살고 있는 사람들에게 권하고 싶은 프로그램이다.

약물 중독자를 치료하는 세 번째 방식은 주거 치료다. 이 프로그램은 회복단계의 약물 중독자가 약물 없이 어떻게 살아갈 수 있는지를 배울 수 있는 통제된 환경에서 장기간 제공되는 치료 프로그램이다. 주거 치료 프로그램은 대개 6개월에서 1년 정도 소요된다. 치료자들은 아주 체계적인 프로그램을 활용해서 환자들을 건설적으로 바쁘게 만들고, 약물과 약물을 쓰며 어울리던 친구들에게서 멀어지게 하는 방법을 사용한다. 대개 그런 프로그램은 그룹 활동과 더불어 교육과 직업 훈련을 병행한다. 일반적으로 상담은 약물 남용을 다루는 것뿐 아니라 그 문제의 토대를 이루는 감정적인 문제와 관계의 문제를 다루는 데 초점을 맞춘다. 주거 프로그램은 나이가 많은 성인들보다는 비교적 젊은 성인들에게 적합하다.

중독 치료 프로그램에는 여러 가지가 있지만 그중에서도 좀 더 성공적인 것들이 있다. 성공 여부는 중독자가 치료 후에 약물 없이 책임 있는 삶을 살고 있는가와, 성숙해진 관계를 형성하는지 여부에 따라 결정된다. 가장 성공적인 약물 치료 프로그램들은 아래와 같은 요소를 가지고 있는 경우가 대부분이다. (1) 약물 없는 환경에 대한 서약 및 약물을 철저하게 끊겠다는 목표, (2) 유능한 의사와 간호사의 보살핌, (3) 개인의 영적 삶에 대한 철저한 강조, (4) 약물 사용의 결과를 이해시키는 교육, (5) 그룹과 개인 치료 시간, (6) 치료 과정에서 가족의 참여(배우자, 자녀, 그리고 다른 친척들), (7) 치료 과정이 끝난 뒤 환자들을 지원 그룹으로 연결시켜 주겠다는 약속.

당신은 앨 애논 같은 지원 그룹이나 그 지역의 상담자나 목회자, 그리고 그 지역의 정신 건강 센터, 혹은 친구들과 이야기를 나눔으로써 알맞은 치료 센터를 발견하고 필요한 정보를 찾을 수 있을 것이다.[7] 되도록 빨리 치료 프로그램에 대해 많은 정보를 알아 두기를 권한다. 그래야 당신의 배우자가 치료를 받을 준비가 됐을 때 당신 역시 실제적인 제안을 할 준비가 되어 있을 것이기 때문이다. 치료 프로그램을 제공하는 곳에서는 대부분 방문을 환영하며 약물 남용자의 가족들에게 자기들이 사용하는 방법과 프로그램의 비용에 대해 설명해 줄 것이다. 치료 프로그램마다 비용은 천차만별이며 미국의 경우 대부분의 건강보험 회사들은 약물치료를 위한 비용을 제공하는 것으로 알고 있다. 배우자가 치료를 받으러 가기 훨씬 전에 이런 내용들에 관해 상세히 알고 있어야 한다.

약물 남용자의 배우자가 저지르는 가장 일반적인 실수는 치료 프로그램은 단순히 약물 남용 자체만을 치료하는 것이고, 거기에만 들어가면 배우자가 하루아침에 그 행동을 멈출 거라고 생각하는 것이다. 하지만 현실은 그렇지 않다. 진짜로 중독이 되었다면 약물을 끊기로 결심하는 것만으로 그 일로 파생된 모든 문제를 해결할 수 있는 것이 아니다. 중독자의 몸이 이미 약물에 중독되어 있는 상태이기 때문에 몸 자체가 중독자에게 어서 약물을 공급하라고 끊임없이 볶아 댈 것이다. 일단 중독이 된 약물사용자가 그 파괴적인 습관

에서 벗어나기 위해 외부 전문가의 도움이 절대적으로 필요한 이유
가 바로 거기에 있다.

긍정적인 변화의 주체가 될 배우
자의 역할은 남용자로 하여금 자신
의 행동의 결과를 경험하게 하는 것
이다. 남용자가 벼랑 끝에 몰리는 시
기가 빠르면 빠를수록 도움을 요청
하는 시기 역시 빨리 올 것이다. 중독자가 신체적으로 장애를 일으
켜서 문제가 있다는 사실이 가족이 아닌 사람들에게까지 알려지기
까지는 몇 년이 걸리는 경우가 대부분이다. 배우자가 알아채는 것은
그보다는 빠르다. 그때 중독자의 배우자에게는 그 질병의 실체와 맞
설 만한 강한 사랑이 있어야 한다.

약물 중독에 걸린 사람과 결혼했다면 당신은 알코올이나 약물,
그리고 그 결과로 나타난 행동들은 용납할 수 없다고 단호하게 말
할 줄 알아야 한다. 이전과 같은 상황이 지속될 순 없다고 말이다.
당신이 행동으로 더 이상 구차한 변명을 듣거나 중독자를 잘못된
행동의 결과에서 풀어 줄 수 없다는 사실을 확고히 하면 당신은 강
한 사랑이라는 의미 있는 일을 하고 있는 셈이다. 당신은 이제 배우
자가 치료를 받기로 결심할 수 있는 가능성을 높였다. 이런 강한 사
랑의 방식 없이 당신의 약물 중독 배우자가 변화할 가능성은 거의
제로에 가깝다.

중독을 극복하는 데 이어서 또 하나 무시할 수 없는 중요한 요소
가 있다. 중독자와 배우자 양자에게 영적인 삶이 얼마나 중요한 역

할을 하는가 하는 점이다. 연구 결과에 따르면 가장 성공적인 치료 프로그램은 개개인이 하나님의 도움과 힘을 의지할 수 있게 하는 프로그램이라고 한다. 사실상 익명의 알코올 중독자 모임의 12단계의 프로그램의 처음 두 번째 단계는 하나님 없이 변화하는 건 절망적이라는 사실을 깨닫는 것이다.[8] 나 역시 전에는 영적인 판단의 기준이 없었던 많은 알코올 중독자들이 하나님의 도움과 부르심으로 혜택을 입고 있는 것을 자주 목격한다. 약물 중독자가 스스로 변화하는 건 거의 불가능하다. 하지만 하나님의 도움이 있다면 불가능한 일이 가능한 일로 바뀐다.

긍정적인 변화의 주체가 되기를 구하는 배우자라면 중독된 배우자를 지켜보는 고통은 이루 말할 수 없을 정도로 크다. 친구나 가족들로부터 고립되었다는 느낌이 당신을 외롭게 만들기도 한다. 당신 역시 하나님의 도움과 그의 대리인들의 도움이 필요하다. 당신을 사랑하고, 돌보고 중독자들을 어떻게 하면 구원으로 이끌 수 있는지에 관한 지식이 있는 사람들 말이다. 당신이 밟을 수 있는 가장 중요한 단계는 하나님의 인도를 구하고 난 다음에 친구나 목회자, 상담자 혹은 그 지역의 앨 애논 그룹에 전화하는 것이다.

하나님과 다른 사람들의 도움으로 당신은 약물 중독 배우자와 함께 사는 삶에 참된 삶의 원리를 적용시킬 수 있다. 이런 경우에 강한 사랑은 선을 이루는 가장 강력한 무기가 된다. 알코올 중독자나 약물 중독자를 진심으로 도울 수 있는 것은 오직 이 사랑뿐이다.

<h1 style="text-align:center">참된 삶의 원리</h1>

1. 나 자신의 태도는 내 책임이다.

2. 내 태도가 내 행동에 영향을 미친다.

3. 내가 상대를 변화시킬 수는 없다. 하지만 상대에게 영향을
미칠 수는 있다.

4. 내 감정이 내 행동을 지배하지 못한다.

5. 나의 불완전함을 인정하는 것이 곧 내가 패배자라는 걸 의
미하는 건 아니다.

6. 사랑은 선을 이루는, 세상에서 가장 강력한 무기다.

희망이 꽃피는 결혼 생활

이 책은 오다가다 쉽게 읽을 수 있는 책이 아니다. 생각하면서 읽어야 하는 책이다. 그리고 이 책은 결혼이나 가족, 그리고 한 발 더 나아가서는 사회에 지대한 영향을 미치는 문제들을 다루고 있다.

따라서 이 책은 행동을 요구하는 책이다. 이 책이 절망적인 결혼 생활을 하고 있는 수동적인 독자들을 흔들어서 현실세계로 데려다주고, 결혼 생활에 긍정적인 변화를 만들어 낼 가능성을 가진 조처를 취할 수 있게 해 주는 게 내가 바라는 바다. 그럴 때 앞 페이지에 적어 놓은 참된 삶의 원리를 붙잡는 것이야말로 당신과 당신의 배우자에게 지속적이고 긍정적인 효과를 만들어 낼 수 있다.

이 책에서 만났던 사람들의 상황이 당신이 처한 상황과 똑같을 수는 없겠지만 그들의 고통에 동병상련을 느낄 만큼 비슷한 점이 있었기를 바란다. 당신을 고통 속에서 몸부림치도록 내버려 두는 건 나의 의도가 아니다. 내 목적은 당신의 결혼을 새로운 시각으로 볼 수 있도록 당신에게 도전을 주는 것이다. 오랫동안 힘겨운 결혼 생활을 온 이에게 그것이 쉬운 일이 아니리라는 건 나도 안다. 그렇다 해도 최소한 당신은 이 책을 통해 시간이 지난다고 해서 우리가 이 책에서 묘사한, 문제가 되는 행동들이 저절로 치유되지는 않는다는 사실을 알게 될 것이다.

절망적인 결혼에 대한 일반적인 반응은 움츠러들어서 그 문제를 다루려 하지 않는 것이다. 부부 중 한 사람이 상대에게서, 그리고 자녀들에게서, 심지어는 삶으로부터 움츠러들면서 그 문제가 사라지기만을 기다린다. 그 사람은 머리에 이불을 뒤집어쓴 채 동면에 들어간다. 대부분의 경우 우울증이 뒤따른다. 하지만 이런 행동은 문제를 더욱더 악화시킬 뿐이다. 자녀들을, 그리고 종내에는 당신 자신마저 돌봐 줄 사람이 있어야 한다. 이렇게 안으로 움츠러드는 행동은 상황을 전진시키기보다는 후퇴시킨다.

움츠러드는 또 다른 형태는 자녀들을 데리고 집을 나가서 돌아오지 않는 것이다. 일시적 별거가 상황에 도움이 될 수도 있지만 별거 기간이 길어지면 여러 가지 다른 문제들을 야기한다. 그런 태도는 실제로 결혼 생활 속의 실제 문제들을 다루는 게 두려울 때 쓰는 방법 가운데 하나다. 그리고 그건 문제를 푸는 건설적인 방법이라고 할 수가 없다. 움츠러드는 대신, 사랑이 바탕이 된 절대적인 해결책을 추구하는 행동을 하는 것이 필요하다. 참된 삶에 토대를 둔 이런 해결책만이 능력을 발휘할 수 있기 때문이다.

당신의 결혼에 긍정적인 변화를 추구하는 주체가 되는 여행은 1장에서 다루었던 것처럼 일반적으로 퍼져 있는 거짓말을 거부하는 것에서부터 시작된다. 이런 거짓말들이 당신을 포로로 붙들고 있는 한 당신이 참된 삶의 긍정적인 조처를 취할 수 있는 가능성은 거의 없다.

이 거짓말들이 무엇인지를 다시 살펴보고 다음 두 가지 물음에 답해 보자.

1. 과거에 당신은 이런 거짓말을 믿은 적이 있는가?
2. 앞으로도 계속해서 이 거짓말을 믿을 생각인가?

첫 번째 대답에 그렇다고 답했다면 두 번째 질문에는 아니라고 답하기를 바란다.

거짓말 1 　내가 처한 환경이 내 마음 상태를 결정한다.

당신의 행복이 배우자의 행동 여하에 따라 결정된다는 사실을 믿는 덫에 걸린 적이 있는가?

거짓말 2 　사람은 결코 변화되지 않는다.

당신의 배우자가 자신의 문제의 행동을 고치지 않을 거라고 믿고 의기소침한 적이 있는가?

거짓말 3 　불만스런 결혼 생활의 해결책은 불행 아니면 이혼, 두 가지뿐이다.

'어떻게 하면 이 결혼 생활을 벗어나서 다시 새로운 삶을 살 수 있는가?'라는 질문에 과도하게 집착함으로써 당신 스스로가 핵심에서 벗어나도록 한 적이 있는가? 그렇지 않다면 '내 삶은 비참해, 하지만 난 아무것도 할 수가 없어.'라는 결론에 승복함으로써 핵심에서 벗어난 적이 있지는 않은가? 이렇게 핵심을 벗어나는 생각이 당신을 친밀한 결혼이라는 종착역으로 데리고 갈 리가 없다.

거짓말 4 도저히 가망이 없는 관계들이 있다. 그리고 내 경우도 거기에 속한다.

이 거짓말을 믿는 것은 당신 자신의 잠재된 힘을 과소평가하는 것이다. 당신의 환경이 당신의 행복을 결정짓지는 않는다. 당신의 배우자의 행동이 당신이 행복하고 만족스런 삶을 사는 걸 막을 수도 없다. 사람은 변할 수 있고, 대개는 적절한 동기만 주어지면 변한다. 불만스런 결혼 생활을 하고 있는 사람에게는 이혼이나 불행이라는 두 가지 대안만 있는 게 아니다. 희망이 없는 상황이란 없다. 인간이기 때문에 우리에게는 변화의 능력이 있다. 우리가 생각하고 행동하는 방식을 변화시킬 때 그 상황도 변한다. 그렇다. 아주 절망적인 결혼이라 할지라도 희망은 있다.

이처럼 사람들이 일반적으로 가지고 있는 거짓말을 거절하는 행동은 당신으로 하여금 참된 삶의 원리를 적용함으로써 당신의 결혼 생활에서 긍정적인 변화의 주체가 되도록 준비시킨다. 다시 한 번 그 참된 원리들을 살펴보기로 하자.

진실 1 나 자신의 태도는 내 책임이다.

이 진실은 당신의 마음 상태에 대해 책임을 질 사람은 바로 당신이라는 사실을 확신시켜 준다. 태도는 당신이 사물에 대해서 생각하는 방식과 관련이 있다. 이 사실은 당신이 우리가 앞에서 말했던 거짓말을 믿지 못하게 만든다. 당신은 당신이 무엇을 믿는가를 자유롭게 선택한다. 당신은 당신의 결혼 생활은 절망적이라고 믿을 수도 있지만 '틀림없이 이 결혼 생활을 긍정적인 방향으로 되돌릴 방법이 있을 것'이라고도 믿을 수 있다. 어떤 태도를 취할 것인가는 당신 손에 달려 있다.

 내 태도가 내 행동에 영향을 미친다.

태도가 중요한 이유는 그것이 당신의 행동에 영향을 주기 때문이다. 행동이란 말은 행위와 말을 의미한다. 당신이 수동적이고, 패배자처럼 부정적인 태도를 가지고 있다면 당신은 그런 태도를 부정적인 행동과 말로 표현할 것이다. 당신이 당신의 환경을 통제할 수는 없지만 환경에 대한 당신의 사고방식을 통제할 수는 있다. 그리고 그런 당신의 태도가 당신의 행동에 영향을 미칠 것이다.

 내가 상대를 변화시킬 수는 없다. 하지만 상대에게 영향을 미칠 수는 있다.

당신은 배우자를 변화시킬 수 없다는 사실을 믿으면서 배우자에게 영향을 미칠 수 있다는 사실은 간과하고 있을지도 모른다. 인간은 관계를 맺고 살아가는 관계의 존재이기 때문에 우리는 주변에 있는 사람들의 말과 행동에 영향을 받는다.

당신은 배우자의 바람직하지 않은 행동을 억지로 고칠 수는 없다. 하지만 당신의 말과 행동을 통해 배우자에게 영향을 미칠 수는 있다. 어떤 사회든 이 진리 위에 서 있다. 당신의 배우자에게 영향력을 행사하는 행위는 결혼 생활에 긍정적인 변화를 일으킬 수 있는 큰 잠재력을 가지고 있다.

 내 감정이 내 행동을 지배하지 않는다.

감정이란 삶을 살아갈 때 우리가 자연스럽게 경험하는 느낌을 말한다. 하지만 인간은 감정 이상의 존재다. 감정은 우리로 하여금 행동을 취하도록 자극하지만 우리는 우리의 감정을 우리의 생각과 욕구로 순화시켜 주어야 한다. 그렇지 않다면 부정적인 감정들은 늘 부정적인 행동으로 이어질 것이다.

예를 들면 당신이 배우자의 행동에 화가 났다는 사실을 인정하지만 친밀한 결혼 생활을 구축하고 싶은 욕구가 있는 사람이라면 먼저 이런 질문을 던지게 될 것이다. "이 사람은 무엇 때문에 날 화나게 만드는 행동을 하게 됐을까? 이 사람의 내면에서 무슨 일이 벌어지고 있는 거지? 그리고 그런 행동에 대해 내가 취할 수 있는 가장 생산적인 반응은 어떤 것일까?"

감정을 생각과 욕구로 순화시키면 당신은 한층 더 건설적인 행동을 하게 될 것이다.

 나의 불완전함을 인정하는 것이 곧 내가 패배자라는 걸 의미하는 건 아니다.

완벽한 사람은 아무도 없다. 당신은 배우자의 문제가 되는 행동이 결혼 생활에서 가장 큰 걸림돌이 되었다는 결론을 내렸을 수도 있다. 이런 생각이 설령 옳다 할지라도 그것이 곧 당신의 행동은 책망을 받지 않아도 된다는 걸 의미하는 건 아니다. 대개 결혼 생활의 긍정적인 변화의 주체가 되는 데서 첫 단계는 과거의 당신의 행동이 부적절했다는 사실을 인정하는 것이다. 이 사실을 당신 자신과 배우자에게 인정하는 것이 장차 좀 더 긍정적인 접근 방식을 취하도록 준비시키는 과정이 될 수도 있다.

당신 자신의 부족함을 인정하는 것이 곧 당신이 불행한 결혼 생활의 모든 책임을 떠맡는다는 걸 의미하는 건 아니다. 그것은 단순히 당신의 적절치 못한 행동에 대한 책임을 당신이 기꺼이 진다는 사실을 의미할 뿐이다. 하지만 그렇게 책임을 진다고 해서 그것이 곧 당신이 패배자라는 사실을 의미하는 건 아니다. 그것은 오히려 당신의 성숙함을 보여 주는 표시라 할 수 있다.

진실 6 **사랑은 선을 이루는, 세상에서 가장 강력한 무기다.**

배우자의 사랑의 욕구를 만족시켜 주는 일 또한 배우자에게서 긍정적인 변화를 끌어내는 큰 잠재력을 가지고 있다. 사랑이야말로 가장 깊은 감정적 욕구이기 때문에 그 필요를 채워 주는 사람은 우리 삶에 큰 영향력을 행사할 수 있을 것이다.

과거에 당신은 말이나 행동으로 배우자에게 사랑의 태도를 보이지 못했다. 그건 어쩌면 당신의 배우자의 행동이 따뜻하고 사랑스런 감정을 불러일으키지 못했기 때문이었을 것이다. 그러므로 당신은 네 번째 진실로 돌아가서 당신의 감정이 당신의 행동을 통제하도록 허락해선 안 된다는 사실을 깨달아야 한다. 당신은 배우자가 사랑스럽지 않을 때라도 배우자를 사랑할 수 있다.

사랑은 본질적으로 감정이 아니라는 사실을 기억하라. 사랑은 생각하고 행동하는 방식이다. 사랑은 "당신의 관심사에 관심을 갖기로 마음먹었어요. 내가 당신을 어떻게 도울 수 있을까요?"와 같이 말하는 태도를 일컫는다. 이런 태도는 당신으로 하여금 사랑의 행동을 취하도록 만들 것이다. 그리고 반대로 그런 행동이 배우자의 사랑의 욕구를 만족시키고, 배우자의 마음속에 긍정적인 감정을 자극해서 배우자가 당신의 사랑에 보답하는 일을 쉽게 할 수 있게 만들 것이다.

우리 모두에게는 기본적인 욕구가 있다는 사실을 기억하라.

배우자의 가장 우선적인 사랑의 언어를 이해하고 그 언어로 말하는 것 또한 이 과정을 좀 더 효과적으로 만들 것이다. 그것이 배우자로 하여금 사랑받고 있다는 느낌을 갖게 도와줄 것이기 때문이다.

사랑의 언어

인정하는 말
배우자가 잘한 일에 대해서 말로 인정해 주기

함께하는 시간
전적으로 배우자만을 위한 관심 베풀기

선물

"당신 생각뿐이었어요."라고 말하는 당신의 배우자에게 선물하기

봉사

당신의 배우자에게 의미가 있을 만한 일 하기

스킨십

키스, 포옹, 안마, 손잡기, 성관계

당신의 친절하고 사랑스런 행동들이 결혼 생활에 긍정적인 변화를 만들어 내지 못한다면 이때야말로 친절하지만 강하고 단호한 사랑을 실천에 옮길 때다. 우리는 앞 장들에서 강한 사랑의 예를 많이 살펴보았다. 강한 사랑이라고 해서 사랑의 정도가 덜한 것이 아니다. 실제로 당신의 배우자가 받아들일 수 있는 유일한 사랑이 바로 그 사랑일지도 모른다. 그리고 단호한 사랑은 부드러운 사랑보다 표현하기가 훨씬 더 어려울 수도 있다. 단호한 사랑을 표현하는 데 있어서 당신은 당신이 그런 사랑스런 행동을 취할 때 당신의 배우자가 취할 행동에 대한 두려움과 맞서야 할지도 모른다. 다시 말해서 참된 삶은 당신의 감정이 당신의 행동을 통제할 필요가 없다는 사실을 상기시킨다. 사랑은 이렇게 묻는다. "내가 배우자를 위해 할 수 있는 최선의 일은 무엇인가?" 부드럽든 단호하든 사랑이야말로 세상에서 선을 이루는 가장 강력한 무기다.

참된 삶의 원리 6가지를 당신의 결혼 생활에 적용하는 것은 어쩌

면 당신이 이제껏 해 온 그 어떤 일보다 어려운 일이 될 수도 있다. 하지만 나는 이 원리가 결혼 생활의 행복을 보장하는 가장 큰 잠재력을 가지고 있다고 장담한다.

참된 삶은 당신의 상황이 절망적이라고 믿는 것을 거부한다. 그 대신 당신은 우리 삶의 일부인 사람에게 매일 영향을 받는다는 사실을 인정하고 변화하는 인간의 잠재적인 능력을 믿기로 선택한다. 부부 관계가 가까우면 가까울수록 그 영향력은 점점 더 커진다.

부부 관계는 배우자가 좋은 방향으로 바뀌도록 영향을 줄 수 있는 엄청난 잠재력을 가지고 있다. 어떻게 하면 이 영향력을 가장 잘 행사할 수 있는가를 배우는 것이 핵심이다. 나는 이 책이 당신을 당신의 결혼 생활에서 유능한 행동가가 되는 길로 인도하기를 진심으로 바란다.

이 책에 나온 원리들을 적용할 때 당신은 친구나 목회자, 혹은 상담자의 도움과 격려를 필요로 할 것이다. 도움을 요청하는 것은 성숙함의 표시다. 우리는 혼자 살아가도록 창조된 존재가 아니다. 사회에서도 협력해서 일할 때 우리는 최고의 능력을 발휘할 수 있다. 당신은 아마도 이 책에 관해 상담자와 이야기를 나누고 그가 이런 참된 삶의 원리들을 당신의 삶과 결혼 생활에 적용하는 일을 도와주기를 바랄지도 모른다.

이 원리들을 결혼에 적용해서 눈에 띄는 효과를 경험했거나 이 책에서 다루었던 문제의 장벽들을 넘어선 사람이라면 당신의 이야기를 다른 사람들과 나누어주기를 바란다. 당신의 경험을 다른 사람들에게 이야기하는 것은 결혼 생활에서 힘들어 하는 사람들이 도움을 찾아 나서는 데 큰 도움을 줄 수 있다.

우리가 결혼 생활의 힘든 문제들을 회심탄회하게 털어놓을 수 있다면, 그리고 긍정적인 변화를 불러올 수 있는 조처를 취할 수 있다면, 우리는 희망적인 분위기를 만들 수 있다. 그리고 그 희망이야말로 현대 사회가 절실히 필요로 하는 것이다. 당신이 당신 자신의 이야기를, 그리고 나는 내 이야기를 함께 나눈다면 당신과 나는 이 세상에서 변화를 일으키는 데 한몫하고 있는 셈이다.

주

chapter 1 모든 결혼 생활은 행복을 꿈꿀 권리가 있다

1. Jen Abbas, *Generation Ex: Adult Children of Divorce and the Healing of Our Pain* (Family Life, 2006), p.1.

chapter 2 참된 삶을 향하여

1. 성경의 저자들에 따르면 예수 그리스도께서 십자가에 못 박혀 돌아가신 것은 사람들의 죗값을 치르기 위해 자발적으로 하신 일이었다. 그것은 하나님과 거리가 멀어진 사람들을 다시 하나님께로 데려오기 위한 희생적 행동이었다. 마 16:21, 요 10:17-18, 롬 5:6-10을 보라.

2. 이 개념에 대해 보다 충분한 설명을 보길 원하는 독자는 *The Five Love Languages: How to Express Heartfelt Commitment to Your Spouse* (Northfield, 1995, 2004. 『5가지 사랑의 언어』, 생명의 말씀사 역간)를 보라.

chapter 3 기본적인 욕구를 이해하는 것이 시작이다

1. William Glasser, *Control Theory: A New Explanation of How We Control Our Lives*(Prernnial, 1985. 『당신의 삶은 누가 통제하는가?』, 한국심리상담연구소 역간), p.2.

2. George Sweeting, *Who Said That?*(Moody, 1994), p.209.

chapter 6 당신은 늘 당신만 옳단 말이죠?

1. 당신의 시간과 에너지, 심지어는 사랑까지도 통제하려 하는 사람에 대처하는 데 도움이 되는 탁월한 자료들은 Henry Cloud and John Townsend, *Boundaries*(Zondervan, 1992. 『No!라고 말할 줄 아는 그리스도인』, 좋은씨앗 역간)을 보라. 또한 후속작인 *Boundaries in Marriage*(Zondervan, 1999, 『No!라고 말할 줄 아는 남편과 아내』, 좋은씨앗 역간), 특히 제4장 '하나가 되기 위한 둘'을 보라.

chapter 9 아내의 한숨에 억장이 무너집니다

1. "Premenstrual Dsphoric Disorder(PMDD): A severe form of PMS," June 21, 2006, Mayo Foundation for Medical Education and Research, at http://www. mayoclinic.com/health/pmdd/AN01372.

2. 우울증의 원인과 치료에 관해서는 다음의 탁월한 두 책을 참고하라. David B. Biebel and Harold G. Koenig, *New Light on Depression*(Zondervan, 2003). Frank Minirth and Paul Meier, *Hapiness Is a Choice*(Baker, 2002).

3. 특히 H. Norman Wright, *Recovering from the Losses of Life*(Revell, 2000)를 보라.

chapter 10 당신에게 충실할 것을 서약했으나……

1. 사람에 따라 다르겠지만, 배우자의 부정으로 인해 상처받은 사람의 정서적 반응은 매우 다양할 수 있다. 당신의 좌절감과 분노를 표출하기 위해 다음 중 어떤 표현을 사용하더라도 전혀 무방하다. "숨이 막혀요. 죽고만 싶어요. 누구를 죽일 수도 있을 것 같아요. 당신을 죽일 수도 있을 것 같아요. 너무 혼란스러워요." "이해할 수가 없어요. 우리가 결혼 생활을 잘 하고 있다고 생각했는데…… 내가 당신에게 쓸모없는 사람처럼 느껴져요. 당신을 떠나고 싶어요." "여기서 나가 버리고 싶네요."

chapter 11 이대로 맞고 살 순 없어요

1. "Understanding Intimate Partner Violence, Fact Sheet 2006," Centers for Disease Control and Prevention, National Center for Injury Prevention and Control. http://www.cdc.gov/ncipc/dvp/ipv. 여기서 '가까운 파트너(intimate partner)'는 현재와 과거의 배우자 및 데이트 상대를 포함한다.

2. "Intimate Partner Violence in the U. S.," U. S. Department of Justice, Bureau of Justice Statistics(December 28, 2006). http://www.ojp.gov/bjs/intimate/ipv/ htm. 또한 "Domestic Violence toward Women: Recognize the Patterns and Seek Help," http://www.mayoclinic.com/health/domestic-violence/WO00044.

3. "Intimate Partner Violence in the U. S.: Circumstances". http://www.ojp.gov/bjs/ intimate/circumstances.htm.

4. Helene Henderson, *Domestic Violence and Child Abuse Sourcebook*, ed.(Omnigraphics, 2000), pp.50-51.

5. "Intimate Partner Violence in the U. S.," U. S. Department of Justice, Bureau of Justice Statistics.

6. Helene Henderson, *Domestic Violence and Child Abuse Sourcebook*, p.50.

7. 그리고 또 한 가지, 그녀는 신체적 폭력이라는 주제에 대해 더 많은 글을 읽을 수 있다. 인터넷에서 찾을 수 있는 자료 중에서는 다음 3가지가 폭력을 행사하는 배우자를 인지하고 대처하는 데 탁월한 도움을 줄 것이다. 미국 산부인과 학회에서 제공하는 질문지가 그 첫 번째다. "Are You Being Abused?" http://www.acog.org/ departments/dept_notice.cfm?recno=17&bulletin=198. 나머지 둘은 다음과 같

다. "Domestic Violence Toward Women: Recognize the Patterns and Seek Help," May 23, 2007. http://www.mayoclinic.com/health/domestic-violence/ WO00044. "Leaving the Violence," The American College of Obstetricians and Gynecologists, http://www.acog.org/departments/dept_notice. cfm?recno=17&bulletin=179.

8. Robert S. McGee, *The Search for Significance*(Nelson, 1998. 『내 안의 위대한 나』, 두란노 역간).

chapter 12 SOS! 이 사람을 도와주세요!

1. Cynthia Kubetin and James Malloy, *Beyond the Darkness: Healing for Victims of Sexual Abuse*(Word, 1992).

2. "Child Maltreatment 2005," U. S. Department of Health and Human Services, Administration on Children, Youth and Families(U. S. Government Printing Office, 2007), 표 3-8. http://www.acf.hhs.gov/programs/cb/pubs/cm05/ table3_8.htm. 이 표에 따르면 2005년에 있었던 아동 학대는 피해자의 47.3퍼센트가 소년들이었다.

3. "Fact Sheet: Sexual Abuse of Boys," Prevent Child Abuse America(Chigago, 2007). http://www.preventchildabuse.org의 메뉴 중 "Research: Child Abuse and Neglect"를 보라.

4. Marianne Barrett, Robin J. Wilson, and Carmen Long, "Measuring Motivation to Change in Sexual Offenders from Institutional Intake to Community Treatment," *Sexual Abuse: A Journal of Research and Treatment* 15, no.5(October 2003), pp.269-283.

5. 다음 책이 성적 학대가 결혼에 미치는 영향, 그리고 성적 학대를 이해하고 그에 대처하는 데 탁월한 자료가 되어 줄 것이다. Victoria L. Johnson, *Children and Sexual Abuse*(InterVarsity, 2007).

chapter 13 이젠 술이라면 지긋지긋해요!

1. Al-Anon statement of purpose: http://www.al-anon.alateen.org.

2. Amy L. Sutton, *Alcoholism Sourcebook*, 2nd ed.(Omnigraphics, 2007), 17.

3. 미국 보건복지부(DHHS)의 조사 결과. "Results from the 2006 National Survey on Drug Use and Health: National Findings," DHHS, Substance Abuse and Mental Health Services Administration(SAMHSA). http://www.drugabusestatistics. samhsa.gov(NSDUH/2k6NSDUH/2k6results.cfm-ch3)을 보라.

4. "Substance Abuse: The Nation's Number One Health Problem," Schneider Institute for Health Policy, Brandeis University, Waltham. Mass., 2001, p.11. 다음을 보라. http://www.rwjf.org/files/publications/other/ SubstanceAbuseChartbook.pdf.

5. http://www.al-anon.alateen.org에서 Al-Anon에 대해 더욱 알아보라.

6. http://www.aa.org에서 익명의 알코올 중독자 모임에 대해 더욱 알아보라.

7. 다음 웹사이트는 당신의 배우자가 알코올 중독인지 확인하는 데 도움을 줄 것이다. http://www.al-anonfamilygroups.org/?S17web.html.

8. 익명의 알코올 중독자들의 모임의 12단계 중 처음 두 단계는 다음과 같다. 1. 우리는 자신이 술을 통제할 수 없어 우리의 삶도 수습할 수 없게 되었음을 인정했다. 2. 그리고 우리는 우리 자신보다 큰 힘이 우리를 술 취하지 않은 상태로 회복시킬 수 있음을 인정했다. http://www.aa.org를 보라.

미운 남편과 행복하게 사는 법

펴낸날   **초판 1쇄 2010년 12월 27일**

지은이   **게리 채프먼**
옮긴이   **박미낭**
펴낸이   **심만수**
펴낸곳   **(주)살림출판사**
출판등록 **1989년 11월 1일 제9-210호**

경기도 파주시 교하읍 문발리 파주출판도시 522-1
전화   **031)955-1350**   팩스   **031)955-1355**
기획·편집   **031)955-4675**
http://www.sallimbooks.com
book@sallimbooks.com

ISBN   978-89-522-1538-3   03230

※ 값은 뒤표지에 있습니다.
※ 잘못 만들어진 책은 구입하신 서점에서 바꾸어 드립니다.

책임편집 **강영특**